KENT & AMBER BRANTLY MIT DAVID THOMAS
BERUFEN, DEN MENSCHEN ZU DIENEN

Dieses Buch ist Bobby, James und den mehr als 11.000 anderen Menschen gewidmet, die in der Ebola-Epidemie von 2013 bis 2015 ihr Leben verloren haben.

Mögen euer Leiden und der Verlust, den eure Familien ertragen müssen, nicht vergeblich sein.

KENT & AMBER BRANTLY MIT DAVID THOMAS

BERUFEN, DEN MENSCHEN ZU DIENEN

WIE GOTT UNS IM HERZEN DER EBOLA-EPIDEMIE BEWAHRTE

AUS DEM ENGLISCHEN VON DOROTHEE DZIEWAS

neukirchener
aussaat

Die englische Originalausgabe erschien unter dem Titel *Called for Life*
© 2015 by Kent Brantly and Amber Brantly
Published by WaterBrook Press, 12265 Oracle Boulevard, Suite 200, Colorado
Springs, Colorado 80921

Dieses Buch wurde auf FSC©-zertifiziertem Papier gedruckt.
FSC (Forest Stewardship Council ©) ist eine nichtstaatliche,
gemeinnützige Organisation, die sich für eine ökologische und
sozialverantwortliche Nutzung der Wälder unserer Erde einsetzt.

Die Bibelstellen sind der Übersetzung Hoffnung für alle® entnommen, Copyright ©
1983, 1996, 2002 by Biblica Inc.®. Verwendet mit freundlicher Genehmigung von
'fontis – Brunnen Basel. Alle weiteren Rechte weltweit vorbehalten.

Chrisholm, Thomas/Runyan, William: Bleibend ist deine Treu
Originaltitel: Great Is Thy Faithfullness
Text: Thomas Chrisholm
Musik: William Runyan
Dt. Text: Wolfgang Zorn
© 1951 Hope Publishing
Für D, A, CH: Small Stone Media Germany GmbH

Bibliografische Information der Deutschen Bibliothek
Die Deutsche Bibliothek verzeichnet diese Publikation in der Deutschen Nationalbi-
bliografie; detaillierte bibliografische Daten sind im Internet über http://dnb.ddn.de
abrufbar.

© 2016 Neukirchener Verlagsgesellschaft mbH, Neukirchen-Vluyn
Umschlaggestaltung: Andreas Sonnhüter, www.sonnhueter.com, unter Verwendung
des Bilder von © Gaylon Wampler Photograpy LL, Littleton
Bilder im Innenteil: © Kent und Amber Brantly
Lektorat: Christina Herr, Lich
DTP: Breklumer Print-Service, www.breklumer-print-service.com
Verwendete Schrift: Futura, Adobe Garamond Pro
Gesamtherstellung: Finidr s.r.o.
Printed in Czech Republic
ISBN 978-3-7615-6328-1 Print
ISBN 978-3-7615-6377-9 E-Book

www.neukirchener-verlage.de

INHALT

Teil 5: Gerettet!

Teil 6: Die nächsten Schritte

GUINEA, SIERRA LEONE, UND LIBERIA

AFRIKA

GUINEA

CONAKRY

SIERRA LEONE

GUECKEDOU

KAILAHUN   FOYA

FREETOWN

KENEMA

LIBERIA

GBARNGA

MONROVIA

NEW KRU TOWN

DUALA EINKAUFSZENTRUM

WEST POINT

JACOB TOWN

MONROVIA

JFK MEDICAL CENTER

ZUM INTERNATIONALEN ROBERTS-FLUGHAFEN/HARBEL/FIRESTONE

ELWA-KRANKENHAUS

PROLOG

UND WAS JETZT?

„Kent, mein Freund. Wir haben deine Untersuchungsergebnisse. Und es tut mir wirklich leid dir sagen zu müssen, dass du Ebola hast."

Trotz der Indizien, die sich in den vergangenen drei Tagen gehäuft hatten – auffällige Symptome, negative Malariatests – und die den Verdacht auf Ebola bestätigt hätten, wäre ich der Arzt gewesen und nicht der Patient, hatte ich nicht erwartet, diese Worte tatsächlich zu hören.

Unsere erste Ebola-Patientin war vor gerade einmal sechs Wochen in unserem Krankenhaus in Monrovia, Liberia erschienen. Aber davor hatten wir uns bereits drei Monate lang mit der drohenden Gefahr eines Ebola-Ausbruchs auseinandergesetzt. In den achtunddreißig Jahren, seit das Ebola-Virus entdeckt wurde, war jeder Ausbruch auf kleine ländliche Ortschaften begrenzt gewesen.

Diesmal war es jedoch anders. Diesmal hatte das Virus die perfekte Mischung von Faktoren vorgefunden und verbreitete sich rasend schnell über drei Länder und in wichtige Städte.

In unserem Krankenhaus mit fünfundvierzig bis fünfzig Betten funktionierten wir eilig die Kapelle in eine kleine Quarantänestation um, in der Hoffnung, dass wir sie nicht brauchen würden. Als unsere erste Ebola-Patientin kam, hatten wir die einzige Behandlungsmöglichkeit in ganz Südliberia.

In den Anfangsstadien dessen, was die schlimmste Ebola-Epidemie werden sollte, die es jemals gegeben hat, hatte ich gelernt, sofort an Ebola zu denken, wenn ein Patient mit Fieber und Symptomen, die nur wenige Monate zuvor auf Malaria oder Typhus hingedeutet hätten, in unserer Notaufnahme erschien. Um unser medizinisches Personal zu schützen, behandelten wir sogar alle Fieberpatienten so, als hätten sie Ebola, bis erwiesen war, dass sie nicht mit dem Virus infiziert waren. Alles andere war zu riskant.

Bei dem Ebola-Erreger, den wir beobachteten, betrug die Sterblichkeitsrate 70 Prozent. In unserem Krankenhaus war der Anteil an Todesfällen sogar noch höher, denn nur einer von zwölf Patienten, bei denen das Virus nachgewiesen wurde, überlebte. *Einer.*

Das Ebolafieber tötete unsere Patienten nicht nur; es raubte ihnen auch ihre Würde. Die Krankheit demütigte ihre Opfer, indem sie ihnen die Kontrolle über die Körperfunktionen nahm. In einem fort wechselten wir Windeln und Laken und wuschen die Patienten, und wenn sie nicht mehr selbstständig essen konnten, fütterten wir sie.

Da wir ihre Krankheit nicht heilen konnten, konzentrierten wir uns darauf, ihr Gefühl der Isolation zu behandeln, das bei einer Station, die nur zwei Gruppen betreten durften, automatisch entstand. Eine Gruppe war das Pflegepersonal, das immer auf die eigene Sicherheit bedacht sein musste, weil unverhältnismäßig viele Pflegekräfte sich mit der Krankheit infizierten. Die zweite Gruppe waren andere Ebola-Patienten, die vor Schmerzen stöhnten und ächzten, bis ihr Körper den Kampf verlor.

Für alle außer einem war der positive Ebola-Test ein Todesurteil geworden, das die erkrankten Patienten ertragen mussten, zusammen mit dem ängstlichen Personal – manchmal sogar unbekannten Fremden –, die nach so strengen Sicherheitsregeln gekleidet waren, dass nur noch die Augen durch die Schutzbrille zu sehen waren.

Keine Angehörigen. Keine Freunde. Keine vertrauten Gesichter. Kein menschlicher Kontakt.

Ohne Heilung, ohne Hoffnung.

Als die Epidemie schlimmer geworden war und unser Krankenhaus bemüht war, die Kapazitäten auszuweiten, um mehr Patienten aufnehmen zu können, war ich zum Leiter der Behandlungsstation ernannt worden. Ich wurde der Arzt, der dafür sorgte, dass unsere Pflegekräfte richtig ausgebildet waren und ihnen immer wieder versicherte, wenn wir uns an die Vorschriften hielten und als Team zusammenarbeiteten, könne uns nichts passieren. Das Personal hatte mir vertraut, denn bei jedem meiner Patienten war ich entschlossen, das Mitgefühl nicht von der Angst besiegen zu lassen.

Und jetzt stand Dr. Lance Plyler, der Oberarzt, der für die medizinische Hilfe unserer Einrichtung in Sachen Ebola-Epidemie verantwortlich war, vor meinem Schlafzimmerfenster – er durfte mein verseuchtes Haus nicht betreten –, und erklärte mir, dass auch ich mich mit dem Virus infiziert hatte. Dr. John Fankhauser, der neun intensive Monate lang mein Kollege und Mentor in Liberia gewesen war, stand in voller Schutzkleidung an meinem Bett, so wie ich an den Betten von zu vielen Patienten auf unserer Ebola-Station gestanden hatte. Er wollte bei mir sein, wenn Lance die Nachricht überbrachte.

„Ich wünschte, du hättest etwas anderes gesagt", sagte ich zu Lance.

Zu diesem Zeitpunkt war ich so krank, dass ich mich nicht daran erinnere, diese Worte ausgesprochen zu haben. Aber ich weiß noch, was ich gleich danach sagte.

„Also gut, und was jetzt? Wie sieht unser Plan aus? Was machen wir?"

Ich bin Arzt und dazu ausgebildet, auf ein schlechtes Untersuchungsergebnis mit einem Plan zu reagieren. Wichtiger noch war, dass ich Ehemann und Vater war, und meine Gedanken wanderten zu meiner wunderbaren Frau und meinen Kindern, die zu Hause in den USA waren. Ich würde sie vielleicht nie wiedersehen, geschweige denn sie berühren.

Jetzt starrte ich durch das Schlafzimmerfenster hinaus und sah Lance an. „Wie bringe ich es Amber bei?"

TEIL 1: KRISE

1. WEHRLOS

Kent
Das war's. Das ändert alles.
Unsere erste Ebola-Patientin sah matt zu mir auf, als ich mich neben ihr Bett aus Decken auf der Veranda in der Nähe der Krankenhausapotheke kniete. Die Krankheit, auf die wir uns vorbereitet hatten, während wir beteten, dass wir ihr niemals begegnen würden, war tatsächlich in unserem Krankenhaus angekommen. Und mir wurde bewusst, dass ich jetzt den Ton dafür angeben musste, wie wir Ebola-Patienten die restliche Zeit über behandelten – wie lange das auch immer dauern mochte.

In volle Schutzkleidung gehüllt reichte ich der jungen Frau die rechte Hand, die von zwei übereinandergezogenen Latex-handschuhen geschützt war. Sie umklammerte meine Hand.

„Felicia? Ich bin Dr. Brantly", sagte ich. „Das hier ist David. Er ist einer unserer Pfleger."

David begrüßte sie.

„Wir werden hier gut für Sie sorgen", versicherte ich Felicia.

Es war Mittwochabend, am 11. Juni 2014. Unser Kran-kenhaus hatte die einzige Ebola-Station in der liberianischen Hauptstadt Monrovia, und früher an diesem Abend hatten wir einen Anruf vom liberianischen *Ministry of Health* – dem Gesundheitsministerium – erhalten. Zwei mögliche Ebola-Fäl-le würden von einem Krankenhaus im nördlichen Vorort New Kru Town zu uns verlegt werden.

In der letzten Woche waren drei Mitglieder einer Familie gestorben, und der Verdacht auf Ebola bestand. Zwei weitere Familienmitglieder waren erkrankt und waren jetzt dort im Krankenhaus. Während wir anfingen, unsere Ebola-Station vorzubereiten, die monatelang leer gestanden hatte, wussten wir nicht, wann wir mit den beiden rechnen sollten. Wir waren nicht einmal sicher, ob sie tatsächlich bei uns erscheinen würden.

Nancy Writebol kam, um zu helfen. Nancy, die Personalleiterin des Missionswerks *Serving In Mission* (SIM) in Liberia, hatte sich bereit erklärt, die Hygienikerin für unsere Station zu sein, sollten wir es mit Ebola zu tun bekommen. Nancy wechselte die Bettlaken und stellte eine ausreichende Menge der Bleiche-Wasser-Lösung her, die wir für die Dekontaminierung brauchten.

Dr. Debbie Eisenhut – Dr. Debbie genannt – meldete sich freiwillig, Bereitschaftsdienst im Krankenhaus zu machen und sagte, sie würde mich zu Hause anrufen, wenn etwas geschah. Kurz darauf rief Debbie tatsächlich an und teilte mir mit, dass ein Krankenwagen mit zwei Patienten eingetroffen sei, einem Mann von Mitte vierzig und seiner Nichte. Ich fuhr wieder zum Krankenhaus.

Während unsere beiden Patienten vor dem Krankenwagen warteten, mussten wir zwei Pfleger oder Schwestern rekrutieren, die bereit waren, als Erste ihr Leben zu riskieren, indem sie mit unseren ersten Ebola-Patienten auf der neuen Station arbeiteten. Ich ging nicht davon aus, dass jemand sich *gerne* melden würde.

Ich wandte all meine Überredungskünste an, als ich mit dem Personal sprach: „Hören Sie, diese Menschen haben auch Geschwister, Kinder, Mütter, Väter, Cousins. Wir müssen für sie sorgen. Stellen Sie sich vor, es würde sich um Ihre Angehörigen handeln!"

Dr. Jerry Brown, der medizinische Leiter unserer Organisation *Eternal Love Winning Africa* (ELWA – Ewige Liebe gewinnt

Afrika), unterstützte mich bei der Telefonaktion. Schließlich meldeten sich zwei Freiwillige für die Aufgabe: Louise, eine Krankenschwester aus der Notaufnahme und David, ein Pflegehelfer.

Es dauerte zwei Stunden, bis wir die Leute zusammengetrommelt, die Station vorbereitet und uns vier in Schutzkleidung gehüllt hatten. In dieser Zeit ging Debbie mehrmals zu dem Krankenwagen hinaus. Jedes Mal erklärte sie allen, sie müssten bei dem Wagen bleiben und dürften nicht herumlaufen oder das Krankenhaus betreten, bis wir kamen um sie zu holen. Monrovia verfügte nicht über Rettungsdienste. Die einzigen verfügbaren Krankenwagen waren die der Krankenhäuser und der Regierung, um Patienten von einem Krankenhaus zum anderen zu befördern. Diese Krankenwagen waren normalerweise umgebaute Land Cruiser mit seitlich ausgerichteten Sitzen im hinteren Teil. Die Mannschaft saß vorne, in keiner Weise von den Patienten hinten getrennt.

In dem Wagen vor unserem Krankenhaus saßen drei Pfleger, die beiden Patienten und zwei Angehörige – ein Mann in den Dreißigern und ein Junge, der etwa zwölf Jahre alt war.

Während wir die Station vorbereiteten, wurde der kranke Onkel, der wach gewesen war und geredet hatte, ganz ruhig und schweigsam. Die beiden Angehörigen halfen Felicia, aus dem Wagen zu klettern und sich hinter dem Fahrzeug auf den Asphalt zu legen.

Schließlich wurde einer der Verwandten wütend, weil sie warten mussten. Er stürzte auf den Eingang der Notaufnahme zu und trat ein Loch in die Tür. Er beschuldigte uns, Felicias Behandlung hinauszuzögern und sie nicht aufnehmen zu wollen.

Wir versuchten, die Familie davon zu überzeugen, dass wir sie nicht ignorierten, sondern uns so gut wie möglich darauf vorbereiteten, Felicia richtig und sicher zu betreuen. Der Mann beruhigte sich und kehrte zum Krankenwagen zurück.

Dann fing es an zu regnen. Ich weiß nicht, ob Felicia lief oder ob sie getragen wurde, aber man brachte sie zu einer überdachten Veranda vor der Krankenhausapotheke und breitete dort Decken aus, auf denen sie liegen konnte.

Als die Station drinnen vollständig gerüstet war, zogen David und ich unsere Schutzanzüge an und näherten uns Felicia auf der Veranda. Während ich mich neben ihr auf ein Knie niederließ, spürte ich die enorme Last der Situation auf den Schultern. Denn die ganze Zeit hatte ich gewusst, sobald der erste Fall eintraf, würden Arbeit und Leben in Monrovia nie mehr so sein wie vorher.

„Wir haben eine Trage", sagte ich zu Felicia, „und wir werden Sie darauf legen und Sie in einen Raum bringen, den wir für Sie vorbereitet haben."

Ich blickte zu David. „Willst du den Kopf nehmen oder die Füße?"

„Die Füße", erwiderte er.

Ich packte Felicia unter den Armen, und gemeinsam hoben wir sie auf die Trage und legten die Decken über sie. Dann trugen wir sie um das Krankenhaus herum und in unsere Isolierstation.

Drinnen warteten Dr. Debbie und Louise auf sie. Ich nahm eine Spraydose mit Chlorlösung und ging wieder um das Gebäude herum zu dem Krankenwagen. Felicias Onkel lag noch immer zusammengerollt im Wagen über einen Rucksack gelehnt. Ich beugte mich vor, tastete nach einem Puls und musterte ihn dann gründlich. Er war gestorben.

„Ich brauche diesen Rucksack", sagte der Mann neben ihm. „Da ist mein Ausweis drin."

Ich zog den Rucksack unter dem Onkel hervor. Der Leichnam fiel auf den Boden des Krankenwagens, ohne dass seine Lage sich veränderte. Er sah immer noch so aus, als läge er auf dem Rucksack. Die Leichenstarre hatte bereits eingesetzt.

Mit dem Rucksack in der Hand stand ich da. Ich musste eine Entscheidung treffen.

Ich konnte dem Mann keinen Rucksack geben, der mit Ebola infiziert war. Andererseits war er dem Erreger schon die ganze Zeit ausgesetzt gewesen, weil er mit im Krankenwagen gesessen und sich um den Onkel und Felicia gekümmert hatte. Ich gab ihm den Rucksack.

Der kleine Junge fing an zu weinen.

„Hör auf zu heulen!", schnauzte der Mann ihn an.

„Er darf ruhig weinen", sagte ich. „Sie sind es vielleicht gewöhnt, mit dem Tod konfrontiert zu werden, aber er ist erst zwölf. Er hat in einer Woche vier Angehörige verloren. Es ist völlig in Ordnung, wenn er Angst hat und weint."

Ich sprühte die Ladefläche des Krankenwagens, die Straße und die Veranda, auf der Felicia gelegen hatte, mit Bleiche ein. Dann desinfizierte ich auch die Tür der Notaufnahme, die der Mann eingetreten hatte, und alles auf den Wegen dazwischen.

Mit der Rettungsmannschaft vereinbarte ich, dass sie den Leichnam zum *Redemption Hospital* bringen sollten, und wir würden uns um Felicia kümmern. Keiner der drei Sanitäter trug einen Schutzanzug. Nicht einmal Gummihandschuhe.

Der Mann und der Junge sagten, sie würden mit dem Krankenwagen bis zu dem anderen Krankenhaus mitfahren. Diese Vorstellung gefiel mir nicht.

„Ist schon in Ordnung", sagte der Mann. „Es ist nur eine Leiche."

Es war nicht nur eine Leiche; es war eine Leiche, die mit einem tödlichen Virus verseucht war.

Das Gesundheitssystem in Liberia war für Ebola nicht gerüstet.

Während der zwei Tage, die Felicia bei uns verbrachte, ging es mit ihrem Zustand auf und ab. Manchmal saß sie im Bett und sprach mit den Pflegekräften, wenn wir sie fütterten, dann wieder lag sie eine ganze Stunde reglos da und war nicht ansprechbar. Danach setzte sie sich wieder auf und wollte essen und reden.

Am dritten Tag ging es Felicia besser. Sie war häufiger wach und munter, und ihr Fieber sank. Wir hofften, sie sei über den Berg und würde es schaffen, sodass unsere erste Ebola-Patientin überleben würde.

Am nächsten Tag, den 14. Juni, verstärkte sich ihr Durchfall. Die Temperatur schoss erneut nach oben. Schließlich war sie nicht mehr ansprechbar. Und so blieb es, bis sie starb. Felicia machte unser Krankenhaus mit Ebola bekannt.

In jeder Schicht mussten wir Pflegekräfte von ihren anderen Aufgaben abziehen, sodass manche Bereiche des Krankenhauses unterbesetzt waren. Ein Ebola-Fall hatte bereits unser Personal belastet. Ich konnte mir nicht vorstellen, wie es sein würde, wenn es zu einer Epidemie kam.

Unsere Pfleger und Schwestern, die Felicia versorgten, waren mutig und mitfühlend. Sie waren die Ersten, die in einem Krankenhaus unserer Organisation einen Ebola-Patienten betreuten, und sie sorgten wunderbar für Felicia.

Außerdem machten sie ihren Kolleginnen und Kollegen Mut, sich ebenfalls für die Arbeit auf der Station zu melden. Die Arbeit war nicht so schlimm gewesen, wie sie befürchtet hatten. Sie beklagten sich lediglich darüber, dass es in den Schutzanzügen heiß war und es in dieser hohen Luftfeuchtigkeit keine Klimaanlage gab. Aber ansonsten hatten sie festgestellt, dass sie durchaus in der Lage waren, einen Ebola-Patienten zu behandeln.

Wir hatten eine Schwester, die wegen ihres Asthmas Probleme mit der Maske hatte, die wir tragen mussten. Aber alle anderen, die auf der Isolierstation gearbeitet hatten, erklärten sich bereit, es wieder zu tun.

Alle im Land hatten Angst vor dieser Ebola-Sache. Aber die Pflegekräfte, die sich auf unserer Station um Felicia kümmerten, erkannten, dass wir es nicht nur mit einer Krankheit zu tun hatten, sondern vielmehr mit einem Menschen, der unser Mitgefühl brauchte.

Ein Unwetter braut sich zusammen

Der Kampf gegen Ebola fühlte sich an wie ein Wettrennen, bei dem der Starter vergessen hat, „Auf die Plätze" und „Fertig" zu sagen und sofort „Los!" brüllt.

Ende März hatte „Ärzte ohne Grenzen" angesichts der Ebola-Fälle in Guinea, das im Norden an Liberia grenzt, einen Notfallplan ins Leben gerufen. Ärzte ohne Grenzen, das international unter seiner französischen Abkürzung MSF (*Médecins Sans Frontières*) bekannt ist, wurde 1971 von französischen Ärzten als humanitäre Organisation gegründet, um medizinische Notfallhilfe auf der ganzen Welt zu leisten. MSF ist in der Regel die erste Organisation, die vor Ort ist und auf Epidemien wie Ebola in Guinea reagiert.

In der Vergangenheit hatte Ärzte ohne Grenzen Ebola-Ausbrüche erfolgreich eingedämmt. Seit das Virus 1976 entdeckt wurde, und zwar gleichzeitig an zwei Orten – im Sudan und in Zaire (heute Demokratische Republik Kongo), in einem Dorf unweit des Ebola-Flusses –, hatte es keine zwanzig Ebola-Zwischenfälle gegeben. Das schnelle Eingreifen von MSF hatte diese Ausbrüche der Krankheit daran gehindert, sich auszubreiten. Die meisten Ebola-Toten hatte es 1976 in Zaire gegeben.

Nun erkannte MSF das gewaltige Unwetter, das sich bei diesem Wiederaufflammen von Ebola zusammenbraute: Denn diesmal war der Erreger in einer sehr mobilen Gesellschaft ausgebrochen, in einem Dreiländereck, in dem das Virus bislang noch nicht vorgekommen war. Deshalb waren die Menschen in dieser Region nicht wachsam. Guinea, Sierra Leone und Liberia waren außerdem drei der ärmsten Länder der Erde, und weil man den Regierenden grundsätzlich misstraute, behauptete man, Ebola sei kein echtes Virus und existiere gar nicht.

Aus all diesen Gründen wusste MSF, dass es ausgesprochen schwierig sein würde, einen Ausbruch in Westafrika unter Kontrolle zu bringen.

Ich war erst seit acht Monaten in dem ELWA-Krankenhaus im Süden von Monrovia tätig, als wir Felicia aufnahmen. Das Missionswerk *Serving in Mission* leitete die Missionsstation ELWA in Liberia, wo es 1952 unter dem gleichen Namen einen Radiosender gegründet hatte. 1965 hatte *Serving in Mission* zudem ein Krankenhaus auf einem mehr als 500 000 Quadratmeter großen Gelände errichtet, das als ELWA bekannt wurde. Die Einwohner von Monrovia betrachten ELWA wie einen Stadtteil.

Amber und ich hatten uns über die Organisation *World Medical Mission* – Medizinische Weltmission – für zwei Jahre zum Dienst in ELWA verpflichtet. Dieser Anbieter ist der medizinische Arm von *Samaritan's Purse* – Geldbörse des Samariters –, einer christlichen Hilfsorganisation, die jungen Ärzten wie mir, die ihren Beruf und ihr Leben in den Dienst der Mission stellen wollen, Posten in Krankenhäusern vermittelte. *Samaritan's Purse* (SP) war nach dem Barmherzigen Samariter aus dem Lukasevangelium benannt, der einen Sterbenden rettete, den andere ignoriert hatten. Die Organisation wurde 1970 gegründet, um den Armen und Kranken in Krisengebieten auf der ganzen Welt zu helfen.

Samaritan's Purse und *Serving in Mission* hatten in den vergangenen fünfundzwanzig Jahren schon bei verschiedenen Projekten zusammengearbeitet, um der liberianischen Bevölkerung beim Wiederaufbau nach zwei Bürgerkriegen zu helfen.

Liberia – was „Freiheit" bedeutet – begann als Siedlung der amerikanischen Kolonisierungsgesellschaft in den Zwanzigerjahren des 19. Jahrhunderts. Freie Schwarze und später auch von illegalen Handelsschiffen gerettete Sklaven landeten an der Westküste Afrikas. 1847 unterzeichneten sie eine Unabhängigkeitserklärung und gründeten die Republik Liberia, deren Verfassung sich an der der Vereinigen Staaten von Amerika orientiert. Amerikanische Siedler waren natürlich nicht die ersten Menschen, die dort lebten, und so kam es sofort zu Spannungen und Misstrauen zwischen den Siedlern und einheimischen Stammesgruppen.

Vielleicht lag es an dieser Spannung, dass hundert Jahre später, im Jahr 1980, mit Samuel Doe ein indigener Anführer durch einen Putsch und die Ermordung des Präsidenten und seines Kabinetts an die Macht kam. Durch manipulierte Wahlen ernannte Doe sich zum Präsidenten und begann eine blutige und rassistische Herrschaft. 1989 stürzte der Rebellenführer Charles Taylor Does Regierung, worauf in Liberia ein Bürgerkrieg ausbrach. Mehr als 200 000 Liberianer starben in diesem Krieg, und eine Million Menschen wurden zu vertriebenen Flüchtlingen.

Im Jahr 2003 wurde Charles Taylor schließlich zum Rücktritt gezwungen – überwiegend durch den Mut und die Entschlossenheit liberianischer Frauen und Mütter – und ein Friedensvertrag wurde unterzeichnet. Taylor wurde später wegen Verbrechen gegen die Menschlichkeit angeklagt. Die *United Nations Mission in Liberia* (UNMIL) sollte im Auftrag der Vereinten Nationen den Friedensprozess überwachen. 2005 wurde dann Afrikas erste Präsidentin gewählt: Ellen Johnson Sirleaf oder „Ma Ellen", wie ihr Volk sie nennt.

Es gab viel, was die Liberianer brauchten. Und wir waren nicht aus dem Westen eingefallen, um alles so zu machen, wie wir es von unserer Heimat gewohnt waren, oder um das Land nach *unseren* Vorstellungen umzukrempeln. Wir wollten den Liberianern vielmehr zur Seite stehen, während sie ihre Probleme *selbst* lösten. Der medizinische Leiter unseres Krankenhauses, Dr. Brown, ist selbst Liberianer und hat in seinem Land eine sehr einflussreiche Stimme. Außerdem arbeiteten wir mit einem Team aus einheimischen Allgemeinmedizinern und Pflegekräften zusammen.

Dr. Debbie, eine Chirurgin aus Oregon, war ein Jahr zuvor nach Liberia gezogen und hatte die Federführung bei der Ebola-Behandlung im ELWA-Krankenhaus. Am 22. März schickte sie eine E-Mail an das medizinische Personal und wies uns auf einen Zeitungsbericht hin, in dem es hieß, in Guinea seien bis zu neunundfünfzig Menschen an der seltenen und tödlichen Ebola-Krankheit gestorben. Der Artikel berichtete auch, dass das Virus sich nach Sierra Leone, also Liberias Nachbarn im Nordwesten, ausgebreitet haben könnte.

„Ich dachte, das wird euch alle interessieren", schrieb sie. „Es ist ungemütlich nahe. Wir müssen damit rechnen, dass es auch hierher kommt."

Zwei Tage später hielten wir unsere erste Ärztebesprechung über Ebola ab, um zu überlegen, wie wir die Krankheit bekämpfen würden, wenn sie unser Land und unsere Stadt erreichte.

Aus meiner medizinischen Ausbildung, in der wir seltene tropische Viren wie Ebola, Lassa-Fieber und Hantavirus studiert hatten, wusste ich von dem Ebola-Erreger. Ich wusste, dass es sich bei der Krankheit um ein sehr schlimmes, von einem Virus verursachtes, hämorrhagisches Fieber handelte, für das es keine Heilung und keinen Impfstoff gab und an dem erstaunlich viele Menschen starben.

Im Jahr 2013, im Rahmen meiner praktischen Ausbildung, hatte ich drei Wochen in Uganda im *Mulago Hospital* verbracht. Dort hatten sie einen Monat vor meiner Ankunft einen Ebola-Patienten behandelt, und es hatte in Uganda noch andere Fälle gegeben. Die Schilder auf dem Krankenhausgelände warnten Patienten und Pflegekräfte vor den Symptomen der Krankheit: „Haben Sie Fieber?" „Bluten Sie?" „Haben Sie Ebola?". Diese Art Sensibilisierung der Öffentlichkeit hatte geholfen, die Epidemie in Ostafrika einzudämmen.

Aber als wir im Oktober 2013 nach Liberia zogen, waren noch keine Ebola-Fälle in Westafrika gemeldet worden – noch nie. Ebola hatte ich gar nicht auf dem Schirm; ich erwartete nicht, dieser Krankheit dort zu begegnen.

Vielleicht sehen wir zu schwarz, denn Guinea ist weit entfernt, dachte ich, als unsere Besprechung begann. Von Monrovia bis zur Stadt Foya an der Grenze zu Guinea waren es mehr als 450 Kilometer. Doch nachdem Dr. Debbie und Dr. John Fankhauser die Situation beschrieben hatten, änderte ich meine Meinung und stimmte zu, dass wir sofort handeln mussten. Wir mussten uns eindeutig auf das Schlimmste vorbereiten.

Wir überlegten gemeinsam, wo wir einen sicheren Ort schaffen konnten, um Patienten zu isolieren. Am Ende war dieser Ort unsere Kapelle – ein kleines, freistehendes Gebäude im Hof des hufeisenförmigen Krankenhauses. Wir hielten jeden Morgen in der Kapelle unsere Andachten mit dem Team, und außerdem fanden dort Glaubenskurse für Mitarbeiter statt.

Die Entscheidung, Ebola-Patienten in der Kapelle zu isolieren, brachte Dr. Brown und Dr. Fankhauser einigen Gegenwind ein. Manche waren entsetzt darüber, dass die Kapelle für eine so dreckige Arbeit gebraucht werden sollte, und meinten, wir würden den Tod an einen heiligen Ort bringen.

Jerry und John erklärten ihre Entscheidung, indem sie fragten, wo die Menschen früher, in Kriegszeiten, Zuflucht gesucht hätten. Sie gingen zu den Kirchen, sagten Jerry und John, und konnte es einen besseren Ort als eine Kapelle für kranke Menschen geben, die das Leben suchten?

Wir begannen unverzüglich damit, die Kapelle in eine Quarantänestation umzubauen, die wir als Fallzentrale bezeichneten – mit fünf Betten und einem kleinen Vorratsraum.

Am 24. März, einem Montag, berieten wir als Ärzte über die Ebola-Gefahr. Ich war vor Kurzem zum Verbindungsarzt für das HIV-Programm ernannt worden und verbrachte in dieser Woche drei Tage in Besprechungen beim nationalen AIDS-Kontroll-Programm für das Personal in allen liberianischen HIV-Ambulanzen. Während dieser Sitzungen musste ich so oft an Ebola denken, dass ich mir die Twitter-App auf mein Telefon herunterlud und mir ein Konto zulegte, um aktuelle Ebola-Nachrichten der Weltgesundheitsorganisation, den *Centers for Disease Control and Prevention* (CDC – Zentren für Seuchenschutz und Prävention) und von *United Nations Mission in Liberia* zu erhalten.

In ELWA fingen wir an, überall strenge Vorkehrungen einzuführen, was den Kontakt mit potenziellen Ebola-Patienten betraf. Diese Sicherheitsregeln stammten aus einem Heft der Weltgesundheitsorganisation von 1998 mit dem Titel „Kontrolle von Infektionen durch virale, hämorrhagische Fiebererkrankungen im afrikanischen Gesundheitssystem", das wir im Internet fanden. Die besten wissenschaftlichen Erkenntnisse, die wir damals hatten, besagten, dass Ebola durch Körperflüssigkeiten wie Schweiß, Blut, Erbrochenes und Durchfall übertragen wurde. Für ein Virus verbreitete Ebola sich eigentlich nicht so leicht. Direkter Kontakt mit Schleimhäuten – Augen, Nase, Mund – oder mit verletzter Haut – Schnittwunden oder sogar Kratzer – war die Voraussetzung für eine Ansteckung. Ebola wurde nicht durch Husten übertragen wie Masern oder Grippe. Wenn wir husten, enthält unser Atem winzige Partikel, die durch Luftströmungen übertragen werden können. Mit Ebola konnte man sich nur über Tröpfcheninfektion anstecken, also mit größeren Partikeln. Wegen ihres Gewichts verhindert die Schwerkraft, dass sie durch die Luft getragen werden.

Ebola mag also nicht so leicht übertragbar sein, aber die größte Gefahr liegt darin, dass bereits eine kleine Menge von dem Virus ausreicht, um sich zu infizieren. Der medizinische Begriff *Virenlast* bezieht sich auf die Anzahl der Virenexemplare pro Milliliter Körperflüssigkeit. Bei HIV zum Beispiel sind 100.000 Exemplare pro Milliliter eine hohe Virenlast. Bei einem Ebola-Patienten, der dem Tod nahe ist, kann die Anzahl der Erreger pro Milliliter in die Milliarden gehen. Außerdem ist nur eine relativ kleine Zahl Ebola-Partikel nötig, um eine Infektion zu verursachen. Ich habe Schätzungen von zehn bis eintausend gehört. Wenn man bedenkt, dass ein sterbender Patient bis zu einer Milliarde Virenpartikel pro Milliliter Körperflüssigkeit haben kann, wird deutlich, wie gefährlich Ebola ist.

Um einen militärischen Vergleich zu gebrauchen: Die meisten Viren sind wie ein Staat mit einer schlecht ausgebildeten Armee, der seine gesamten Truppen in Feindesland schicken muss, um einen Einsatz erfolgreich durchzuführen. Ebola hingegen wäre wie eine Terrorzelle, die nur zwei oder drei Terroristen braucht, um einzudringen und tödlichen Schaden anzurichten.

Aus zwei Gründen sind Pflegekräfte unverhältnismäßig oft von dem Virus betroffen. Erstens pflegen sie sehr kranke Patienten. In den frühen Stadien der Krankheit wird Ebola nicht so leicht übertragen. Aber während die Erkrankung weiter fortschreitet, nimmt ihre Virenlast zu.

Ein gutes Beispiel ist das von Thomas Eric Duncan, dem Liberianer, bei dem im September 2014 als Erster in den USA Ebola diagnostiziert wurde. In den ersten Tagen der Krankheit war er mit seiner Familie zusammen, aber keiner der Angehörigen infizierte sich. Die beiden Personen, die sich durch den Kontakt zu ihm ansteckten, waren Pflegekräfte, die für ihn sorgten, als sich die Krankheit verschlimmerte.

Zweitens kommen Pflegekräfte mit Ebola-Patienten in Kontakt, bevor bekannt ist, dass sie Ebola haben. Vor allem zu Beginn der Epidemie in Westafrika kamen Patienten mit Symptomen in die Notaufnahme oder eine Arztpraxis, die normalerweise mit Malaria in Verbindung gebracht werden. Das medizinische Personal, das diese Menschen untersuchte, hatte oft nicht die richtige Schutzausrüstung und konnte die Sicherheitsvorkehrungen, die verhindern, dass das Virus sich ausbreitet, nicht befolgen.

Deshalb ist eine der wichtigsten Aufgaben, um eine Epidemie zu vermeiden, dass Ärzte und Pflegekräfte ausreichend geschützt und vorbereitet sind.

2. ALARMSTUFE ROT

Kent

Noch nie hatte Ebola eine dicht besiedelte Region getroffen. Das änderte sich, als das Ebola-Virus nach Guinea kam. Abgesehen davon, dass Guinea im Süden an Liberia grenzt, umschließt es im Nordosten und Nordwesten wie ein Schirm Sierra Leone. Die ersten Ebola-Fälle waren im Südosten von Guinea aufgetreten. Dann erhielten wir Nachricht von bestätigten Fällen in der Hauptstadt Conakry an der Westküste des Landes und von Verdachtsfällen im Norden. In kurzer Zeit hatte das Virus einen riesigen geografischen Sprung vom Südosten Guineas zur Westküste gemacht und möglicherweise in die nördlichen Regionen des Landes.

Bis dahin waren alle Ebola-Ausbrüche in ländlichen Dörfern erfolgt. In Conakry mit seinen mehr als 1,6 Millionen Menschen war das Virus zum ersten Mal in einer dicht besiedelten Stadt aufgetreten.

In dieser Zeit erschien der Erreger auch zum ersten Mal in Liberia, in der nördlich gelegenen Stadt Foya, die dicht an der Grenze sowohl zu Guinea als auch zu Sierra Leone liegt.

Eine Patientin mit dem Virus verließ Foya und kam mit dem Taxi nach Monrovia. Die Schwester dieser Frau hatte sich in Guinea mit der Krankheit infiziert, und sie hatte ihre Schwester nach Liberia gebracht, damit sie dort behandelt würde. Die Schwester starb an der Grenze, aber die Frau reiste mit dem Taxi und vier anderen Passagieren weiter nach Monrovia. Ihr Mann lebte in Firestone, einem Distrikt in der Nähe des Flughafens *Roberts International Airport*, der von ELWA aus etwa vierzig Minuten Autofahrt in südwestlicher Richtung liegt. Als es der Frau schlechter ging, fuhr sie mit einem Motorradtaxi zum Krankenhaus in Firestone.

Die Frau wurde schließlich unter Quarantäne gesetzt und starb später, wie auch ihr kleines Kind und – wie ich glaube – ihr Mann. Als wir in einer Besprechung erfuhren, dass sie Ebola hatte und es möglicherweise achtzig Personen gab, mit denen sie in Berührung gekommen war, wusste ich, dass die Krankheit heftig ausbrechen würde.

Wir beschlossen, die Ehepartner und Kinder der Missionsärzte zu evakuieren, sobald die Situation sich verschlechterte, weil sie zu nahen Kontakt hatten.

Als ich die Sitzung verließ, dachte ich an Marion, unsere Haushälterin. Sie ging jeden Tag in unserem Haus ein und aus. Und ich musste an diese achtzig Personen im Umkreis von Monrovia denken, die dem Virus ausgesetzt gewesen waren. *In welchem Teil der Stadt ist Marion gewesen? Mit wem ist sie in Berührung gekommen? Besteht die Gefahr, dass sie sich infiziert? Hat sie sich vielleicht bereits mit dem Virus infiziert?*

Am 31. März gaben wir dem Vertreter von *Samaritan's Purse* die Namen, Geburtsdaten, Ausweisnummern und Reiseziele unserer Angehörigen, nur für den Fall, dass sie eilig außer Landes gebracht werden mussten.

Am selben Tag berichtete der letzte Patient, den ich untersuchte, er habe seit zwei Tagen Fieber, Kopfschmerzen, Gliederschmerzen und Schüttelfrost – klassische Symptome für Malaria. Ich schickte ihn ins Labor, um einen Malaria-Test machen zu lassen, und teilte ihm mit, ich würde seine Karte in die Notaufnahme bringen und er solle vom Labor aus dorthin gehen, weil die Praxis gleich schließen würde. In der Notaufnahme würden sie seine Untersuchungsergebnisse ansehen und ihm die Medikamente geben, die er brauchte. Dann ging ich zu einer Besprechung über Ebola, die für sechs Uhr angesetzt war.

Während der Sitzung, in der wir die aktuellen Informationen erhielten, wanderten meine Gedanken immer wieder zu meinem letzten Patienten zurück. *Ich habe ihn nicht gefragt, was er beruflich macht*, wurde mir bewusst. *Was ist, wenn er der Motorradtaxifahrer ist?*

Ich verließ die Besprechung und ging zur Notaufnahme. Dort fragte ich den diensthabenden Arzt: „Habt ihr den Typen aus der Praxis gesehen, den ich zum Labor geschickt habe?"

„Nein", antwortete er. „Den haben wir nicht gesehen."

Auf dem Schreibtisch lag ein Stapel Krankenakten, und ich blätterte darin, bis ich die meines Patienten gefunden hatte. Sie enthielt weder Laborergebnisse noch Notizen des Arztes in der Notaufnahme. Noch einmal fragte ich, ob der Mann dagewesen sei.

„Nein. Sie haben die Akte hergebracht, aber er ist nicht hier eingetroffen."

Ich ging ins Labor und fragte, wer dem Patienten das Blut abgenommen hatte. Niemand schien es zu wissen. Wir durchsuchten zwei Kästen mit kleinen Zetteln, auf denen alle Untersuchungsergebnisse des Tages standen. Keiner von ihnen trug den Namen des Mannes.

Ich ging wieder zu der Krankenakte zurück und wählte dann die Telefonnummer, die der Mann uns genannt hatte. Eine Verbindung konnte nicht hergestellt werden, so als gäbe es keinen Anschluss unter dieser Nummer.

Was ist, wenn ich gerade den ersten Ebola-Fall im ELWA verpasst habe? Ich habe ihn einfach untersucht. Ich habe keine Handschuhe getragen, und er war ganz verschwitzt.

Eigentlich mache ich mich nicht so schnell verrückt, aber in diesem Augenblick witterte ich überall Gefahr. Ich rief John Fankhauser an und erklärte ihm die Situation. Wir gingen jedes positive und negative Szenario durch, das uns einfiel. Wahrscheinlich hatte der Mann Malaria. Aber sicher wissen konnten wir das nicht. Wer war der Mann? Könnte er einer von den besagten achtzig Personen gewesen sein?

Ich überlegte, an diesem Abend nicht nach Hause zu gehen, nur für den Fall, dass ich mit dem Virus in Berührung gekommen war. John versicherte mir, es sei in Ordnung, bei meiner Familie zu sein, denn die Inkubationszeit beträgt bei Ebola zwei bis einundzwanzig Tage. Ich würde nicht am selben Tag erkranken, und wenn ich keine Symptome hatte, wäre ich auch nicht ansteckend.

Amber

An diesem Abend erklärte Kent, was im Krankenhaus vorgefallen war, und wir hatten eine ernste Unterredung über die sich rasant verändernde Lage in Monrovia. Ich erkannte, dass das Ebolafieber dorthin kommen würde, wo wir lebten, und vor allem dorthin, wo Kent arbeitete. Er beschrieb die Sicherheitsvorkehrungen, die sie im Krankenhaus trafen, und versicherte, darauf könnten wir vertrauen. Wir verstanden beide, wie ernst das, was da auf uns zukam, war.

Wir glaubten nicht, dass wir automatisch einen göttlichen Schutz vor Ebola hatten, nur weil wir Missionare waren. In der Bibel steht: „Denn Gott hat uns keinen Geist der Furcht gegeben, sondern sein Geist erfüllt uns mit Kraft, Liebe und Besonnenheit" (2. Timotheus 1,7). Auch wenn Ebola eine furchterregende Krankheit ist, hatten wir keine Angst. Wir hatten keine Angst zu sterben. Seit Jahrhunderten sterben Missionare in ihren Einsatzgebieten, und bevor wir nach Liberia gezogen waren, hatten wir unsere Testamente verfasst. Außerdem hatten wir einen Brief bei der Organisation *Samaritan's Purse* hinterlassen, der im Falle unseres Todes unseren Eltern ausgehändigt werden sollte und in dem wir ihnen versicherten, dass wir von der Arbeit, die wir dort taten, fest überzeugt waren.

Die Umstände in Liberia hatten sich verändert, seit wir dort angekommen waren, aber dies war immer noch genau das, worauf wir uns eingelassen hatten. An diesem Abend sprachen wir darüber, warum wir überhaupt in Liberia waren, und als wir schlafen gingen, wussten wir nicht, was in den kommenden Tagen, Wochen oder Monaten geschehen würde. Aber wir waren trotzdem vollkommen ruhig.

Kent

Als ich am nächsten Morgen zur Arbeit ging, wählte ich wieder die Handynummer, die auf der Krankenakte meines Patienten stand. Diesmal klingelte das Telefon, und er ging dran.

„Wie geht es Ihnen?", fragte ich.

„Oh, ich gebe mir Mühe." In Liberia heißt das so viel wie: „Mir geht es gut."

Er erklärte mir, er sei nicht zum Labor gegangen, weil er das Geld für die Untersuchung nicht bei sich hatte. Also war er nach Hause gefahren und wollte an diesem Tag das Labor aufsuchen, um sich testen zu lassen.

„Bitte tun Sie das, bitte!", flehte ich ihn an.

„Es geht mir nicht schlechter", sagte er. „Ungefähr so wie gestern."

An diesem Vormittag kam er, und die Untersuchung ergab, dass er Malaria hatte.

Malaria ist kein Zuckerschlecken, aber man kann sie wenigstens behandeln. Als ich von der Diagnose erfuhr, war ich erleichtert, dass ich es doch nicht mit unserem ersten Ebola-Fall zu tun gehabt hatte. Ich war mit meinen ungeschützten Händen also nicht mit dem Virus in Berührung gekommen.

Das war die Taufe unseres Krankenhauses – jetzt war uns klar, wie schnell Ebola auftauchen konnte, und wir wussten, welche Sicherheitsvorkehrungen wir treffen mussten.

Am 1. April beschloss *Samaritan's Purse* wegen der bevorstehenden Ebola-Gefahr in Monrovia, mit der Evakuierung der Familien zu beginnen. Wir kauften Flugtickets für Amber und unsere beiden Kinder, die fünfjährige Ruby und den drei Jahre alten Stephen. Einen Tag darauf verließen sie Liberia.

Amber

Der Rückflug war für drei Wochen später gebucht, aber das Datum konnten wir ändern. Wir wussten nicht, wann wir nach Liberia zurückkehren würden, nur dass es dauern würde, bis das

Land eine ganze Inkubationszeit von einundzwanzig Tagen lang frei von Ebola gewesen war.

Die Kinder und ich reisten zu meinen Eltern in Abilene, Texas, wo ich alle meine sechs Geschwister sehen konnte. Außerdem kamen wir auch mit Kents Familie in Alabama zusammen. Während wir dort waren, konnten wir Kents Cousin Stephen und seine Frau Amy mit ihrem neuen Baby treffen. Da sie auch Missionare waren – in Sambia –, war es eine besondere Freude, sie zu sehen.

Aber eigentlich wollte ich nach Liberia zurück. Obwohl wir noch keine sechs Monate dort gewesen waren, war Liberia unser Zuhause geworden. Unsere Arbeit war dort. Unsere Leute waren dort.

Außerdem vermissten Stephen und Ruby ihren Papa sehr. Wir konnten beinahe jeden Tag mit Kent skypen, was half, aber es war nicht dasselbe, wie mit ihm zusammen zu sein.

Es gab keine neuen Ebola-Fälle in Monrovia, deshalb machte ich mir diesbezüglich keine Sorgen um Kent. Aber es gefiel mir nicht, dass er allein war. Er arbeitete sowieso schon viele Stunden, und die Geschwindigkeit, mit der sich das Ebola-Virus ausbreitete, bedeutete eine Gefahr für Monrovia, die zu Anspannung und Angst im Krankenhaus führte. Es war für ihn schwer, unter diesen Bedingungen zu arbeiten.

Während ich es genoss, meine Verwandten in den USA zu sehen, wünschte ich mir, dass die Kinder und ich sobald wie möglich nach Liberia zurückkehren könnten.

Ausbruch abgewendet

Kent

Den ganzen April über und bis in den Mai hinein standen im Krankenhaus alle unter Strom. Alles schien gleichzeitig zu geschehen. Innerhalb von zwei Wochen schulten wir unser gesamtes Personal im Umgang mit Ebola. Wir deckten alle Themen ab – von „Was ist Ebola?" bis „Was mache ich mit einem Leichnam?". Jeden Tag stellten wir eine Lösung aus Bleiche und Wasser her, um sie im Krankenhaus zu benutzen. Angesichts der Eigenschaften dieses Krankheitserregers durften wir uns keine Fehler erlauben. Schon eine kleine Unachtsamkeit – zum Beispiel ein Stück unbedeckte Haut – konnte tödlich sein.

Die Kapelle in eine Quarantänestation zu verwandeln, war echtes Teamwork. Die Teenie-Kinder der Missionare halfen den technischen Mitarbeitern von SIM, Zäune zu bauen, Latrinen auszuheben und die zukünftige Station mit fließendem Wasser zu versorgen.

Samaritan's Purse stellte Ausrüstung und Materialien zur Verfügung, um die Station auszustatten. Dr. Debbie durchsuchte das Lager der Apotheke nach Gegenständen, die noch keine Verwendung gefunden hatten, und entdeckte mehrere Kisten mit OP-Kleidung. Diese schleppten wir zur Veranda vor der Kapelle. Als wir etwas Zeit hatten, sortierten wir die Kleidungsstücke nach Größe und sorgten dafür, dass sie gewaschen und zusammengelegt wurden.

Ende April traf Ed Carns, ein über siebzigjähriger Arzt aus Oklahoma, ein, um uns im Krankenhaus zu helfen. Da Amber und die Kinder abgereist waren, wohnte Ed eine Woche bei mir.

Ed ist ein fröhlicher Mensch mit der angeborenen Fähigkeit – einer echten Begabung – Menschen zu ermutigen. Er lacht viel, und obwohl wir in dieser Phase nicht oft zu Hause waren, genossen wir die gemeinsame Zeit. Ed lockerte die belastende Situation auf und wir wurden in dieser Zeit gute Freunde.

Es gab den einen Fall der Frau mit Ebola, die von Foya durch Monrovia nach Firestone gereist war, aber keines der Krankenhäuser in der Stadt hatte bisher einen Ebola-Patienten gesehen. In Foya traten eine Handvoll Fälle auf, wie sich herausstellte, und bei allen handelte es sich um Einwohner Guineas, die für die medizinische Behandlung die Grenze überquert hatten.

Ärzte ohne Grenzen hatte in Foya eine Quarantänestation eingerichtet, die erfolgreich arbeitete.

Der letzte neue Fall wurde Mitte April in Foya gemeldet. Als die einundzwanzig Tage Inkubationszeit im Mai vorüber waren, atmeten wir in ELWA erleichtert auf. Eine epidemische Ausbreitung im Land war abgewendet.

Bevor die Krankheit ausgebrochen war, hatten wir als Familie geplant, Ende April nach Griechenland zu reisen, um an der jährlichen Tagung für medizinische und zahnmedizinische Fortbildung des christlichen Ärzteverbands *Christian Medical and Dental Association* teilzunehmen. Das war für Missionsärzte immer eine wichtige Veranstaltung, und ich sollte dort bei einem Seminar über Notfallgeburtshilfe referieren. Auch Dr. Debbie hatte vor, an dieser Tagung teilzunehmen.

Bevor wir aufbrachen, mussten wir mit den Verantwortlichen von Ärzte ohne Grenzen abklären, ob wir angesichts des kleinen Ebola-Ausbruchs überhaupt reisen durften. Ihre Richtlinien sahen vor, dass Mitarbeiter, die mit Ebola-Patienten in Berührung gekommen waren, sich nicht weiter als vier Stunden von einem Krankenhaus mit Quarantänestation entfernen durften, dass ihre Temperatur täglich gemessen wurde und beim Auftreten irgendwelcher Beschwerden oder bei Fieber genaue Vorkehrungen zu beachten waren. Da wir keine Ebola-Patienten gepflegt hatten, stellte eine Reise für uns kein Problem dar.

Ich traf Amber, Ruby und Stephen in London, und von da aus flogen wir zusammen nach Griechenland. Es war schön, sie zu sehen, aber trotzdem war es eine anstrengende Zeit. Anderthalb Wochen in einem Hotel zu wohnen, hat seine Tücken. Außerdem war immer noch nicht klar, ob Amber und die Kinder nach Liberia zurückkehren konnten. Während wir in Griechenland waren, kam von *Samaritan's Purse* in Liberia die Genehmigung, dass Amber und die Kinder einreisen konnten. Und so flogen wir gemeinsam nach Liberia – in Vorfreude darauf, in unser normales Leben zurückzukehren.

Der wütende Mob

Gegen Ende Mai wartete unsere Einrichtung auf Anweisungen des liberianischen Gesundheitsministeriums bezüglich unserer Quarantänestation, die wir wieder auflösen wollten. Zweiundvierzig Tage, also zwei ganze Inkubationszeiten, waren vergangen, seit der letzte Ebola-Fall im Land gemeldet worden war. Unser Plan war gewesen, die Isolierstation nur für die Unterbringung von Patienten zu nutzen, nicht für deren Behandlung. Wenn bei einem Patienten Ebola diagnostiziert würde, wollten wir ihn ins *John F. Kennedy Medical Center* (JFK) verlegen, das große staatliche Krankenhaus in Monrovia.

Aber als Dr. Brown das Gesundheitsministerium fragte, ob wir unsere Isolierstation wieder auflösen könnten, wussten wir nicht, dass die Quarantänestation im JFK bereits aufgelöst und die kmplette Ausrüstung eingelagert worden war. Man sagte Jerry, dass die Person, die über unsere Station entscheiden würde, nicht im Lande sei und wir einstweilen alles so lassen sollten, wie es war.

Am Samstag, den 31. Mai, kam spätabends ein sehr kranker Patient in unsere Notaufnahme. Ich stellte die Diagnose einer akuten Pyelonephritis mit Sepsis – einer schweren Niereninfektion mit Eiter in der Niere. Wir begannen, den Mann mit viel Flüssigkeit und intravenös verabreichten Antibiotika zu behandeln. Obwohl wir den Patienten mit ausreichend Flüssigkeit versorgten, produzierte er keinen Urin, sodass ich akutes Nierenversagen vermutete. Dies war schwierig zu behandeln, weil wir ihm wegen der Sepsis und seines niedrigen Blutdrucks weiter Flüssigkeit verabreichen mussten.

Manchmal ging ich nachts für ein paar Stunden nach Hause, um zu schlafen, wenn ich von Samstag bis Montag Wochenenddienst hatte. Aber mit diesem schwerkranken Mann in der Notaufnahme und anderen stationären Patienten, um die ich mich kümmern musste, blieb ich die ganze Nacht im Krankenhaus und überwachte ihren Zustand.

Während der Nacht entwickelte der Patient Zuckungen der Gesichtsmuskulatur. Ich überprüfte seine Kaliumwerte und stellte fest, dass sie gefährlich hoch waren. Wir verabreichten ihm Glukose und Insulin, denn dies war die einzige Methode, die uns zur Verfügung stand, um den Kaliumwert schnell zu senken. Die Zuckungen hielten an und verstärkten sich zu ruckartigen Bewegungen. Ich wies die Pflegekraft an, dem Mann Diazepam – Valium – zur Beruhigung zu geben, damit er weniger litt. Später bemerkte ich, dass er aus den Einstichwunden der Injektion blutete. Als das Zucken wieder begann, fing er auch an, im Mund, an der Zunge und am Zahnfleisch zu bluten. Es war offensichtlich, dass sein Zustand immer kritischer wurde und er sich dem Ende seines Lebens näherte. Wir konnten nicht mehr für den Mann tun – uns standen keine Kardioüberwachung, keine Dialyse, kein Beatmungsgerät und keine Vasopressoren wie Adrenalin zur Verfügung.

Am Sonntagmorgen kam eine Patientin zu uns, bei der ich Eklampsie, Baby in Steißlage und eine Fehllage der Plazenta diagnostizierte – drei Diagnosen, die jede für sich schon eine Herausforderung waren. Ich rief Dr. Debbie, unsere allgemeine Chirurgin, an und bat sie, mich bei einem Kaiserschnitt zu unterstützen, für den Fall, dass wir dabei eine Hysterektomie – eine Entfernung der Gebärmutter – vornehmen mussten. Während die Patientin vorbereitet wurde, saßen Dr. Debbie und ich im OP. Ich erzählte ihr von dem schwierigen Fall in der Notaufnahme, von der Möglichkeit, dass der Patient etwas anderes haben könnte, und davon, dass ich allmählich fürchtete, es handele sich um Ebola.

„Dann lass uns etwas unternehmen", sagte sie.

Wir gingen zur Notaufnahme und erkannten, dass der Mann im Sterben lag. Wir konnten nichts tun, um sein Leben zu retten. Er lag in einem Bett in der Ecke neben dem Hinterausgang, und wir wiesen die Pflegekräfte an, um ihn herum die Vorhänge zu schließen und ihn nicht zu berühren, niemanden zu ihm zu lassen und zu verhindern, dass jemand die Hintertür benutzte.

Während der Operation an der schwangeren Frau – eine erfolgreiche Prozedur, die Mutter und Baby wohlbehalten überstanden – starb der Mann in der Notaufnahme.

In volle Schutzkleidung gehüllt, fuhren wir den Toten mitsamt seinem Bett zum Hinterausgang hinaus und über den Rasen zu einem Zelt, in dem wir Patienten unterbrachten, bei denen der Verdacht auf Ebola bestand.

Wir ordneten an, dass die Notaufnahme mit der Lösung aus Bleiche und Wasser desinfiziert wurde, während wir den Leichnam des Mannes in mehrere Plastikplanen wickelten und jede Lage sowie sein Bett mit der Flüssigkeit einsprühten. Dann meldeten wir dem Gesundheitsministerium, wir hätten einen verdächtigen Todesfall, möglicherweise durch Ebola, damit sie eine postmortale Blutprobe entnehmen konnten.

Es dauerte mehr als vierundzwanzig Stunden, bis das Gesundheitsministerium jemanden schickte, der die Blutprobe entnahm, und ein weiterer Tag würde verstreichen, bis wir das Ergebnis erfahren sollten.

Die Familie des Mannes war zunächst kooperativ. Aber am Dienstagnachmittag – als verlautbar wurde, dass sich der Leichnam noch immer in unserem Krankenhaus befand – versammelte sich eine Menschenmenge vor der Mauer des Geländes. Die Menschen wurden von Minute zu Minute unruhiger und wütender, und verlangten die Herausgabe der Leiche, damit der Tote einbalsamiert und begraben werden konnte, so wie es ihrer Tradition entsprach. Dr. John Fankhauser rief mich zu Hause an, um mir mitzuteilen, er würde der Familie den Leichnam übergeben.

John und ich sind gute Freunde, wir arbeiten hervorragend zusammen. Aber wie es bei Ärzten so ist, sind auch wir nicht immer einer Meinung, und wenn wir es nicht sind, sagen wir das dem anderen und diskutieren auf professionelle Weise über unsere unterschiedlichen Auffassungen. Letzten Endes respektieren wir die Entscheidung dessen, der entscheidungsbefugt ist, und halten uns daran. Auch wenn wir nicht einverstanden sind, ist es dann *unsere* Entscheidung.

Ich war dagegen, dass John den Leichnam freigab, ohne dass wir die Ergebnisse des Ebola-Tests kannten. Also ging ich zum Krankenhaus.

Als ich die aufgebrachte Menge sah, trat ich durch den Hintereingang ins Zelt, in dem John in seiner Schutzmontur den Leichnam für die Familie vorbereitete. Er hatte ihnen gesagt, wenn sie einen Sarg brächten, würde er den Leichnam in den Sarg legen lassen und ihn diesen geben.

„Mir ist bei dieser Entscheidung nicht wohl", erklärte ich John. „Warum machen wir das?"

„Weil sie drohen, uns zu töten", entgegnete er. „Sie drohen, dass sie das Krankenhaus anzünden und uns alle umbringen, und das ist es nicht wert."

Vier oder fünf von uns zogen Schutzanzüge an, um John dabei zu helfen, die Leiche in den Sarg zu legen. Ein Beamter vom Gesundheitsministerium erschien und sagte, er wolle mit der Familie sprechen. Der Patient hatte Lassa-Fieber gehabt, das in Westafrika gehäuft auftritt und sich meist durch Rattenkot und -urin ausbreitet. Es gibt im Jahr zwischen 300 000 und 500 000 Fälle. Die meisten Patienten mit Lassa-Fieber haben entweder gar keine Symptome oder nur schwache und werden ohne ärztliche Hilfe wieder gesund. Aber 10 bis 20 Prozent der Betroffenen müssen stationär behandelt werden, und bei ihnen liegt die Sterblichkeitsrate bei 50 Prozent.

Nachdem die Familie mit dem Beamten gesprochen hatte, zogen wir die Plastikplanen so weit zurück, dass zwei Angehörige das Gesicht des Verstorbenen sehen und ihn identifizieren konnten. Dann legten wir den Leichnam in den Sarg, besprühten alles mit Bleiche und schlossen den Sarg. Auch wenn der Patient nicht an Ebola erkrankt war, waren diese Vorkehrungen nötig, denn in schweren Fällen von Lassa-Fieber kann es eine Übertragung von Mensch zu Mensch geben.

Die Angehörigen gingen hinaus zu den wartenden Menschen, und als sie ohne den Leichnam erschienen, drehte die Menge durch. Ich hörte, wie etwas mit einem lauten Knall auf das große metallene Tor traf. Dann flogen die ersten Steine über die Mauer. Die Leute bewarfen das Krankenhaus mit Geröll und Felsbrocken! Wir standen etwa zwanzig, dreißig Meter von der Mauer entfernt, sodass wir nicht in Gefahr waren, aber die Steine landeten in Pfützen zu unseren Füßen, bis wir uns weiter zurückzogen.

Einer der Hausmeister des Krankenhauses, der ebenfalls in Schutzkleidung gehüllt war, stand bei uns. „Prince", fragte ich ihn, „hast du so etwas schon mal gesehen?"

„Nein, habe ich nicht", erwiderte Prince, während er an sich heruntersah. „Bevor wir bei Dr. Debbie Unterricht hatten, wusste ich nicht einmal, dass es solche Schutzkleidung gibt."

„Das meine ich nicht", sagte ich kopfschüttelnd. „Ich rede von der wütenden Menge, die unser Krankenhaus mit Steinen bewirft."

„Oh ja", antwortete Prince lachend. „Das sehe ich ständig."

Die Polizei wurde gerufen und die Menschenmenge verlief sich schnell. Dann schickte das Gesundheitsministerium einen Lieferwagen, lud den Sarg auf und brachte ihn dorthin, wo die Familie ihn begraben wollte.

Auch wenn der Patient kein Ebola gehabt hatte, war dieser Fall für uns ein Warnschuss gewesen ... und er erwies sich als Beginn unseres Ebola-Schreckens.

Eine Woche später erschienen Felicia und ihr Onkel in unserem Krankenhaus.

TEIL 2: ZUM DIENEN BERUFEN

3. SIE HAT „JA" GESAGT

Kent

„Wenn es hart auf hart kommt, dann besinnen sich die Harten auf ihre Berufung." Als ich diese Worte hörte, wusste ich, dass ich sie in mein Tagebuch schreiben musste. Sie stammten von Ken Lloyd, einem Mann, der beinahe fünfzig Jahre in der interkulturellen Missionsarbeit tätig gewesen war.

Amber und ich hatten mit unserem Missionseinsatz fünf Monate zuvor in Monrovia begonnen. Es war Mitte März 2014, und wir nahmen an einer Tagung von *Serving in Mission* teil, die sich an liberianische Missionare richtete. Die dreitägige Veranstaltung an der westafrikanischen Küste in Libassa beinhaltete Zeiten der Teambildung, der Erneuerung und der Ermutigung für die Missionarsfamilien.

Das Tagungszentrum in Libassa befand sich in einem Palmenwald, perfekt gelegen zwischen dem Atlantik und einer Süßwasserlagune. Die Landschaft dort gehört zu Gottes schönsten Kreationen, mitten in einem von Kriegen geschüttelten Entwicklungsland. Amber und ich waren nach Liberia berufen worden, um den wunderbaren Gotteskindern zu dienen, die in einem Land leben, das deutliche Wunden von zwei Bürgerkriegen innerhalb kurzer Zeit davongetragen hat.

Das Thema des Hauptvortrags war unsere Berufung als Missionare. Als der Redner sagte: „Wenn es hart auf hart kommt, dann besinnen sich die Harten auf ihre Berufung", schrieb ich das wörtlich mit, weil ich davon ausging, dass es auch auf unserem Weg irgendwann hart auf hart kommen würde. Ich wusste allerdings nicht, wie bald das schon der Fall sein würde. Oder wie hart es tatsächlich werden würde.

Nicht, dass die Ebola-Gefahr oder irgendein anderes unvorhergesehenes Ereignis etwas an unserer Entscheidung geändert hätten. Amber und ich waren nicht in Liberia, weil wir es uns ganz willkürlich ausgesucht hatten. Wir fühlten uns von Gott nach Liberia berufen, und wir waren dort, weil wir fest entschlossen waren, Gottes Einladung zu folgen.

Egal, wie hart es wurde.

Pilot, Astronaut, Cowboy ... Missionar

Zum ersten Mal spürte ich Gottes Fingerzeig in Richtung Auslandsdienst, während ich an der *Abilene Christian University* (ACU) in Texas studierte. Ich hatte ohne besonderen Studienschwerpunkt begonnen und war so unentschlossen, was meine Zukunft betraf, wie man es im ersten Collegejahr nur sein kann. Ich hatte viele Interessen und mochte verschiedene Schulfächer. Im Laufe der Zeit wollte ich zunächst Pilot werden, dann Astronaut und irgendwann Cowboy. Mein Vater war Arzt, und ich achtete seinen Beruf sehr. Aber was ich wirklich sein wollte – nach dem Vorbild meines Vaters –, war ein guter Ehemann, Familienvater und Gemeindeleiter, kein Arzt.

1999, während meines ersten Jahres an der ACU, hatte ich das Bedürfnis, mich für ein Hauptfach zu entscheiden. Also nahm ich an einer Berufsberatung teil, um herauszufinden, welcher Beruf zu mir passte. Ich entschied mich für die Karriere des Highschoollehrers und Trainers, vor allem, weil mein Mathelehrer in der Highschool auch mein Football-Trainer gewesen war. In den Sommerferien hatte er außerdem Missionsreisen geleitet. Das klang wie ein Leben, das ich genießen könnte.

In meinem zweiten Collegejahr belegte ich also Mathematik und Erziehungswissenschaften. Die Integralrechnung und die Pädagogikkurse ließen mich meine neu gewählten Hauptfächer jedoch noch einmal überdenken.

Im nächsten Semester studierte ich im Rahmen eines Auslandsprogramms in England an einer Universität in Oxford. Dr. Paul Morris, ein Physik- und Philosophieprofessor, betreute uns in dem Semester, und ich belegte seine Einführung in die Philosophie und seine Kurse über Geschichte und Wissenschaftsphilosophie.

Mein Lieblingsseminar in England war „Christliche Liturgie", bei dem wir die Geschichte der Gottesdienstpraxis in verschiedenen christlichen Traditionen studierten. Für diesen Kurs mussten wir sieben verschiedene Kirchen besuchen und in jeder Gemeinde jemanden über den Gottesdienst und die jeweilige Tradition und Liturgie befragen. Es faszinierte mich, die unterschiedlichen Gottesdienststile zu beobachten und mit Menschen darüber zu sprechen, wie sie ihrem Glauben Ausdruck verleihen.

Am Ende des Oxfordsemesters wusste ich immer noch nicht, welchen Beruf ich nun ergreifen wollte. Aber ich war von einem immer stärker werdenden Wunsch beseelt, von den großen Bibelforschern und Theologen an der ACU zu lernen und auch persönlich mehr in der Bibel zu lesen. Also änderte ich mein Hauptfach zu Bibelkunde, wozu die biblischen Sprachen, die biblische Botschaft und der historische Kontext gehörten. Es war üblicherweise ein Hauptfach für angehende Pastoren. Mir ging es gar nicht unbedingt darum, Prediger oder Bibellehrer zu werden – obwohl das auch eine Möglichkeit war. Ich glaubte, dass ich irgendwann im Laufe der nächsten beiden Jahre noch entdecken würde, was ich mit meinem Leben anfangen sollte.

Der Lehrplan enthielt auch ein diakonisches Praktikum, das zwischen meinem zweiten und dritten Jahr stattfinden sollte. Ich hatte die Wahl, es gemeinsam mit jungen Menschen in Atlanta, Georgia, zu absolvieren oder nach Ostafrika zu gehen, um einem Freund dort bei seinem Praktikum zu helfen. Aus irgendeinem Grund schien ein Dienst in Ostafrika passender für mich zu sein als Jugendarbeit in Amerika.

Als ich in Ostafrika war, begann ich, eine Berufung für mein Leben zu spüren. Sie bezog sich jedoch nicht auf die Art von Missionsarbeit, mit der ich vertraut war. Durch meine Jugend in der Gemeinde hatte ich oft Vorträge von Missionaren gehört, und dabei war es überwiegend um Predigt, Lehre und Gemeindegründung in fremden Ländern gegangen. Ich hielt mich nicht für einen begabten Prediger oder Lehrer – vor anderen Leuten zu sprechen, war nicht mein Ding. Aber ich wusste, dass ich Menschen in Not Mitgefühl entgegenbringen konnte.

Mein liebster Bibelvers steht im Markusevangelium. Er gehört zu der Geschichte, in der Jesus fünf Brote und zwei Fische nimmt und auf wundersame Art fünftausend Menschen zu essen gibt. Dieser Bericht steht in folgendem Kontext: Die zwölf Jünger waren gerade zu Jesus zurückgekommen, nachdem er sie zu zweit ausgesandt hatte, um Menschen körperlich zu heilen und ihnen gleichzeitig zu erklären, was das Reich Gottes bedeutete. Dann erfuhr Jesus, dass König Herodes die Enthauptung von Johannes, dem Täufer, angeordnet hatte, dem Propheten und Cousin Jesu, der ihn zu Beginn seines Dienstes getauft hatte.

Ich versuche mir vorzustellen, wie emotional belastend das für Jesus gewesen sein muss – diese Tragödie gleich nach der Begeisterung und Freude, als die Jünger zurückkamen und von ihren Wundertaten im Namen Jesu erzählten.

Jesus muss erschöpft gewesen sein, als die Menschen sich versammelten, und er sagte den Jüngern, sie sollten mit ihm an einen ruhigen Ort gehen, wo sie ausruhen konnten.

Gemeinsam stiegen sie in ein Boot und überquerten den See, aber Markus erzählt in seinem Bericht, dass die Leute am Ufer entlangrannten und auf der anderen Seite schon auf Jesus warteten, als das Boot anlegte. Und dann folgt mein Lieblingsvers – Markus 6,34: „Als Jesus aus dem Boot stieg und die vielen

Menschen sah, hatte er großes Mitleid mit ihnen; sie waren wie eine Schafherde ohne Hirte. Deshalb nahm er sich viel Zeit, ihnen Gottes Botschaft zu erklären." Wenn ich emotional erschöpft bin, werde ich reizbar, launisch und ungeduldig. Wenn ich mit Jesus in dem Boot gewesen wäre, hätte ich die Leute wahrscheinlich am liebsten folgendermaßen begrüßt: „Das ist nicht euer Ernst, oder? Wir versuchen gerade, euch aus dem Weg zu gehen! Lasst uns in Ruhe!" Aber Jesus reagierte anders. Trotz all der Belastung, trotz seiner Erschöpfung empfand er Mitgefühl für die Menschen und sprach zu ihnen. Warum? Weil er sah, dass diese Menschen Hilfe brauchten; in seinem kulturellen Kontext sah er in ihnen Schafe, die keinen Hirten hatten.

Jesus sah von seinen eigenen Gefühlen ab und konzentrierte sich auf ihre Anliegen. Er unterrichtete sie und anschließend gab er ihnen zu essen. Er kümmerte sich sowohl um ihre geistlichen als auch ihre körperlichen Bedürfnisse. Bei Jesus ging immer beides Hand in Hand.

Diese Art des Mitgefühls wollte ich für andere Menschen haben. Ich wollte mich um ihre geistlichen und körperlichen Bedürfnisse kümmern.

Während des Praktikums in Ostafrika dachte ich viel über meine Fähigkeiten, Interessen und Erfahrungen nach. Am Ende kam ich zu dem Entschluss, Medizin zu studieren, damit ich Arzt werden und diese Fähigkeiten anwenden konnte, um Menschen in der Mission zu helfen. Da ich in einer Arztfamilie großgeworden war, schien es mir kein unrealistisches Ziel, selbst Mediziner zu werden.

Anfangs dachte ich, ich könnte während des Urlaubs von meiner beruflichen Tätigkeit in Amerika befreundete Missionare im Ausland besuchen und ihnen und ihren Familien medizinische Fürsorge anbieten, weil ich wusste, dass dies für Missionare ein Thema war. Aber während Gottes Berufung in mir Wurzeln schlug, verwandelte sie sich in etwas Größeres. Ich begriff allmählich, dass ich mein Leben – und nicht nur meinen Urlaub – für diesen Dienst zur Verfügung stellen sollte.

Bei meiner Berufswahl ging es mir nie darum, unbedingt *Arzt* zu werden. Mein Ziel war es, den Menschen zu dienen. Und die Medizin war ein Arbeitsbereich, mit dem ich mein Leben diesem Dienst widmen konnte.

Ein Vorgeschmack auf die Mission

Amber

Ich wollte Krankenschwester werden, seit ich denken kann. In meiner Familie gab es keine Schwestern oder Ärzte, und ich wusste nicht, was eine Krankenschwester tat, außer Spritzen geben. Aber ich hatte als Mädchen den Film *Florence Nightingale* mit Jaclyn Smith in der Hauptrolle gesehen, und dieser Film war der Grund für meinen Berufswunsch: Ich wollte anderen helfen, so wie Florence Nightingale es getan hatte.

Als ich acht Jahre alt war, brach ich mir den Arm und wurde nach der Operation von Krankenschwestern betreut. Mein Vater wollte mir Mut machen und sagte: „Irgendwann, wenn du selbst Krankenschwester bist, Amber Joy, kannst du dich vielleicht auch um ein kleines Mädchen kümmern, das sich den Arm gebrochen hat. Und dann wirst du besser verstehen, was sie braucht, weil du weißt, wie sich ein gebrochener Arm anfühlt."

Meine Eltern legten schon früh in meinem Leben einen Grundstein des Glaubens und der Nächstenliebe. Mein Vater war Pastor, und fünf Jahre lang lebten wir in einer kleinen Stadt in Colorado. Wir waren keine Missionare, aber ich glaube, meine Eltern betrachteten das, was sie taten, als Missionsarbeit.

Als ich jung war, wohnten wir in Oklahoma, Colorado und Texas. Zwei Mal jährlich reisten wir an die texanische Grenze zu Mexiko, um eine Missionarsfamilie zu besuchen, die von unserer Gemeinde unterstützt wurde. Ich liebte diese Familie und unsere Besuche dort. Ich liebte es, sie nach Mexiko zu begleiten und ich liebte die spanische Sprache. Damals dachte ich, alle Missionare wären Pastoren, gäben Kindern biblischen Unterricht, grüben Latrinen und bauten gelegentlich neue Kirchen. Es war ein sehr eingeschränkter Blick auf das, was Mission wirklich ist – aber ich fand es trotzdem großartig.

Im Sommer nach meinem Highschool-Abschluss besuchten wir unsere Missionarsfreunde wieder einmal, und als es Zeit wurde, nach Hause zu fahren, wollte ich nicht abreisen. Ich flehte meinen Vater an, zwei Wochen länger bleiben zu dürfen, bevor ich mein Studium an der *Abilene Christian University* aufnahm. Er überredete mich, mit den anderen zurückzufahren. Widerwillig gehorchte ich.

Während meines ersten Semesters an der ACU im Jahr 2002 meldete ich mich für den ersten Missionseinsatz im Ausland an, der sich mir bot. Es sollte eigentlich eine zweiwöchige Reise nach Honduras in den Sommerferien sein, gemeinsam mit anderen Pflegestudenten. Aber ich bekam genügend Geld für ein zweimonatiges Praktikum zusammen. Bis zum Termin unserer Abreise hatte ich meine Prüfung zur Pflegeassistentin abgelegt, für die ich allgemeine medizinische Begriffe lernen musste sowie die nötigen Tätigkeiten, um einer examinierten Pflegekraft zu assistieren.

Bei diesem Einsatz fiel mir zum ersten Mal auf, dass eine Krankenschwester gleichzeitig auch Missionarin sein konnte, und – ich war ja *so* naiv! – ich sah, dass es bereits Schwestern gab, die genau das taten. Also musste ich als Missionsschwester gar keine Pionierin sein und auch nicht selbst herausfinden, wie das gehen sollte.

Zwei bedeutsame Erfahrungen gehen auf diese Reise zurück.

Erstens hatte ich zu Beginn des Sommers in einer Kinderbibelschule in Limón unterrichtet. Kinder aus verschiedenen Nachbarstädten und Dörfern kamen per Bus mit ihren Eltern, um an einer großen Versammlung von Gemeinden in der Region teilzunehmen. Ich half den Kindern, ein Lied auf Spanisch zu lernen, das die Worte enthielt: „Jesus ist mein Freund."

Fünf Wochen später fuhr ich mit dem medizinischen Team zu einem Dorf, das eine ziemlich lange Busfahrt von dem Ort entfernt war, in dem ich die Kinder unterrichtet hatte. Als ich aus dem Wagen stieg, erkannten mich einige Kinder und rannten auf mich zu, während sie sangen: *„Mi amigo, Jesús es mi amigo."* Es rührte mich, dass diese Kinder ein Lied, das ich ihnen beigebracht hatte, behalten hatten. Selbst wenn es das Einzige war, woran sie sich aus ihrer Zeit in der Bibelschule erinnerten, war es eine großartige Erinnerung: „Jesus ist mein Freund"!

Das war für mich eine Bestätigung, was meine Berufung zu einer langfristigen Tätigkeit in der medizinischen Missionsarbeit betraf.

Die andere entscheidende Erfahrung dieses Sommers bestand darin, dass ich einen groß gewachsenen, schlanken, attraktiven jungen Mann kennenlernte, der mit einem Missionseinsatz seiner Gemeinde nach Honduras gekommen war.

Kent Brantly hatte gerade seinen Bachelorabschluss gemacht und überlegte, ob er Medizin studieren sollte. Er arbeitete ein paar Tage mit uns in der Arztpraxis, und ich zeigte ihm, wie man den Blutdruck misst. Ich ließ ihn so oft an meinen Armen üben, dass sie ganz blau anliefen und ich Angst hatte, sie würden abfallen. Aber dieses Risiko ging ich ein, um Zeit mit Kent zu verbringen.

An dem Tag, an dem wir uns kennenlernten, aßen wir gebratenen Fisch und Reis mit Zungenspateln, weil wir keine Löffel hatten. Damals wussten wir es noch nicht, aber das war genau die Art Erfahrung, die das Leben in einem Missionskrankenhaus mit sich brachte.

Kent

Bei diesem Einsatz in Honduras saß ich in einer kleinen Kirche mit einer studierten Krankenschwester, die dort als Missionarin arbeitete. Unter den Patienten war eine ältere Dame, die eigentlich nichts hatte, was wir hätten behandeln können. Wir gaben ihr lediglich Vitamine und Tylenol, aber sie war unglaublich froh und dankbar, dass wir uns um sie kümmerten. Irgendetwas an dieser Begegnung rührte mich, und ich dachte: *Das fühlt sich richtig an. Ich glaube, so etwas kann ich.*

Ich kehrte für ein fünftes Jahr an die ACU zurück, um alle wissenschaftlichen Vorkurse zu belegen, die ich brauchte, und um mich anschließend für das Medizinstudium zu bewerben. In dem Jahr wohnte ich nicht auf dem Campus, aber Amber und ich trafen uns bei den Kursen.

Liebe ist geduldig

Amber
Eines Tages lud Kent mich ein, das Fußballspiel seiner Nichte anzusehen, deren U11-Mannschaft er trainierte. Als ich eintraf, stellte ich fest, dass Kent noch eine andere Freundin eingeladen hatte. Offenbar hatte ich mehr in die Einladung hineininterpretiert, als Kent beabsichtigt hatte.

Kents Schwester Carole war auch bei dem Spiel, und sie konnte nicht fassen, dass er sich sowohl mit mir als auch mit dem anderen Mädchen verabredet hatte. Kent ist gerne mit Menschen zusammen – er wollte einfach nur nett sein und Freunde einladen. Dabei war ihm nicht bewusst, dass so ungefähr jedes Mädchen an der ACU mit ihm ein Fußballspiel der U11 angeschaut hätte, um einen Teil des Samstags mit ihm zu verbringen.

Kurz danach begann er, mit dem anderen Mädchen auszugehen. Ich hatte gedacht, Kent und ich könnten irgendwann nach unserer Hochzeit die hübsche Geschichte erzählen, wie wir uns in Honduras kennengelernt hatten. Diese Hoffnung war jetzt zerschlagen.

In meinem zweiten Studienjahr lernten wir einander besser kennen, aber nicht so gut, wie ich es mir gewünscht hätte. Ich arbeitete im Laden auf dem Campus, und Kent kam zwischen zwei Seminaren vorbei, um einen Bleistift oder eine Speicherkarte zu kaufen oder etwas anderes, das er brauchte. Wenn er das Geschäft verließ, ertappte ich mich dabei, wie meine Blicke ihm folgten. Meine Kolleginnen wussten, wie verrückt ich nach Kent war, aber er selbst hatte nicht die leiseste Ahnung.

Nach Kents fünftem Jahr an der ACU kehrte er in seine Heimatstadt Indianapolis zurück, um an der *Indiana University School of Medicine* zu studieren, während ich mein Studium an der ACU fortsetzte. Gelegentlich mailten wir uns, um in Kontakt zu bleiben. Ich liebte Kent, aber immer wieder kam ich an den Punkt, an dem ich dachte: *Das muss aufhören. Ich muss nach vorne schauen.* Dann schickte er mir eine E-Mail, die meine Hoffnungen erneut aufflammen ließ – bis ich das nächste Mal das Gefühl hatte, dass ich ihn aufgeben musste.

Kent

Im Februar 2007, während meines zweiten Jahres an der medizinischen Hochschule, schickte mir Amber Joy – ich nenne sie gerne so, weil ihr zweiter Vorname ihre Persönlichkeit so gut beschreibt – eine Geburtstags-CD, auf der sie verschiedene Lieder zusammengestellt hatte, die sie mochte. Amber legt generell nicht so viel Wert auf Texte. Sie mag die Musik, befasst sich aber nicht lange mit den Texten. Ich bin das Gegenteil; mir ist jedes Wort in einem Lied wichtig.

Während ich zur Uni fuhr, hörte ich mir die CD an. In der Bibliothek lauschte ich den Songs mit dem Kopfhörer. Ich höre also diese Lieder immer wieder, und mir fällt auf, dass einige der Texte sehr deutlich von Liebe sprechen und davon, jemanden für immer zu lieben. Sogar von der Ehe ist die Rede.

Ich verbrachte fünfzehn bis achtzehn Stunden täglich in Seminaren oder über Büchern, und war seit mehr als einem Jahr nicht mehr mit einer Frau ausgegangen. Als ich mich in meinem Jahrgang umschaute, sah ich nur jede Menge angehender Ärztinnen. Und da ich selbst Arzt werden wollte, hatte ich keinerlei Interesse daran, mit einer ebenso vielbeschäftigten Kollegin verheiratet zu sein. Wenn ich eine Frau also nicht heiraten wollte, wieso sollte ich dann mit ihr ausgehen?

Im Geiste ging ich alle Beziehungen durch, die ich gehabt hatte – es waren nicht sehr viele, aber einige immerhin –, und jede meiner guten Freundinnen. Dann überlegte ich bei jeder, warum ich sie nicht heiraten wollte, konnte oder sollte. Bei allen hatte ich gute Gründe. Schließlich kam ich zu Amber Joy, und mir fiel kein einziger Grund ein, warum ich nicht mit ihr zusammen war. Sie war eine gottesfürchtige junge Frau. Sie wollte in der Mission dienen. Sie hatte eine tolle Familie. Ganz zu schweigen davon, dass ich seit Monaten ihre CD mit den nicht ganz so subtilen Botschaften „Ich liebe dich", „Ich werde dich immer lieben" und „Du brauchst eine Frau" anhörte.

Irgendwann schickte Amber mir eine E-Mail, die mit Football zu tun hatte. Sie war seit eh und je ein Fan der Denver Broncos gewesen, hatte aber noch nie eines ihrer Spiele live gesehen. In dieser Saison spielten die Broncos nicht in Texas, aber Ende September würden sie nach Indianapolis kommen, um gegen die Colts anzutreten. Amber wollte wissen, ob ich jemanden kannte, bei dem sie und ihr Dad übernachten konnten, wenn sie zu dem Spiel fuhren.

Ich bin ein großer Colts-Fan und schrieb zurück, sie könnten bei meinen Eltern übernachten und ich würde sie und ihren Vater gerne zu dem Spiel begleiten. Als das Datum näherkam, musste ihr Vater absagen, weil er die Gemeinde, in der er Pastor war, an dem Wochenende nicht verlassen konnte. Amber fragte, ob es in Ordnung sei, wenn sie alleine käme.

Amber flog am Freitag nach Indianapolis und verbrachte den Samstag mit meiner Mutter beim Einkaufen und dabei, die Vorratskammer in unserer Kirche aufzufüllen. In Honduras hatte sie einen Onkel und eine Tante von mir kennengelernt und war mit ihnen in Verbindung geblieben, also trafen wir uns mit ihnen zum Essen.

Das war meine Tante Joan, die gefühlt jedes Mal, wenn die Sprache auf Mädchen kam, sagte: „Weißt du, Kent, diese Amber Joy ist ein ganz besonderes Mädchen."

„Ich weiß, Tante Joan", antwortete ich dann. „Ich weiß, dass sie etwas Besonderes ist."

Außerdem gingen wir mit einem befreundeten Paar Sushi essen. Es war fast wie ein Doppel-Date, obwohl keiner von uns sich traute, das zuzugeben.

Amber

Meine Broncos verloren an dem Sonntag. Aber das konnte ich verschmerzen, denn ich war mit Kent zusammen. Anschließend gingen wir essen und dann zu Starbucks, um einen Kaffee zu trinken. Vor dem Café stand eine dekorative hohe Graspflanze, ich riss einen Zweig ab und holte mir einen Splitter im Finger. Kent entfernte den Splitter aus meinem Finger.

Dann goss ich meinen ganzen Pfefferminzkakao über den Fußboden. Es war mir unendlich peinlich. Ich war noch nie begabt gewesen, was Verabredungen mit Jungs anging, denn meistens vermasselte ich irgendetwas. Technisch gesehen war es ja keine Verabredung, aber ich machte auch mehr als nur einen Fehler.

Kent war die ganze Zeit überaus höflich. Er ignorierte die Katastrophe bei Starbucks, hielt mir die Türen auf und benahm sich wie ein echter Gentleman. Ich fasste mir ein Herz und fragte ihn, ob er eine feste Freundin hatte. Er verneinte.

Da ich mir ein langes Wochenende freigenommen hatte, konnte ich ihn am Montag zu seinem Unterricht begleiten. Wir besuchten eine Radiologie-Vorlesung, von der Kent begeistert war. Der Professor warf Bilder an die Wand und stellte dazu Fragen. Nur einmal hob Kent die Hand, um die Frage des Professors zu beantworten, aber nach jeder Frage lehnte er sich zu mir herüber und flüsterte mir die richtige Antwort zu. Ich war beeindruckt!

Später an dem Tag fuhr Kent mich zum Flughafen, und als wir uns verabschiedeten, sagte er: „Das hat Spaß gemacht. Bis bald."

Keine Umarmung. Kein Kuss auf die Wange. Nicht einmal meine Hand hielt er einen Moment lang. Nichts. Ich war am Boden zerstört!

Mr und Mrs Brantly!

Kent

Nach Ambers Besuch wuchs mein Interesse an ihr. Meine Eltern flogen mit meiner Schwester Krista und mir nach Hawaii zu einer medizinischen Konferenz. Nach der Reise würde ich im Dezember nach Abilene reisen, um Carole zu besuchen, und ich wusste, dass ich dort auch Amber sehen würde. Von Hawaii aus schickte ich Amber zwei Postkarten, außerdem kaufte ich ihr einen kleinen Bären mit Hawaiihemd und eine Kette aus Muscheln.

Als ich in Abilene landete, war ich mit Geschenken für Amber beladen. Bald war ihr Geburtstag, und ich wollte ihr zusätzlich Händels „Messias" auf CD schenken. (Kein Wort von ewiger Liebe oder der Suche nach einem Ehepartner auf dieser CD.)

Meine Schwester und ihre Familie sah ich bei diesem Besuch kaum, weil ich den Großteil der vier Tage mit Amber verbrachte. An einem Abend kam ein Freund von ihr, und wir spielten Gesellschaftsspiele. Mir fiel auf, dass die beiden sich sehr gut verstanden. Sie waren einfach gute Freunde, aber als Mann spürte ich plötzlich eine gewisse Dringlichkeit, als ich die beiden gemeinsam beobachtete.

An meinem letzten Abend in Abilene verabredete ich mich mit Amber, nachdem ich bei Freunden zum Essen eingeladen war. Ich rief meinen Bruder Kerry an, der inoffiziell als mein Berater und Vertrauensmann fungiert.

„Kerry, ich weiß nicht, was ich tun soll. Ich glaube, ich will dieses Mädchen heiraten."

„Na ja", sagte er, „die Sache scheint mir doch ziemlich klar zu sein."

„Aber ich bin ja nicht mal mit ihr zusammen. Ich kann sie doch nicht einfach fragen, ob sie mich heiratet, wenn wir noch gar kein Paar sind. Wir leben noch nicht mal im selben Bundesstaat."

„Ich bin gespannt, was du tun wirst", erwiderte mein kluger Ratgeber.

Als ich neben Amber in ihrem Auto saß, erzählte sie mir, dass sie am 1. Januar für drei Monate nach Kalifornien ziehen würde, um als Reiseschwester zu arbeiten. Dann sagte sie, eine Freundin habe ihr von einem Traum erzählt, in dem Amber in Kalifornien einen Mann kennenlernen und nach Mexiko oder Zentralamerika ziehen und nie mehr in die USA zurückkehren würde.

„Ich hoffe, du gehst nicht nach Kalifornien und triffst dort jemanden", sagte ich zu ihr.

„Warum nicht?", fragte sie.

„Weil ich dich mag und nicht will, dass du einen anderen kennenlernst."

„Wirklich? Ich mag dich auch."

Ich nahm ihre Hand.

„Ich mag dich", wiederholte ich, „und wenn ich an die Zukunft denke, dann gefällt mir der Gedanke, dass du ein Teil dieser Zukunft bist. Aber mehr will ich dazu jetzt nicht sagen."

Ende der Unterhaltung. Ich wechselte abrupt das Thema, weil ich Angst hatte nachzufragen.

Als ich nach Indiana zurückkehrte, ging ich davon aus, dass wir ein Paar waren. In den nächsten fünf oder sechs Monaten telefonierten wir jeden Tag miteinander. Ambers Vertrag endete zur selben Zeit wie mein drittes Jahr an der medizinischen Hochschule. Sie hatte vor, nach Texas zurückzuziehen – zum Glück war der Traum ihrer Freundin nicht wahr geworden – und ich machte Pläne, sie dort zu besuchen.

Wir beschlossen, gemeinsam zu verreisen – und zwar zum Camping im Yosemite National Park und dann nach Oregon, um einen Kommilitonen von mir zu besuchen, mit dem ich mir im College das Zimmer geteilt hatte. Anschließend würden wir Ambers Hab und Gut nach Texas bringen.

Heimlich hatte ich angefangen, Pläne zu schmieden, um dafür zu sorgen, dass Amber ein dauerhafter Teil meiner Zukunft wurde: Ich hatte ihren Vater um seine Erlaubnis gebeten, sie zu heiraten, und einen Ring gekauft. Mit Hilfe des Internets suchte ich Orte in Yosemite, die sich für einen Heiratsantrag eigneten. Dann buchte ich einen Zeltplatz für uns.

Am Sonntag, den 18. Mai, flog ich nach Kalifornien, und am nächsten Tag brachen wir nach Yosemite auf. Obwohl ich ihr noch keinen Antrag gemacht hatte, sprachen wir ganz ernsthaft über die Ehe. Amber sagte, sie sehe keinen Grund, warum wir nicht heiraten sollten, und sie wollte keine lange Verlobungszeit. Ich hielt ihr jeden Grund entgegen, der mir einfiel, warum wir mit der Hochzeit warten sollten. Wir waren erst seit fünf Monaten zusammen, und das über eine große Entfernung. Ich war mitten im Studium und verbrachte praktisch meine gesamte Zeit in Seminaren oder über Büchern. Mit keiner Silbe ließ ich durchblicken, dass ihr Vater uns seinen Segen bereits gegeben hatte und der Antrag nicht mehr lange auf sich warten lassen würde.

Wir kamen an diesem Nachmittag früh in Yosemite an und bauten für jeden von uns ein Zelt auf. Dann fuhren wir ins Tal, um die Sehenswürdigkeiten zu sondieren und Pläne für die nächsten drei Tage zu machen. Als wir in den Nationalpark fuhren, gerieten wir wegen Bauarbeiten in einen langen Stau. Während wir langsam vorankrochen, hielt ich Ausschau nach einem schönen romantischen Ort, an den wir am nächsten Tag zurückkehren konnten, damit ich Amber den Heiratsantrag machen konnte.

Irgendwann waren wir den Stau leid und bogen beim Bridalveil-Wasserfall auf einen Parkplatz ab. Von dort aus gingen wir den breiten Wanderweg hinunter. Als wir am Fuß des Wasserfalls ankamen, war eine Familie gerade im Gehen begriffen. Amber und ich waren ganz allein an einem hellen Sonnentag am Fuß dieses wundervollen, einhundertachtzig Meter hohen Wasserfalls. Über uns hatte sich im feinen Wassernebel ein Regenbogen gebildet. Ich dachte an die Wettervorhersage, die für die nächsten Tage kaltes, regnerisches Wetter ankündigte.

Dies ist meine Chance. So eine gute Gelegenheit bekomme ich vielleicht nie wieder.

Ich sank auf ein Knie und sagte: „Amber Joy, ich liebe dich und möchte den Rest meines Lebens mit dir verbringen. Willst du meine Frau werden?"

Sie sah mich an, als wäre sie sich nicht sicher, ob ich es ernst meinte.

Auf ihr verblüfftes Schweigen fügte ich hinzu: „Ich habe mit deinem Dad gesprochen. Und ich habe auch einen Ring, aber er ist in meinem Rucksack im Zelt."

„Natürlich!", rief Amber aus.

Plötzlich schien jeder Grund, den ich ihr als Hindernis für unsere Heirat entgegengehalten hatte, unwichtig. Wir riefen unsere Familien an, um ihnen zu sagen, dass wir verlobt seien und bis zur Hochzeit keine sechs Monate warten wollten. Aber in zwei Wochen musste ich wieder zur Uni. Also fing Ambers Mutter an, ohne die angehende Braut eine Hochzeit zu planen.

Wir beendeten unsere Reise, und am 29. Mai 2008, nur zehn Tage nach meinem Heiratsantrag, heirateten wir in Abilene unter freiem Himmel – mit zwei Geigern, einem Profifotografen, einer richtigen Hochzeitstorte und genügend Fajita für unsere fünfundsiebzig Gäste. Unter diesen Gästen waren auch zwei Freunde aus Indianapolis, die mit einem Pickup gekommen waren und Ambers Habseligkeiten zu unserem neuen Zuhause brachten.

Am Donnerstag war unsere Hochzeit, und am Montag begann ich das vierte Jahr meines Medizinstudiums.

Einige meiner Kommilitonen wussten, dass ich vorgehabt hatte, Amber während des Urlaubs einen Antrag zu machen. „Wie ist es gelaufen?", fragten sie.

„Sie hat ‚Ja' gesagt", antwortete ich. Dann hob ich die Hand mit dem Ehering am Finger und fügte hinzu: „Und ‚Ich will'."

Amber
Und jetzt kann ich doch noch den Leuten erzählen, wie wir uns in den Bergen von Honduras kennengelernt haben!

4. EINE GANZ NEUE WELT

Kent

Amber und ich haben nicht einfach beschlossen, nach Liberia zu gehen. Stattdessen entschieden wir uns, Gottes Ruf für unser Leben zu folgen und als medizinische Fachkräfte in die Mission zu gehen. Der Unterschied scheint nicht groß zu sein, aber er ist wichtig.

Es war nicht so, dass Gott eines Tages erschien und uns sagte, wir sollten nach Afrika ziehen. Das war nur der nächste Schritt in einer langen Reihe von Entscheidungen in Richtung Gehorsam. Viel früher schon standen wir vor Entscheidungen einer scheinbar ganz anderen Art – zum Beispiel, im Rahmen unserer finanziellen Möglichkeiten zu leben.

Nachdem ich 2002 das Praktikum in Ostafrika machte, arbeitete ich mit drei verschiedenen Missionsteams in Kenia und Tansania zusammen. Ich hatte gedacht, Gott würde mich vielleicht berufen, den Rest meines Lebens als Missionar in Mwanza, Tansania, zu verbringen. Ehrlich gesagt gefiel mir der Gedanke nicht besonders.

Ich lernte dort, wie sehr ich meine persönliche Bequemlichkeit schätzte. In dem Monat, den ich in Tansania verbrachte, war jedes Möbelstück, auf dem ich saß, aus Holz oder Rattan und hatte lediglich ein Schaumstoffkissen als Polsterung. Ich vermisste es, meine Zehen in einen weichen Teppich zu versenken, mich auf einen üppig gepolsterten Stuhl fallen zu lassen, es mir in dem zutreffend als „La-Z-Boy" bezeichneten Fernsehsessel mit ausfahrbarer Fußstütze gemütlich zu machen oder mich zu einem Nickerchen auf einem weichen Sofa auszustrecken.

Nach dieser Reise achtete ich bewusst darauf, wie sehr ich den Komfort genoss. Die Lektion wirkte nach, und ich spitzte die Ohren, wann immer jemand davon sprach, die eigene Bequemlichkeit zu opfern, um Gott zu dienen.

Mir wurde bewusst, dass die Bequemlichkeit für mich ein Götze geworden war und dass ich sie opfern musste. Das bedeutete nicht, dass ich mich für die schwierigste Art und Weise entschied, wenn ich etwas tat, damit ich mich ständig unwohl fühlte. Aber es bedeutete, dass ich Entscheidungen nicht mit dem Hintergedanken traf, es möglichst bequem zu haben.

Das setzte sich auch in unserer Ehe fort, weil Amber und ich uns bei einigen unserer wichtigen Lebensfragen bewusst für die weniger komfortable Möglichkeit entschieden. Eine dieser wichtigen Entscheidungen war die, wo wir während meiner praktischen Ausbildung nach dem Ende meines Medizinstudiums im Jahr 2009 leben würden.

Eine ausgesprochen angenehme Möglichkeit wäre gewesen, in Indiana zu bleiben, nahe bei der Verwandtschaft in einer mittelständischen Stadt mit Menschen, deren Gesellschaft wir genossen. Ich hätte ein gutes Einkommen für dieses Gebiet gehabt, und wir hätten uns dort ein Haus kaufen können. Stattdessen zogen wir nach Fort Worth, Texas, wo wir fast niemanden kannten und eine etwa dreistündige Autofahrt von Ambers Eltern entfernt sein würden.

Das war auch vom medizinischen Standpunkt aus die unbequemere Option. *John Peter Smith Hospital* (JPS) im Zentrum von Fort Worth war ein großes, mit öffentlichen Geldern finanziertes Bezirkskrankenhaus. In dem riesigen Komplex arbeiteten viele Menschen ganz unterschiedlicher Herkunft und unterschiedlicher Weltanschauungen. Die Patientenschaft würde bedürftiger sein als bei dem Job in Indiana.

David McRay, der am JPS mein Ausbildungsleiter und ein Mentor und Freund sein sollte, gab mir einen klugen Rat: Ein Bezirkskrankenhaus böte ein gutes Training für den Dienst in anderen – ärmeren – Regionen der Erde. Denn dort würde ich die wichtige Erfahrung machen, in einem System mit knappen Ressourcen zu arbeiten, in dem ich notwendiges Material nicht immer zur Verfügung hatte.

„Sie werden lernen, in einem komplizierten System Mittel und Wege zu finden, wie Sie Ihren Patienten helfen können", sagte er zu mir, „und wenn Sie mit der damit zusammenhängenden Frustration in *diesem* Land nicht umgehen können, dann werden Sie höchstwahrscheinlich auch mit den Frustrationen in einem Entwicklungsland nicht umgehen können, wo Sie noch weniger Mittel haben."

Rückblickend war der Umzug in eine unbekannte Stadt und die Arbeit in einem Bezirkskrankenhaus etwas, das uns beruflich und persönlich weiterbrachte.

Amber und ich lebten mit unserer kleinen Tochter Ruby in einem schönen Haus in Fort Worth. In meinem ersten Praxisjahr, das unser zweites Ehejahr war, nahmen wir unser Budget unter die Lupe und fingen an, nach Wegen zu suchen, wie wir mit unseren finanziellen Mitteln besser auskommen konnten. Wir gingen fest davon aus, dass wir in die Mission gehen würden, und das bedeutete, dass wir Geld organisieren mussten, um im Ausland zu arbeiten. Wir wollten keine unnötigen Schulden haben. Gutes Haushalten bedeutete für uns, das Ausmaß der Schulden, die sich während meiner Ausbildung zum Arzt ansammelten, so gering wie möglich zu halten.

Wir schränkten unsere Ausgaben ein, wann immer wir konnten. Unsere Handyverträge wurden auf ein Minimum zurückgefahren, wir aßen nicht mehr in Restaurants, sondern kochten stattdessen jede Menge Bohnen und Reis. Aber trotzdem waren unsere Ersparnisse nicht so groß, wie sie sein sollten. Das Einzige, was wir nicht getan hatten, war, unser Haus aufzugeben.

Wir wandten uns an das Finanzkomitee unserer Gemeinde und sagten den Mitgliedern, wir bräuchten zwar keine Hilfe, um unsere Rechnungen zu begleichen, und auch kein Bargeld, wir würden ihnen aber gerne unseren Haushaltsplan zeigen und ihren Rat hören, wie wir sparsamer leben könnten. Die

Komiteemitglieder sahen sich unsere Aufstellung an und waren unserer Meinung, dass wir an keinem anderen Punkt die Ausgaben reduzieren konnten – außer bei der Miete.

Ich bat unseren Vermieter um einen Termin und erklärte ihm unsere Lage. Insgeheim hoffte ich, er würde uns eine niedrigere Miete anbieten, aber das tat er nicht. Stattdessen sagte er, er verstehe, was ich für meine Familie tun müsse, und bot freundlicherweise an, wir könnten zu einem beliebigen Zeitpunkt ausziehen, ohne irgendwelche Vertragsstrafen zu zahlen. Ungefähr zehn Tage später zogen wir aus unserem schönen Mietshaus in das Haus von Freunden aus der Gemeinde, wo wir einen Monat bleiben konnten, bevor wir für einen Monat nach Guatemala reisen würden. Als wir nach Fort Worth zurückkamen, wohnten wir so lange bei unseren Freunden, bis wir eine Wohnung gefunden hatten, die unserem neuen Haushaltsplan entsprach. Um im Rahmen unserer finanziellen Möglichkeiten zu leben, zogen wir in eine 83 Quadratmeter große Wohnung in einem Wohnblock, in dem viele der Bewohner staatliche Unterstützung erhielten.

Selbst unsere engsten Freunde fragten, warum wir aus einem Haus mit großem Garten in eine Wohnung in einem weniger gut betuchten Stadtviertel zogen. Der Grund war einfach: Bequemlichkeit war für uns nicht das Wichtigste. Wir mussten verantwortungsbewusst mit unserem Geld umgehen und durften keine neuen Schulden machen. Die nächsten drei Jahre wohnten wir in dieser Wohnung – und taten es gerne. Wir lebten während meiner restlichen Zeit als Assistenzarzt im Rahmen unserer Möglichkeiten.

Unser Sohn Stephen wurde in meinem zweiten Jahr am Bezirkskrankenhaus geboren, und diese kleine Wohnung war das einzige Zuhause, das er vor unserem Umzug nach Liberia kannte.

Im Frühjahr 2012 bewarben wir uns für das Programm für fertig ausgebildete Ärzte von *Samaritan's Purse*, die Zusage bekamen wir im August.

Im November lernten wir Dr. Rick Sacra kennen, einen Missionarzt, der mehr als eineinhalb Jahrzehnte mit seiner Familie in Liberia gelebt hatte. Rick erzählte mir von seinem Wunsch, dort ein Ausbildungsprogramm für liberianische Allgemeinmediziner zu beginnen. Als ich mich mit dem Gedanken beschäftigt hatte, in der Mission zu arbeiten, hatte ich mir vorgestellt, Ärzte vor Ort auszubilden, damit sie für ihre eigenen Landsleute sorgen konnten. Außerdem wollte ich sie darin unterweisen, wie sie Christus besser nachfolgen konnten, um sie dazu zu befähigen, die körperlichen *und* geistlichen Bedürfnisse der Menschen zu stillen.

Ricks und meine Wünsche sowie unsere Persönlichkeiten schienen wunderbar zusammenzupassen. Daher beschlossen Amber und ich im folgenden Monat, uns zu einem zweijährigen Einsatz in Liberia zu verpflichten. Wir hofften, in dieser Zeit herausfinden zu können, ob wir auf Dauer in Liberia bleiben würden, oder ob dies eine Vorbereitung dafür war, anschließend woanders hinzugehen.

Das Leben in Liberia

Amber

Im Oktober 2013 zogen wir in die liberianische Hauptstadt Monrovia – Ruby war jetzt vier und Stephen würde sechs Wochen später seinen dritten Geburtstag feiern.

Unter den ersten Missionaren, die wir kennenlernten, waren David und Nancy Writebol von *Serving In Mission* (SIM). Nancy war für das Personal von SIM verantwortlich. Weil das ELWA-Krankenhaus von SIM geführt wurde, war Nancy auch dafür zuständig, uns die Eingewöhnung zu erleichtern. In den ersten beiden Wochen kam sie täglich zu uns, um unserer Familie dabei zu helfen, damit wir uns in das Leben in einem neuen Land einfanden. Unsere Kinder fingen an, sie Oma Nancy zu nennen.

Nancy fuhr mit mir in die Stadt und zeigte mir, wo ich Lebensmittel einkaufen konnte und wie ich mich auf den Märkten zurechtfand. Außerdem begleitete sie mich zu so ziemlich jedem Möbelgeschäft in Monrovia, um ein Sofa und einen Esstisch für unser Haus zu finden.

Sie blieb auch weiterhin meine Einkaufspartnerin. In die Stadt zu fahren, war wegen der Benzinpreise teuer, deshalb taten die Missionare auf dem ELWA-Campus sich meist zusammen oder schrieben Listen, damit die anderen ihnen Dinge mitbringen konnten.

Nancy war eine junge Achtundfünfzigjährige mit blonden Haaren und der gnadenlosen Energie einer Collegestudentin. Bei unseren Einkaufstouren betraten wir ein Geschäft, und wenn wir nicht sofort sahen, was wir suchten, machten wir gleich auf dem Absatz kehrt und gingen in einen anderen Laden – ich mit einem Kind im Buggy und Nancy mit dem anderen. Die Räder der Buggys standen ebenso wenig still wie unsere Füße. Am Ende eines solchen Ausflugs war ich vollkommen erschöpft – im Gegensatz zu Nancy.

Die Missionare am ELWA wohnten in kleinen Häusern und Doppelhaushälften direkt am Strand. Kent und ich hatten immer geglaubt, die Berge mehr zu schätzen als den Strand. Ich war nur selten am Meer gewesen und fragte mich, ob ich ständig Sand in den Haaren haben würde. Aber wir liebten unser Haus dort.

Wir konnten barfuß unsere Verandatreppe hinuntergehen und nach dem Essen mit der ganzen Familie einen Strandspaziergang machen. Während Kent im Krankenhaus arbeitete – was viele Stunden der Fall sein konnte –, zog ich mit den Kindern los, um auf den Felsen herumzuklettern, Muscheln und vom Wasser abgerundete Scherben zu sammeln oder gelegentlich einen Einsiedlerkrebs zu finden, den wir als Haustier adoptierten.

In Monrovia zu leben, war nicht vergleichbar mit einem Leben in den USA, wo wir mit den Kindern in den Park, ins

Museum, in den Zoo oder ins Kino gehen konnten. Aber wir improvisierten einfach, zum Beispiel, indem wir ein Loch im Wasserschlauch nutzten, um ihn in eine Sprinkleranlage zu verwandeln, oder eine große Wanne mit Leitungswasser füllten, welche die Kinder im Garten als Planschbecken benutzen konnten. Das Leben dort war sehr naturnah.

Frischer Fisch war fast immer zu haben. Wir konnten von unserer Veranda aus zusehen, wie die Fischer frühmorgens hinausfuhren und spätabends zurückkamen. Es waren keine kommerziellen Fischer, wie man sie aus der westlichen Welt kennt. Einige fischten mit einem hölzernen Segelboot, auf dem fünf oder sechs Arbeiter Platz hatten. Häufiger sah man jedoch eine Person alleine in einem Baumstammkanu mit einem Netz zum Fischfangen. Ich weiß nicht, wie sie es schafften, gegen die Wellen anzukommen, es sah jedenfalls gefährlich aus. Nachts konnten wir sehen, wie sie nach einem langen Tag zurückkamen, ein winziges Licht von einer LED-Lampe, die allmählich größer wurde, während der Fischer sich dem Ufer näherte – an guten Tagen mit genug Fisch, um etwas zu verkaufen, sodass er für seine Familie sorgen konnte.

Es gab einen Unternehmer namens Edwin, von dem ich frisches Gemüse kaufte. In dem tropischen Klima mit trockenen Wintern und verregneten Sommern hatte Liberia mehrere Wachstumsperioden. Man konnte also das ganze Jahr über etwas im Garten anbauen. Edwin kam einmal, manchmal auch zweimal in der Woche zum ELWA, mit Plastiktüten voller Salat, Romatomaten, Auberginen und Ananas. Einer der Missionare schenkte Edwin eine Schubkarre, die ihm ermöglichte, seinen Lieferservice zu verbessern.

Edwins Geschäft war ein echter Luxus, weil es nicht leicht war, frischen Salat zu finden. Alles, was auf dem Markt gekauft wurde, musste entweder in Bleichelösung oder Essig gewaschen werden, um die Bakterien abzutöten. Und dann mussten wir jedes einzelne Blatt mit gefiltertem Wasser abwaschen, weil man das Leitungswasser nicht trinken konnte.

Die Ananas in Liberia waren unglaublich aromatisch. Es gab keinen kommerziellen Ananasanbau, sondern nur Einzelpersonen wie Edwin, die den oberen Teil der Ananas abschnitten und in ihren Garten pflanzten. Wir haben selbst einige in unseren Garten gesetzt, aber man sagte uns, sie bräuchten sieben Jahre, um Frucht zu tragen.

Die Liberianer sind wunderbare, unglaublich schöne Menschen. Bei Ausflügen zum Markt versuchte ich, mit so vielen wie möglich zu sprechen und sie nach ihren Namen und Stämmen zu fragen, woher sie kamen und wo sie zur Kirche gingen. Weil ich Amerikanerin war – und dazu noch eine hellhäutige, rothaarige –, fiel ich auf dem Markt auf, und die Leute erinnerten sich an mich, wenn sie mich wiedersahen.

Marion war meine engste liberianische Freundin. Tagsüber arbeitete sie für uns als Haushälterin, sie putzte und kochte uns authentische liberianische Mahlzeiten. Das meiste, was ich über die liberianische Kultur weiß, habe ich von Marion gelernt. Auch von einer Freundin namens Praise, die inoffiziell von einer anderen Missionsfamilie auf dem Campus adoptiert worden war, lernten wir viel. Ihr vierjähriger Sohn Theo wurde Stephens bester Freund.

Wir fühlten sehr mit den Liberianern. Nach den Bürgerkriegen waren viele Menschen verständlicherweise misstrauisch, doch trotz dieses Hindernisses versuchten wir, mit ihnen in Beziehung zu treten.

Für Kent war es besonders schwierig, als Ausländer herzukommen und westliche Medizin zu praktizieren, die manchmal gegen die einheimische Kultur verstieß. Deshalb betrachtete ich es als meine wichtigste Aufgabe, den Kindern zu helfen, in einer Welt aufzuwachsen, die für uns neu war, und für ein friedliches Zuhause zu sorgen, in das Kent am Ende seines langen und anstrengenden Tages in Krankenhaus und Praxis zurückkehren konnte.

Ein aufschlussreicher Einstieg

Kent

Wir hatten ein paar Wochen Zeit, um uns an unseren neuen Wohnort zu gewöhnen, bevor ich mit meiner Arbeit im Krankenhaus begann. Meine erste Begegnung mit der Herausforderung, dort als Arzt tätig zu sein, kam gleich mit meinem ersten Patienten. Morris war ein zwölfjähriger Junge mit Typ 1 Diabetes. Er hatte kein Insulin mehr, sagte es aber tagelang niemandem in der Familie. Als er schließlich zu uns ins Krankenhaus kam, hatte er sich seit zwei oder drei Tagen ständig übergeben. Er war dehydriert und sehr krank, mit gefährlich hohen Zuckerwerten. Morris hatte diabetische Ketoacidosis (DKA), eine potenziell lebensbedrohliche Komplikation aufgrund der fehlenden Insulinzufuhr. Sofort begannen wir mit einer aggressiven Therapie aus Insulin und intravenösen Lösungen.

Bald wurde mir klar, inwiefern es anders war, Morris zu behandeln, als es bei zahlreichen DKA-Fällen am JPS gewesen war. Erstens gab es am ELWA keine automatische Pumpe für den Tropf. Ich musste die Dosis ausrechnen, indem ich zählte, wie viele Tropfen pro Minute aus der Plastikflasche mit Salzlösung tropften. Das Gleiche galt für die Insulin-Infusion, die ich angeordnet hatte. Die Medikamente waren für das Überleben des Jungen entscheidend, und wir mussten sie genau anpassen, damit er nicht zu schnell zu viel erhielt, aber genug, um sein Leben zu retten.

Dann entdeckte ich, was der größte Unterschied bei der Behandlung von Diabetespatienten hier sein würde. Während meiner Zeit als Assistenzarzt hatte ich gelernt, dass nicht der Blutzuckerspiegel des Patienten der ausschlaggebende Wert für die Behandlung der DKA war. Der wichtigste Wert war vielmehr die Anionenlücke, eine Berechnung, die mithilfe von anderen Laborwerten wie Natrium, Chlorid und Kohlendioxid durchgeführt wird. Mit Morris' Leben in meinen Händen erfuhr ich, dass unser

Labor nicht über die nötige Ausrüstung verfügte, um seinen pH-Wert oder den Kohlendioxidgehalt zu bestimmen. Ohne diese Information konnte ich aber seine Anionenlücke nicht errechnen, und so war ich gewissermaßen im Blindflug ohne die nötige Ausrüstung, um Höhe oder Geschwindigkeit zu bestimmen. Wir behandelten Morris, so gut wir konnten, und beteten oft für ihn. Aber einige Tage später verstarb er.

Meine Enttäuschung war verständlich: Mein erster Patient in meiner Tätigkeit als Missionsarzt war ein zwölfjähriger Junge, der an einer Krankheit starb, von der ich geglaubt hatte, ich könnte sie auf jeden Fall behandeln. Außerdem besagte die Statistik, dass er eine Überlebenschance von 99 Prozent gehabt hätte, wenn er die richtige Behandlung bekommen hätte.

Und so begann ich meine Arbeit in Liberia – unter Menschen, die nach den Kriegen noch immer Mühe hatten, wieder auf die Beine zu kommen. Wo der Tod ein ganz realer und gegenwärtiger Teil des Lebens war, selbst wenn – oder gerade, wenn – er es meiner Meinung nach doch nicht mehr sein musste.

Man kann die medizinischen Ressourcen, die in Liberia und in den Vereinigten Staaten zur Verfügung stehen, einfach nicht miteinander vergleichen. Sie als „Äpfel und Birnen" zu bezeichnen, beschreibt nicht annähernd, wie unterschiedlich die Situation ist. Die liberianischen Ärzte und Krankenschwestern sind fähige, mitfühlende Menschen, aber der Mangel an Ressourcen behindert sie erheblich.

Im ganzen ELWA-Krankenhaus mit einer Kapazität von fünfundvierzig bis fünfzig Betten gab es vielleicht vier Waschbecken mit fließendem Wasser. Bei manchen dieser Becken mussten wir nachts Stirnlampen tragen, damit wir genug sahen, um uns die Hände gründlich zu waschen.

Das Krankenhaus war in Stationen unterteilt, auf denen jeweils bis zu acht Patienten in einem großen Raum lagen. Wir hatten nur vier Privatzimmer für Patienten.

Es gab keine modernen Geräte, um Puls oder Blutdruck zu messen, was nur eine kleine Unannehmlichkeit darstellte, verglichen mit dem Mangel an Medikamenten, der unsere Behandlungsmöglichkeiten oft drastisch einschränkte.

Dinge, die in den USA selbstverständlich sind, waren in Liberia nicht zu bekommen oder nur sehr eingeschränkt. Nehmen wir zum Beispiel eine Nasenkanüle. Diese kleinen Gabeln werden in die Nasenlöcher des Patienten eingeführt, um die Sauerstoffzufuhr zu verbessern. Ich hatte einen Patienten, der nicht gut Luft bekam, und so wandte ich mich an die Stationsschwester, um sie um eine Nasenkanüle zu bitten, damit ich den Sauerstoffkonzentrator anschließen und den Patienten besser mit Sauerstoff versorgen konnte.

„Wir haben keine", erklärte die Schwester mir.

„Was meinen Sie damit: ‚Wir haben keine'?", fragte ich. „Ich brauche nur eine Nasenkanüle."

„Wir haben keine", wiederholte sie.

Ich ging in die Notaufnahme, wo ich erfuhr, dass sie auch dort nur eine Kanüle hatten, und die war bereits bei einem anderen Patienten im Einsatz.

Dann ging ich in den Operationssaal, wo es nur zwei gab, die für Notoperationen reserviert waren.

Im gesamten Krankenhaus gab es keine zusätzliche Nasenkanüle. In den USA sind diese Dinge Wegwerfprodukte, weil sie jederzeit verfügbar sind. In einem normalen amerikanischen Krankenhaus konnte ich in ein beliebiges Zimmer auf der Intensivstation gehen und wahrscheinlich fünf Nasenkanülen in einem Korb vorfinden. Wir hatten in unserem ganzen Krankenhaus nicht so viele.

Jeden Tag waren wir gezwungen, mehrere Entscheidungen zu treffen – nicht nur über Nasenkanülen –, an die ich in amerikanischen Krankenhäusern keinen Gedanken hätte verschwenden müssen.

Außerdem hatten wir nur eine sehr begrenzte Auswahl an Arzneimitteln auf unserer Liste, und oft gingen uns die Medikamente aus, die wir eigentlich vorrätig haben sollten. Das war zum Teil ein kulturell bedingtes Problem.

Wenn man von der Hand in den Mund lebt, wie viele Liberianer es tun – und vielleicht ein Großteil der Welt es tut –, ist einem das Konzept, etwas zur Seite zu legen und aufzusparen, damit man am nächsten Tag genug hat, fremd. Die vorherrschende Einstellung hier war, das zu nehmen, was es in dem Moment gab, und wenn es aufgebraucht war, zu versuchen mehr zu bekommen, oder sich anders zu behelfen. Es ist für jeden – überall, vermute ich – schwierig, seine Methoden auf der Arbeitsstelle zu ändern, wenn man es vom Alltagsleben doch nicht anders gewohnt ist.

Geld war ein weiteres Problem. Unsere Medikamente sollten alle sechs bis neun Monate in einer großen Lieferung aus Europa kommen, und unser Budget war so angelegt, dass wir es verbrauchten, wenn diese Lieferung kam. Und das bedeutete, dass wir kein Geld hatten, um mehr Medikamente zu kaufen, wenn sie uns ausgingen.

Kurz nach dem Auftreten der ersten Ebola-Fälle gingen uns die Handschuhe aus. Vor dem Ausbruch der Krankheit verbrauchten wir ungefähr neun Packungen Einmalhandschuhe am Tag, aber nachdem wir anfingen, Patienten mit Ebola zu behandeln, benötigten wir zwanzig Packungen pro Tag. Schließlich musste die Apotheke die Handschuhe rationieren, und das ging so weit, dass eine leere Schachtel nicht durch eine volle ersetzt wurde, sondern wir mit unserer leeren Schachtel in die Apotheke gehen mussten, wo man uns nur fünf oder zehn Paare auf einmal aushändigte.

Die eigentliche Ironie dabei ist, dass Liberia einer der größten Lieferanten von Roh-Latex ist, aber all dieses Latex exportiert wird. Weil es dort keine Firma gibt, die Handschuhe herstellt, müssen die Gummihandschuhe importiert werden.

Aber nicht nur Materialien waren Mangelware. Die Kriege hatten auch die Infrastruktur der Krankenversorgung verkümmern lassen. Die Menschen hatten keinen ausreichenden Zugang zu einer grundlegenden medizinischen Versorgung. In einem Land mit mehr als vier Millionen Einwohnern gab es insgesamt nur fünfzig Ärzte. Wenn man dann noch das Misstrauen gegenüber der Regierung und den kulturell bedingten Umgang mit Toten bedenkt, war Liberia nicht darauf vorbereitet, Ebola die Stirn zu bieten.

TEIL 3: DER KAMPF GEGEN EBOLA

5. LEBEN UND TOD

Kent

Am Samstag, den 21. Juni, besichtigte ich mit Dr. Debbie und Dr. Tom Wood, einem Epidemiologen von *Samaritan's Purse*, die wiedereröffnete Ebola-Station in Liberias JFK Medical Center. Man hatte uns gesagt, im JFK lägen bereits Ebola-Patienten. Als wir dort ankamen, stellten wir jedoch fest, dass dem nicht so war. Stattdessen bereiteten sie sich gerade darauf vor, ihren ersten Patienten aufzunehmen – der Krankenwagen war schon unterwegs.

Das JFK hatte eine schöne Behandlungsstation eingerichtet, aber sie schienen nicht ausreichend gerüstet. Wir hatten bemerkt, dass einige praktische Abläufe nicht richtig organisiert waren. Zum Beispiel war nicht geklärt, wie sie die Dekontaminierung durchführen wollten. Wir sahen keine Waschstationen oder Eimer zwischen den Patienten, in denen die Ärzte und Schwestern sich die Hände waschen konnten. Als wir nach den Wascheimern fragten, sagte man uns, sie würden gebracht, wenn sie benötigt wurden.

Im Umgang mit einer Krankheit wie Ebola war das JFK nicht fertig eingerichtet, bis diese Waschstationen an Ort und Stelle waren. Es war zu riskant, die Sicherheitsvorkehrungen erst nach der Ankunft eines Patienten zu treffen. Jede Einzelheit musste genau überlegt und vorbereitet werden; ansonsten würde sich das Pflegepersonal höchstwahrscheinlich infizieren.

Wenn sie diesen Patienten jetzt aufnehmen, wird jemand anderes sterben, dachte ich.

Ich sah, dass Debbie und Tom ähnlich dachten.

Nach der Besichtigung gingen wir gerade zu unserem Wagen, der vor dem Krankenhaus stand, als ein Krankenwagen neben uns hielt. Drei Personen befanden sich bei dem Ebola-Patienten auf der Ladefläche.

„Sie sind noch nicht soweit", sagte ich. „Die Mitarbeiter werden sich anstecken. Wenn sie jetzt diesen Patienten aufnehmen, werden weitere Menschen sterben."

Wir wollten nicht respektlos sein und den Ärzten im JFK Medical Center keinesfalls ins Handwerk pfuschen, aber sie waren auf diesen Ebola-Patienten einfach nicht vorbereitet. Also rief ich Dr. Nathanial Varney an, einen der Leiter der Ebola-Kommission des Gesundheitsministeriums. Er hatte uns die Station gezeigt.

„Dr. Varney, Ihre Einrichtung ist wirklich beeindruckend. Danke, dass Sie uns herumgeführt haben", fing ich an. „Wir haben gesehen, dass der Krankenwagen hier ist, und ich wollte nur sagen, falls es Schwierigkeiten gibt ... Ich weiß, dass Sie gesagt haben, Sie seien vorbereitet, aber es sah so aus, als müssten noch einige Dinge erledigt werden, bevor Sie einen Patienten aufnehmen."

„Oh, nein, nein, nein", erwiderte Dr. Varney. „Sie dürfen den Patienten nicht aus dem Wagen lassen, bis wir all diese Dinge getan haben, die Wascheimer und das alles. Keine Angst. Ich werde mein Personal schützen."

„Das ist super", sagte ich. „Aber für den Fall, dass Sie dabei auf Widerstand stoßen, will ich meine Hilfe anbieten. Wenn Sie den Patienten aus irgendeinem Grund jetzt nicht aufnehmen können, dann helfen wir gerne, auch wenn das bedeutet, dass Sie den Kranken ins ELWA schicken müssen. Und Sie könnten sogar ein paar von ihren Leuten mitschicken, die uns helfen können, dann gehen wir mit ihnen unsere Abläufe durch. Zusammen schaffen wir das."

„Ist gut, vielen Dank dafür", sagte er. „Ich sage Bescheid, wenn es Probleme gibt."

Wir kehrten in unser Krankenhaus zurück, und am selben Abend erhielt Jerry Brown einen Anruf vom Gesundheitsministerium, in dem es hieß, sie wollten uns einen Ebola-Patienten schicken. Ich saß mit Dr. Brown in der Hebammenstation vor dem Labor, während er wegen des Patienten telefonierte. Zwischen den Anrufen berieten wir uns.

„Jerry, wer ist dieser Patient, den sie uns schicken wollen?", fragte ich. „Wenn es der Kranke ist, der beim JFK eingetroffen ist, als wir dort waren, dann ist es in Ordnung. Sag ihnen, sie sollen ein paar Leute mitschicken. Dieses Angebot haben wir ihnen gemacht. Aber wenn sie den Patienten aufnehmen können und uns einen anderen schicken wollen, dann nicht. Es ergibt überhaupt keinen Sinn, einen Patienten dorthin zu schicken und einen anderen hierhin. Unsere Station ist leer. Wenn sie uns einen Patienten schicken, müssen wir für diesen einen Patienten das ganze Stationspersonal bereitstellen. Dann müssen wir Leute von ihren normalen Schichten im Krankenhaus abziehen, und Debbie oder ich müssen die ganze Nacht aufbleiben. Wenn JFK einen Erkrankten aufnehmen kann, können sie auch zwei aufnehmen, und es ist besser, sie zusammenzulegen und die Ressourcen an beiden Standorten nicht unnötig zu plündern."

Dr. Brown erfuhr bald, dass es sich um einen anderen Patienten handelte, einen vierzehnjährigen Jungen namens Gebah, der mit irgendeinem hohen Beamten in der liberianischen Regierung verwandt war. Dieser Beamte hatte ausdrücklich gewünscht, dass der Junge im ELWA-Krankenhaus behandelt wurde. Dr. Debbie erklärte sich bereit, die Nachtschicht zu übernehmen und dort zu sein, um Gebah in Empfang zu nehmen, wenn er eintraf.

Man sagte uns, bei dem Jungen, der in Paynesville lebte, also in unmittelbarer Nachbarschaft des Krankenhauses, sei Ebola diagnostiziert worden. Das war für uns ein Schock, denn bis jetzt hatten wir nur von positiven Ebola-Tests aus New Kru Town gehört. ELWA lag ein ganzes Stück südöstlich von Monrovia. Dann hörten wir, Gebah sei noch nicht getestet und stamme aus New Kru Town und nicht aus ELWA. Da die Geschichten nicht zusammenpassten, waren wir misstrauisch.

Am nächsten Morgen ging ich zur Arbeit, um Debbie abzulösen. Sie erklärte mir, dem Jungen gehe es gut. Er hatte ein wenig Fieber, erbrach sich aber nicht und hatte auch keinen Durchfall und keinen Ausschlag; seine Augen waren nicht gerötet, und er hatte angeblich keinen Kontakt mit einem Ebola-Patienten gehabt.

Der Onkel, der ihn ins Krankenhaus brachte, hatte keine weiteren Informationen liefern können. Während wir die Geschichte des Jungen genauer untersuchten, erfuhren wir, dass der Onkel, der ihn gebracht hatte, nicht der hohe Regierungsbeamte war. Gebah lebte in New Kru Town, und das Dienstmädchen der Familie hatte sich mit Ebola infiziert. Die Frau hatte sich schlecht gefühlt, als sie in Gebahs Haus das Essen gekocht hatte, und war schließlich so krank geworden, dass sie nicht nach Hause gehen konnte. Sie verbrachte die Nacht dort, hatte schlimmen Durchfall und starb kurze Zeit später.

Der hohe Beamte, auch ein Onkel des Jungen, war in den USA, als er den Anruf erhielt, das Dienstmädchen sei gestorben. Durch seine Beziehungen hatte er den Leichnam der Frau untersuchen lassen und dafür gesorgt, dass Gebah in sein Haus in ELWA gebracht wurde, um ihn aus New Kru Town herauszuholen.

Wenige Tage später bekam Gebah Fieber, ging aber weiter zur Schule. Drei oder vier Tage lang wurde er von Fieber und Kopfschmerzen geplagt, die kamen und gingen. Als sein Onkel davon erfuhr, ließ er Gebah aus seinem Haus zu unserem Krankenhaus bringen. Gebah, der nicht wusste, dass das Dienstmädchen Ebola hatte, erzählte uns, dass sie im selben Haus gewesen waren und dieselbe Toilette benutzt hatten.

Wir machten bei Gebah einen Test – und der war positiv.

Unser Überlebender

Ich wusste nicht, wie ich Gebah sagen sollte, dass er Ebola hatte. Es ging ihm gut, sein Fieber war nicht hoch, und er fragte, wann er das Krankenhaus verlassen könnte. Am ersten Tag erzählte ich ihm nur, dass er noch nicht so bald nach Hause gehen würde. Jedes Mal, wenn wir die Quarantänestation verließen, hielten wir uns an unseren Dekontaminierungsablauf im Windfang der Kapelle, wo unser junger Patient untergebracht war. Am zweiten Tag, nachdem wir Gebahs Untersuchungsergebnisse erhalten hatten, setzte ich mich neben ihn.

„Gebah, wir sind doch Freunde, nicht wahr?", fragte ich ihn.

„Klar."

„Du kannst mir vertrauen", fuhr ich fort. „Und du weißt, dass wir hier sind, um für dich zu sorgen. Wir wollen das tun, was das Beste für dich ist. Weil du mein Freund bist, muss ich dir etwas sagen. Du kennst doch die Ebola-Krankheit, die umgeht? Wir haben bei dir einen Test gemacht, und der Test besagt, dass du das Virus hast. Manche Menschen können an dem Virus sterben, aber du bist stark und siehst fit aus und es geht dir insgesamt sehr gut. Wir werden zu Gott beten, dass du diese Krankheit besiegst, und wir werden dir dabei helfen, so gut wir können. Natürlich sorgen wir weiterhin gut für dich und beten für dich, aber weil ich dein Freund bin, musste ich dir das sagen."

Gebah nahm die Nachricht sehr gefasst auf, wahrscheinlich, weil er sich nicht so fühlte, als trüge er einen tödlichen Virus in sich.

Gebahs Schwester kam jeden Tag zum Krankenhaus, um sich nach seinem Zustand zu erkundigen und sein Lieblingsessen für ihn abzugeben. Ich sprach mit ihr, um mich zu vergewissern, dass das Gesundheitsministerium mit ihrer Familie in Verbindung stand, ihr von dem positiven Testergebnis erzählt und ihr erklärt hatte, wie die Angehörigen bei sich selbst auf Fieber achten mussten.

Einige unserer Pflegekräfte setzten sich vor die Tür der Quarantänestation und lasen Gebah biblische Geschichten vor, während er direkt hinter der Tür saß und aufmerksam lauschte. Wir gaben ihm einen Notizblock und einen Bleistift, und Gebah schrieb und malte alle möglichen Bilder. Wenn auf dem, was wir ihm gaben, irgendwelche Wörter standen, schrieb er sie ab. Während er auf unserer Station war, musste er sich beschäftigen und ablenken.

Obwohl es ihm weiterhin gut ging, beobachtete er das Leiden anderer Ebola-Patienten auf der Station, und kein Vierzehnjähriger sollte so etwas mitansehen. Die Ebola-Patienten, die nach ihm kamen, starben einen elenden, schrecklichen, grausamen Tod, manchmal nur zwei Meter von Gebah entfernt. Das machte ihm Angst. Er sagte nie etwas davon, aber wir merkten es trotzdem. Wenn ein Kranker starb und wir den Leichnam dekontaminierten und für das Begräbnis vorbereiteten, verließ Gebah den Raum und saß draußen.

Eines Abends litt eine Patientin furchtbare Qualen. Wir taten für sie, was wir konnten, aber sie warf sich in ihrem Bett hin und her und stöhnte und schrie lautstark. In dieser Nacht schlief Gebah nicht. Er saß auf einem Stuhl an der Tür und wollte, dass jemand die ganze Nacht mit ihm redete oder ihm Geschichten vorlas.

Am nächsten Tag fragte ich Gebah: „Was möchtest du gerne? Gibt es etwas, das ich dir bringen kann?"

Er wünschte sich einen Fußball. Ich fragte Amber, ob sie einen Ball für ihn besorgen könnte. Unsere Kinder hatten einen, und sie brachte ihn vorbei, als meine Schicht gerade zu Ende war. Dann gab ich den Ball einer Schwester, die ihn Gebah am Abend übergeben sollte.

Nach meiner nächsten Schicht verließ unser Team die Station, um sich zu dekontaminieren. Das dauerte etwa fünfzehn Minuten, und als Leiter des Teams war ich der Letzte, der gehen würde. Gebah trat wie immer in den Windfang hinaus, um uns zuzusehen.

Während ich darauf wartete, dass ich an die Reihe kam, fragte ich Gebah, ob er Lust hätte, im Hof ein bisschen Fußball zu spielen.

Er nickte mit einem breiten Lächeln.

In kompletter Schutzkleidung spielte ich mit Gebah Fußball, und wir jonglierten auch ein bisschen, um unser Können zu vergleichen.

Am sechsten Tag auf der Isolierstation sank Gebahs Fieber, und nach drei fieberfreien Tagen machten wir einen erneuten Bluttest. Das Ergebnis war negativ: kein Ebola. Wir bereiteten uns darauf vor, Gebah zu entlassen.

Wir weichten seine gesamte Kleidung in Bleiche ein, was sie ruinierte. Er selbst musste in Wasser mit Bleiche und Seife baden, dann wuschen wir ihn mit frischem Wasser ab. Anschließend wickelten wir ihn in ein sauberes Handtuch und ließen ihn durch den Dekontaminierungsbereich gehen, so wie er es bei uns beobachtet hatte, und sprühten seine Füße mit Bleiche ein. Dann betrat er einen sauberen Bereich und zog ein Sporttrikot, Shorts und neue Flipflops an, die seine Familie für ihn gebracht hatte.

Amber war zum Markt gegangen und hatte Gebah eine Zahnbürste, Seife, Deo und ein neues Paar Schuhe gekauft. Ruby und Stephen hatten Malbücher und Spielzeugautos aus ihrem eigenen Vorrat eingepackt, die sie für ihn ausgesucht hatten. Diese Geschenke überreichte Amber Gebah in einer Sporttasche.

Wir erklärten Gebahs Angehörigen, dass er nicht mehr ansteckend sei, dass sie selbst aber weiterhin bis zum Ende der einundzwanzigtägigen Inkubationszeit wachsam sein mussten. Gebah ließ sich mit einigen von uns, die ihn behandelt hatten, fotografieren. Dann ging er – ganz und gar gesund.

Gebah würde unser einziger Ebola-Patient sein, der unsere Isolierstation in der Kapelle aufrecht verließ. Alle anderen starben.

Problematische Bräuche

Am Anfang von Gebahs Aufenthalt bei uns wurde ich in die Notaufnahme gerufen, als ein Taxifahrer mit einem toten Fahrgast erschien. In einem Land, in dem es keinen Rettungsdienst gab, waren Taxen das häufigste Transportmittel auf dem Weg ins Krankenhaus.

Wenn ein Pfleger den Eindruck hatte, dass ein Patient bei seiner Ankunft im Taxi tot war, dann war es unabhängig von der Todesursache Vorschrift, dass er einen Arzt rief, der sich die Person im Taxi ansah, anstatt den Leichnam aus dem Auto zu holen. Wir untersuchten den Patienten dort, weil die Angehörigen den Leichnam in der Regel wieder mit nach Hause nehmen wollten. Demnach gab es keinen Grund, den Toten aus dem Auto zu holen, nur um ihn anschließend wieder hineinzuheben.

Einer dieser Anrufe, den ich erhielt, hatte mit einem Taxi zu tun, das von Jacob Town gekommen war. Ich verließ die Notaufnahme durch den Haupteingang und ging zu der gelben fünftürigen Limousine. Die Patientin, eine junge, schlanke, gut gekleidete Frau namens Rita, saß mitten auf dem Rücksitz, komplett angezogen, den Kopf etwas zurückgelehnt. Sie saß völlig reglos da, und ich konnte schon von Weitem sehen, dass sie entweder gar nicht atmete oder nur sehr flach.

Zwei Angehörige waren bei ihr, und der Taxifahrer sowie eine kleine Menschentraube umringten den Wagen. Die Frau hatte zwischen ihrem Mann und ihrem Bruder auf dem Rücksitz gesessen. Ihr Bruder war das zuständige Familienmitglied, und ich fragte ihn, was geschehen war. Er informierte mich darüber, dass seine Schwester einige Tage lang sowohl Fieber als auch Durchfall gehabt hatte. Auf dem Weg ins Krankenhaus hatte sie Atemprobleme bekommen.

Ich trug eine Plastikschürze über meiner OP-Kleidung und zwei Paar Handschuhe. Vorsichtig beugte ich mich in das Taxi hinein, wobei ich den Rücksitz so wenig wie möglich berührte. Ich sah, dass sie tot war. Ich schob die Spitze des Thermometers in ihr Ohr, ihre Temperatur betrug 39,9 Grad Celsius. Als ich ihren Hals berührte, fühlte ich keinen Puls.

Ich zog mich aus dem Taxi zurück, nahm das Thermometer mit einer Hand und zog den Handschuh so aus, dass das Thermometer vollständig bedeckt war. Meinen anderen Handschuh zog ich ebenso aus, ohne dessen Außenseite zu berühren. Prince, unser Hausmeister, kam vorbei, und ich bat ihn, mir eine Sprühflasche zum Taxi zu bringen. Ich legte das Thermometer auf den Bürgersteig und ließ es von Prince dekontaminieren. Dann sprühte er meine Hände und vom Hals ab meinen ganzen Körper ein, anschließend die Plastikschürze und sogar meine Schuhe. Ich begann ein Gespräch mit den Angehörigen, und erklärte ihnen meinen Verdacht, dass die Frau an Ebola gestorben war – und was das für die Menschen bedeutete, die dem Virus vielleicht ausgesetzt waren. Ich sagte zu ihnen, dass wir den Leichnam im Krankenhaus behalten müssten, bis wir das Ergebnis des Ebola-Tests hatten. Wenn sie tatsächlich das Virus hatte, würden die Beamten vom Gesundheitsministerium dabei helfen, dass sie auf sichere Weise beerdigt wurde.

Ich fand meinen Plan logisch, und er war auf jeden Fall die sicherste Vorgehensweise. Aber in der liberianischen Kultur ist es ein Unding, den Leichnam eines Familienmitglieds im Krankenhaus zurückzulassen. Nach einem Todesfall ist es üblich, den Verstorbenen mit nach Hause zu nehmen und aufzubahren. Nahestehende Angehörige waschen den Leichnam zunächst. Anschließend kommen die Leute aus dem Ort ins Haus, um zu trauern, wobei man sich über den Toten legt und ihn küsst. Es gibt viel Körperkontakt, und oft wird der Leichnam innerhalb von vierundzwanzig Stunden beerdigt.

Eine Person mit Ebola ist zum Zeitpunkt ihres Todes besonders ansteckend, und die Leiche bleibt noch tagelang eine Gefahr.

Der Bruder schien zu verstehen, wie wichtig das war, was ich sagte. Trotzdem konnte er mir nicht die Erlaubnis geben, die Tote im Krankenhaus zu behalten, denn der Leichnam gehörte dem Ehemann. Der Mann musste mit seinem Kummer über den Verlust seiner Frau zurechtkommen, von der er nicht hatte glauben wollen, dass sie tot war, bis ich sie im Taxi untersucht hatte. Außerdem hatte er gerade erfahren, dass seine Frau vielleicht an Ebola gestorben war, und das bedeutete, dass er selbst mit der Krankheit in Berührung gekommen war. Es war für ihn nicht einfach, in dieser Situation über die größeren Zusammenhänge nachzudenken.

„Bitte nehmen Sie ihren Leichnam nicht mit. Bitte nicht!", flehte ich den Ehemann an. „Um Ihrer eigenen Sicherheit willen, zu Ihrem eigenen Besten, lassen Sie sie bitte hier. Bitte! Wir werden sie gut behandeln. Wir werden ihren Leichnam versorgen und in einen Leichenraum bringen, und wenn sie kein Ebola hat, können Sie wiederkommen und sie so begraben, wie Sie es möchten. Aber wenn sie Ebola hat, könnte es Sie das Leben kosten, wenn Sie sie jetzt mitnehmen."

Dr. Afidu Lemfuka, ein Missionsarzt aus der Demokratischen Republik Kongo, hatte an diesem Tag in der Praxis gearbeitet. Er war gerade auf dem Weg zur Notaufnahme, als er an uns vorbeikam. Ich rief ihn her. „Dr. Lemfuka, ich brauche Ihre Hilfe", sagte ich zu ihm. „Bitte ziehen Sie sich einen Schutzanzug an."

Doch der Ehemann wollte nicht länger warten.

„Nein, nein, wir fahren", sagte er, und dann gab er dem Taxifahrer Anweisung, einzusteigen und loszufahren, mit der Toten auf dem Rücksitz.

In einem der verzweifeltsten Augenblicke während meiner Zeit in Westafrika sank ich zu Boden und umklammerte den Knöchel des Mannes. In Liberia gibt es die Redensart „Ich halte deinen Fuß." Es ist ein bildlicher Ausdruck für „Ich flehe dich an." In diesem Fall kniete ich auf dem Boden und hielt buchstäblich den Fuß des Mannes, während ich ihn anflehte, nicht mit der Leiche seiner Frau davonzufahren.

Ich rief unseren Wachmann und bat ihn, sofort seinen Vorgesetzten herzubitten. Immer häufiger wurden neue Ebola-Fälle gemeldet, und ich wusste, wenn die Leiche dieser Frau nach

Hause gebracht wurde, dann würde der Ausbruch niemals einzudämmen sein. Das Leben der Angehörigen stand auf dem
Spiel. Mein Leben stand auf dem Spiel. Wenn sie die Frau mit
nach Hause nahmen und die Nachbarn kamen, um ihren Tod
zu betrauern und sie zu berühren, stand das Leben von Menschen in ganz Monrovia auf dem Spiel.

Mr John Vokpo, der Sicherheitschef, kam gerade noch rechtzeitig.

„Es gibt hier kein Sicherheitsproblem", erklärte ich ihm. „Sie
sollen niemanden verhaften. Aber ich brauche unbedingt Ihre
Hilfe."

Schnell erläuterte ich die Situation und bat ihn, mit Ehemann und Bruder zu sprechen, damit sie den Leichnam bei uns
ließen. Mr Vokpo zog die beiden zur Seite, hörte sich ihre Sicht
der Dinge an und riet ihnen dringend, um ihrer selbst willen
und zum Wohl der ganzen Stadt, mit uns zu kooperieren.

Die Diskussion dauerte etwa eine halbe Stunde, und immer
mehr Menschen kamen hinzu.

Ein geistig behinderter Mann namens Peter hielt sich oft in
der Nähe des Krankenhauses auf. Manchmal kam er als Patient,
aber meistens war er da, um sich etwas zu essen oder Geld zu
erbetteln. Jetzt näherte er sich dem Taxi, und so rief ich: „Peter,
komm nicht näher! Du darfst nicht mehr hierherkommen."

Ich fürchtete, Peter könnte sterben, weil diese Leute mit einem möglichen Ebola-Opfer hergekommen waren und sich
weigerten, ohne die Leiche zu fahren, und Peter verstand nicht,
dass er Abstand halten musste.

Schließlich zahlten Mr Vokpos Bemühungen sich aus und
der Ehemann gestattete uns, den Leichnam seiner Frau zu behalten, damit wir den Ebola-Test durchführen konnten.

Dr. Lemfuka kam in seiner Schutzkleidung heraus, und ich
rannte hinein, um meine anzuziehen. Dann holten wir eine
Bahre und eine Sprühflasche mit Bleiche. Wir sprühten Ritas
Leichnam auf dem Rücksitz ein, und ich fragte den Fahrer, ob
ich auch sein Taxi innen besprühen sollte. Das wollte er.

Dann holten wir die Tote aus dem Wagen und legten sie auf die Bahre. Wir bedeckten ihr Gesicht mit einem Tuch und sprühten den Leichnam noch einmal ein, bevor wir ein Laken darüber breiteten. Dr. Lemfuka und ich nahmen die Bahre und trugen sie in das Zelt, in dem Verdachtsfälle untersucht wurden. Ich deckte die Leiche ab und öffnete die Bluse der Frau, um eine Blutprobe direkt aus dem Herzen zu entnehmen. Wenn ein Mensch stirbt, fängt das Blut an zu gerinnen, und es gibt keinen Blutdruck mehr. Ohne Puls ist es schwierig, eine Vene zu finden, aus der man Blut entnehmen kann. Die Herzkammer ist jedoch voller Blut, deshalb machen wir die Entnahme dort.

Ich hatte eine lange, 1,27 Millimeter dicke Nadel, die normalerweise für eine Lumbalpunktion benutzt wurde, um damit durch die Brustwand ins Herz zu stechen. Die Brustwand war hart, und bei dem Versuch, eine Blutprobe zu entnehmen, verbog ich drei Nadeln. Als ich die vierte ansetzte, sagte man mir, das sei unsere letzte.

„Also gut, beten wir", sagte ich. „Gott, hilf mir. Bitte hilf mir. Beschütze uns und sorge für uns. Bitte hilf mir, die Blutprobe zu entnehmen. Mach, dass diese Nadel funktioniert. Hilf uns!"

Diesmal gelang es mir, bis ins Herz vorzudringen und vier Milliliter Blut zu entnehmen. Am nächsten Tag erhielten wir die Testergebnisse: positiv.

Wenige Tage später wurde ein zweieinhalbjähriges Mädchen namens Aletha zu uns gebracht. Sie hatte seit fünf Tagen Fieber.

„Wo war das Mädchen?", fragte ich die Mutter.

„Jacob Town", antwortete die Mutter.

Rita war aus Jacob Town gewesen.

„Kennen Sie Rita?", fragte ich die Mutter.

Das kleine Mädchen war Ritas Schwägerin.

Zum Glück stellte sich heraus, dass Aletha kein Ebola hatte. Trotzdem tat es mir in der Seele weh zu wissen, dass Rita nicht nur an der Krankheit gestorben war, sondern dass wir jetzt auch ihre zweieinhalb Jahre alte Schwägerin behandeln mussten. Aber ich fragte mich, ob noch andere Angehörige krank waren und vielleicht nicht ins Krankenhaus kamen, da sie wütend darüber waren, dass wir den Leichnam behalten hatten.

An Tagen wie diesen verließ ich das Krankenhaus niedergeschlagen, weil wir nicht nur gegen Ebola kämpften. Wir kämpften auch gegen die kulturellen Bräuche, die all unsere Bemühungen, den Ausbruch der Krankheit einzudämmen, behinderten.

6. „LIEBE DEINEN NÄCHSTEN WIE DICH SELBST"

Kent

Mitgefühl war die zentrale Motivation gewesen, als ich Arzt und Missionar wurde. Ich hatte Medizin studiert, weil ich Menschen in Not Mitgefühl – *Mitleid* – entgegenbringen wollte. Und dieses Mitleid war es auch, was unsere Familie nach Liberia geführt hatte. Das Wort *Mitleid* macht deutlich, worum es geht: darum mitzuleiden. Es bedeutet, anderen Menschen so zur Seite zu stehen, dass man deren Last mitempfindet.

Wenn wir uns für dieses Mitleiden entscheiden, heißt das, dass wir Leid auf uns nehmen, das einem anderen gehört – wir entscheiden uns, den Schmerz dieses Menschen zu empfinden und seine Last mitzutragen.

Zwei besonders herzzerreißende Ebola-Fälle kamen am 28. Juni in unser Krankenhaus. Lusu war eine großgewachsene, schmale Frau etwa Ende fünfzig. Sie war ganz ruhig. Lusu war anzusehen, dass sie ein schwieriges Leben hinter sich hatte. Sie war eine stolze Frau, die aussah, als hätte sie immer schwer gearbeitet. Ihre Arme und Beine waren kräftig; sie war eine agile Frau.

Ihre Tochter Josephine war etwa dreißig Jahre alt. Sie war nicht so groß wie ihre Mutter, ihr Gesicht dagegen etwas runder. Obwohl ihre Haut ziemlich dunkel war, war sie nicht so dunkel wie die ihrer Mutter, aber ihre Figur war der von Lusu sehr ähnlich.

Lusus andere Tochter, Princess, war Krankenschwester gewesen. Princess hatte sich mit Ebola infiziert, während sie einen

Patienten in einem anderen Krankenhaus betreut hatte. Lusu und Josephine hatten sie bis zu ihrem Tod gepflegt, und einige Tage später zeigten beide Symptome der Krankheit.

Am 2. und 3. Juli übernahm ich eine Vierundzwanzig-Stunden-Schicht von Mittwoch sechs Uhr abends bis Donnerstag um die gleiche Zeit. Donnerstagnacht, kurz nach ein Uhr, waren wir vor der Station, als Josephine plötzlich aufschrie und so laut stöhnte, wie ihr Körper es zuließ. Wir riefen durch die Tür, dass wir so schnell wie möglich hineinkommen würden, um nach ihr zu sehen.

Es dauerte fünfzehn Minuten, bis wir unsere Schutzkleidung angelegt hatten. Wir wollten uns beeilen, Josephine zu helfen, aber wir durften auch nicht zu sehr hetzen, um uns selbst nicht zu gefährden. Während wir uns anzogen, wurde es drinnen still. Wir blickten durchs Fenster und sahen, dass Josephine leblos dalag, halb über die Bettkante hängend, die Arme ausgestreckt.

Normalerweise begaben wir uns nicht sofort auf die Quarantänestation, um uns um einen Leichnam zu kümmern. Wir warteten – je nach Umständen manchmal mehrere Stunden –, damit das Virus sich verflüchtigte. Aber Lusus Bett stand gegenüber von Josephines Bett. Lusu hatte schon mit ansehen müssen, wie ihre andere Tochter an Ebola gestorben war, und eine Schwester von ihr lag in einem anderen Krankenhaus, ebenfalls auf einer Isolierstation. Jetzt war Josephine vor ihren Augen gestorben.

Als Leiter des Teams war es meine Entscheidung, die Station zu betreten, um Josephines Leichnam zu versorgen. Ich wies zwei Mitarbeiter an, ein Seil an der Decke zwischen Lusus und Josephines Bett anzubringen und einen Vorhang zu improvisieren, damit Lusu nicht mitansehen musste, wie Wilton, einer der Pfleger, und ich Josephines Leichnam für die Leichenhalle vorbereiteten.

Nachdem Wilton und ich uns davon überzeugt hatten, dass Josephine tatsächlich nicht mehr am Leben war, holten wir eine Sprühflasche und die Materialien, um den Leichnam einzuwickeln. Außerdem zogen wir dicke Gummihandschuhe über unsere zwei Paar Latexhandschuhe. Weil wir nicht das Fingerspitzengefühl brauchten, das bei der Behandlung von lebenden Patienten nötig war, konnten wir die Gummihandschuhe als zusätzlichen Schutz tragen.

Wir sprühten Josephine und das Bett mehrmals ein. Weil sie offenbar gesessen hatte und dann zur Seite gefallen war, mussten wir sie auf dem Bett anders positionieren. Ich weiß noch, wie ich, als ich sie bei Kopf und Schultern packte, dachte: *Das ist das Gefährlichste, was ich jemals getan habe.* Ich hatte vollstes Vertrauen in unsere Schutzkleidung, aber es gibt nichts Gefährlicheres, als den Leichnam eines Ebola-Opfers zu berühren, das gerade gestorben ist. Trotzdem konnte ich nicht zulassen, dass Josephines lebloser Körper wenige Meter von ihrer Mutter entfernt liegenblieb.

Ich habe bei Ebola-Patienten die merkwürdige Tendenz festgestellt, dass die Leichenstarre äußerst schnell einsetzt. Das hatte ich an dem Abend bemerkt, als wir unsere erste Ebola-Patientin aufgenommen hatten und ich den Rucksack unter Felicias Onkel hervorgezogen hatte, und auch bei anderen war es mir aufgefallen. Es mag viele Todesursachen geben, durch die eine Leichenstarre beschleunigt wird, aber es kam mir merkwürdig vor. Dieses schnelle Erstarren war ein weiterer unheimlicher Faktor von Ebola.

Bei Josephines Leiche war es schwierig, die Arme anzulegen und ihre Beine zu strecken. Immer wieder wollten ihre Arme in die Position zurückfallen, in der sie gestorben war. Am Ende banden wir ihre Handgelenke zusammen, um ihren Leichnam für das Begräbnis einzuwickeln.

Nachdem wir Josephines sterbliche Überreste mit Bleichelösung dekontaminiert hatten, wickelten wir sie in vier Lagen Plastikfolie, die wir einzeln besprühten. Dann legten wir sie auf einen gummierten, wasserdichten Matratzenüberzug, schlugen die Ränder übereinander, rollten diese zusammen und befestigten sie mit einem Stoffstreifen. Anschließend trugen wir den

Leichnam in unsere provisorische Leichenhalle, ein UNICEF-Zelt im Hof vor der Isolierstation, aber immer noch innerhalb der Risikozone.

Das Gesundheitsministerium hatte ein Team aus Männern, die in voller Schutzkleidung kamen und die Leichen der Ebola-Opfer abholten. In dieser Phase des Krankheitsausbruchs luden sie die Toten auf einen Lieferwagen und begruben sie, wo die Familie das wünschte. Die Angehörigen durften bei der Beerdigung eine Trauerfeier veranstalten, aber ausschließlich die Mitarbeiter vom Gesundheitsministerium durften die Leiche berühren. Später, als die Todesfälle drastisch zunahmen, musste diese Prozedur geändert werden. Das Gesundheitsministerium musste die Verstorbenen in Massengräbern beerdigen und schließlich auch verbrennen, was zu Kontroversen führte, weil es gegen die religiösen Überzeugungen und Bräuche der Liberianer verstieß.

Da die Todesfälle sich zusehends häuften, dauerte es leider mehr als sechzig Stunden, bis das Gesundheitsministerium kam und Joesphine aus unserem Leichenzelt abholte. Dr. Brown weigerte sich sogar, weitere Verdachtsfälle aufzunehmen, bevor Josephine sowie weitere Leichname abgeholt worden waren.

Am Tag nach Josephines Tod sah ich nach Lusu. Sie war sehr krank und hatte schlimmen Durchfall. Auf der Station war Lusu still und zurückgezogen gewesen, und ich konnte nur ahnen, was sie durchmachte. Zwei Töchter waren an Ebola gestorben, ihre Schwester starb wahrscheinlich gerade in einem anderen Krankenhaus, und weil ihr eigener Zustand immer schlechter wurde, musste sie spüren, dass auch ihre Zeit bald kommen würde.

„Darf ich Ihnen ein Lied vorsingen?", fragte ich.

Sie nickte.

Ich begann, ein Lied aus unserer Mitarbeiterandacht zu singen. Jedes Mal, wenn ich es sang, überwältigte es mich.

Was immer mir geschieht –
ich lobe dich, oh Herr.
Wenn Sorgen mich bedrohen –
ich lobe dich, oh Herr.

Heute erhebe ich meine Stimme zum Lob.
Denn ich weiß, dass du immer für mich da bist.
Allmächtiger Gott, du bist alles für mich.
Was immer mir geschieht,
wenn Sorgen mich bedrohen –
ich lobe dich, oh Herr!

Ich hatte immer gestaunt, wenn Liberianer dieses Lied mit voller Kraft sangen und genau wussten, was es bedeutete, wenn sie mit den Worten schlossen: „Wenn Sorgen mich bedrohen – ich lobe dich, oh Herr!" Während sie sangen, versuchte ich mir vorzustellen, wie viel Leid sie erduldet hatten: die Bürgerkriege, die turbulenten Jahre vor den Konflikten und dann die Schwierigkeiten, die darauf folgten.

Ich sang das Lied zu Ende. Lusu sah mir in die Augen, drückte meine Hand und nickte zustimmend.

Zwei Tage nach Josephines Tod öffnete sich Lusu uns gegenüber mehr. Insbesondere die Krankenschwester Kelly saß neben Lusus Bett, und Lusu sprach mit ihr und fragte anschließend: „Beten Sie mit mir?"

Kelly schrieb einen Blogeintrag über das, was sie als einen einschneidenden Moment erlebte, in dem sie mit dieser Frau, die seit acht Tagen bei uns war und dem Tode nahe schien, eine persönliche Beziehung aufbaute. Als Ärzte und Schwestern können wir leider manchmal so mit unseren Pflichten beschäftigt sein, dass wir den Anstand vergessen, den wir unter normalen Umständen anderen Menschen entgegenbringen. Diesbezüglich hat Lusu uns eine Lektion erteilt.

Einmal war ich auf der Station, als Lusu an Durchfall litt. Die diensthabende Schwester versorgte Lusu, beseitigte die Spuren und wusch sich dann die Hände. Aber Lusu konnte nicht sehen, wie sie sich wusch, weil ich ihr die Sicht versperrte.

Als die Schwester wiederkam, um Lusu etwas zu essen zu bringen, reagierte sie empört. Es war manchmal schwierig, Lusu zu verstehen. Es war jedoch offensichtlich, dass sie uns wegschickte und uns zu verstehen gab, wir sollten uns die Hände waschen. Sie würde nicht zulassen, dass jemand ihre Ausscheidungen berührte und ihr dann etwas zu essen gab. Lusu klammerte sich an ihre Würde, obwohl die Krankheit versuchte, ihr diese zu rauben.

Wir entschuldigten uns und erklärten ihr, dass die Schwester sich die Hände gereinigt hatte. „Das würden wir Ihnen niemals antun", sagten wir. Die Krankenschwester ging zur Waschstation und wusch sich erneut die Hände, so dass Lusu es sehen konnte.

Wir sorgten so gut für unsere Patienten, wie wir konnten. Von Lusu lernten wir, wie wichtig es war, dass sie dies auch mit eigenen Augen sahen. Wir Pflegekräfte können das bei unserer Arbeit schnell vergessen, aber Lusu war ein gutes Beispiel dafür, dass sie trotz all dem, was die Krankheit ihr antat, noch immer ein Mensch war – und auch als solcher behandelt werden wollte.

Bei Ebola gibt es ein Phänomen, das als Pseudoremission bezeichnet wird. Dabei kann es einem Patienten für einen Zeitraum von bis zu achtundvierzig Stunden deutlich bessergehen, bevor sein Zustand sich drastisch verschlimmert und er stirbt. Ich kenne nicht die physiologischen Abläufe dabei, aber aus diesem Grund muss es Ebola-Patienten mindestens drei Tage lang gutgehen, bevor wir einen Test machen, um festzustellen, ob das Virus besiegt ist.

Wie bei Felicia, unserer ersten Ebola-Patientin, gab es auch bei Lusu eine Pseudoremission. Nachdem sie sich zum Zeitpunkt von Josephines Tod so elend gefühlt hatte, verbesserte sich ihr Zustand über zwei Tage hinweg. Wir hofften alle, sie würde unsere zweite Überlebende sein. Sie hatte diese zwei Tage, in denen sie sich wirklich öffnete und mit uns kommunizierte, doch in den nächsten vierundzwanzig Stunden ging es rapide bergab, und am 7. Juli, vier Tage nach ihrer Tochter, starb sie.

Unvollständige Krankengeschichten

An dem Tag, an dem Lusu starb, nahmen wir einen weiteren Patienten auf, bei dem wir auf eine der häufigen Schwierigkeiten stießen, die uns das Eindämmen der Krankheit erschwerten. Harris war ein einunddreißig Jahre alter Klempner. Dr. Fankhauser untersuchte Harris und veranlasste, dass er in das Zelt für Verdachtsfälle gebracht wurde, um ihn von den anderen Patienten zu trennen, während er eine gründlichere Anamnese von Harris erstellte.

Die Familie des Mannes hatte ihn ins Krankenhaus gebracht, nachdem er einige Tage lang krank gewesen war. Die Angehörigen machten sich Sorgen um Harris, aber sie sagten nicht, worin genau diese Sorgen bestanden. Sie sagten nicht, dass sie fürchteten, er könne Ebola haben.

John hielt Harris für sehr ehrlich, was seine Krankengeschichte betraf. Harris teilte ihm mit, er lebe in Mombo Town, unweit des Gefahrenherds von New Kru Town. Obwohl er von dem Ebola-Ausbruch in der Nähe wusste, behauptete er, niemanden zu kennen, der an Ebola erkrankt oder gestorben war. Da John nicht herausfinden konnte, ob Harris möglicherweise mit einem Ebola-Kranken Kontakt gehabt hatte, ließ er ihn in dem separaten Zelt, damit er nicht auf der Isolierstation mit dem Virus in Berührung kam. Trotzdem war John misstrauisch und ließ eine Blutprobe entnehmen, um sie auf Ebola zu testen.

Während Harris auf der Klärungsstation war, fing er an, sich zu erbrechen, er bekam Durchfall und seine Augen wurden rot. Alles klassische Ebola-Symptome.

Als ich an diesem Abend meine Schicht antrat, ging ich in das Zelt, um mehr über Harris' Krankengeschichte zu erfahren. In Liberia ist die erste Geschichte kaum jemals die vollständige

Geschichte; für Liberianer ist es schwierig, mit Ausländern zu kommunizieren, und sie sind außerdem ziemlich misstrauisch. Liberianer haben die Angst, etwas Negatives könnte wahr werden, sobald sie es aussprechen. Aber wenn sie das Negative nicht benennen, tritt es nach ihrem Empfinden auch nicht ein. Sie glauben, dass sie allein durch die Aussagen „Es kann sein, dass ich Ebola habe" oder: „Ich glaube, ich sterbe" krank werden oder sterben könnten.

Harris erklärte mir, was er auch John gesagt hatte – nämlich, dass er Klempner sei.

„In Ihrer Arbeit als Klempner", fragte ich, „kommen Sie da manchmal in Berührung mit dem flüssigen Magen anderer Leute?" So bezeichneten Liberianer manchmal Durchfall. Dass er meine Frage mit „Ja" beantwortete, verstärkte meinen Verdacht. Vielleicht war er ohne sein Wissen mit dem Ebola-Virus in Kontakt gekommen. Aufgrund seines verschlechterten Zustands beschloss ich, Harris auf die Quarantänestation zu verlegen, damit wir unser Personal nicht auf zwei Stationen verteilen mussten.

Am nächsten Morgen gestand mir Harris, dass er doch von jemandem wisse, der an Ebola gestorben war. Er sagte, der Mann habe auf dem Markt von Duala Hausschuhe verkauft. Sowohl Mombo Town als auch New Kru Town gehören zu Duala. Aber Harris versicherte, er kenne den Mann nicht persönlich.

An diesem Tag kamen die Ergebnisse von Harris' Bluttest zurück: Er hatte Ebola.

Typisch für die liberianische Kultur ist auch, dass Familien nicht immer wollen, dass der Patient seine Diagnose erfährt. Sie fürchten, allein durch das Wissen um seine unheilbare Krankheit könnte er tot umfallen oder die Hoffnung aufgeben und bald sterben. Wieder: *Sprich etwas Negatives aus und das Negative könnte geschehen.*

Eine Diagnose zu verheimlichen, ist mit der medizinischen Kultur des Westens überhaupt nicht vereinbar. Ich war der Meinung, ich müsse Harris das Testergebnis mitteilen, und ich machte mir Sorgen darüber, wie er die Nachricht aufnehmen würde. Er war ein kräftiger Kerl, und ich wusste nicht, ob er aufgebracht sein und in der Isolierstation herumwüten oder ob er davonlaufen oder wer weiß was tun würde.

Ich sagte ihm nicht, dass er Ebola hatte, sondern drückte mich ziemlich vage aus.

„Hören Sie, Harris, Sie werden eine Weile hier sein. Wir sorgen für Sie, so gut wir können."

Ganz bewusst gebrauchte ich nicht das Wort *Ebola*. Als ich einige Stunden später wieder auf die Station kam, setzte ich mich auf sein Bett und erklärte ihm so einfühlsam, wie ich konnte, dass der Test positiv ausgefallen war und er sich tatsächlich mit Ebola infiziert hatte.

Normalerweise gingen wir während einer gewöhnlichen Schicht dreimal auf die Quarantänestation, und als ich das nächste Mal hereinkam, sagte Harris, er wolle mit mir reden.

„Ich habe nachgedacht", sagte er zu mir, „und ich erinnere mich doch an den Namen des Mannes, der die Hausschuhe verkauft hat."

Harris nannte mir den Namen und sagte: „Ihm wurde zu Hause schlecht und er fing an Blut zu erbrechen. Alle liefen weg, und seine Frau wollte ihn ins Krankenhaus bringen. Sie rief ein Taxi, und ich bin hin und habe ihr geholfen, ihn zum Taxi zu tragen. Das Taxi fuhr zum Krankenhaus, aber der Mann starb, und da hat das Taxi wieder umgedreht und den Toten zurückgebracht. Sie haben ihn zu Hause abgeladen."

Weil ein Ortsvorsteher das Gesundheitsministerium angerufen hatte, um den ungeklärten Todesfall zu melden, kam am nächsten Tag eine Mannschaft vom Ministerium, um den Leichnam zu holen und die Wohnung zu dekontaminieren. Harris sah die Arbeiter in ihren „Astronautenanzügen" und ging zu ihnen, um mit ihnen zu reden. Die Männer sagten zu Harris, der Mann habe wahrscheinlich Cholera gehabt und er selbst solle vorsichtig sein. Harris nannte den Männern seinen Namen und seine Telefonnummer, damit sie ihn anrufen konnten, wenn sie ihn brauchten.

Die Frau des Toten hatte Angst und lief davon, und Harris hörte nichts mehr von dem Mann oder dem Untersuchungsergebnis. Sechs Tage später fing Harris an, sich schlecht zu fühlen. Er war ein barmherziger Samariter gewesen und hatte sich dadurch Ebola eingefangen. Fünf Tage, nachdem er ins ELWA-Krankenhaus gekommen war, starb Harris. Er war zwei Jahre jünger als ich.

Ja sagen

Wenn ich über Patienten wie Lusu, Josephine und Harris nachdenke, habe ich nicht das Gefühl, versagt zu haben oder dass meine Behandlung in irgendeiner Weise ungenügend war. Auch wenn sie gestorben sind, glaube ich, dass ich etwas mehr für sie getan habe, als nur ihre Krankheit zu behandeln. Ich habe alles getan, um ihnen das Leben zu retten, aber ich habe ihnen auch aufrichtiges Mitgefühl gezeigt. Ich habe mit ihnen gelitten. Ich habe versucht, ihnen die Würde zurückzugeben, die das Ebolafieber ihnen nahm. Es ist eine demütigende Krankheit, bei der die Opfer in einer völlig hoffnungslosen Lage sind.

Wenn ein Patient als Verdachtsfall auf unsere Isolierstation kam, hatte er keinerlei Körperkontakt mehr mit einem anderen Menschen. Jede Person, die ihn berührte, tat dies durch zwei Paar Latexhandschuhe, und diese Berührung kam von jemandem, dessen Gesicht der Patient nicht erkennen konnte. Alles, was unsere Patienten von uns sehen konnten, waren die Augen durch unsere Schutzbrillen. Es war ein absolut entmenschlichtes Ende.

Meine Patienten konnten durch meine Brille sehen, dass ich weiß war. Also war ich für sie ein Ausländer, ein Fremder. Das kann für Erkrankte schwierig sein – sich von jemandem pflegen zu lassen, den sie nicht kennen. Ich empfehle denen, die meine Geschichte hören, immer, sich selbst in diese Lage hineinzuversetzen und sich zu überlegen, wie sie sich wohl fühlen würden.

Als Ärzte und Pfleger versuchten wir, genau das zu tun. Wir achteten darauf, uns immer mit Namen vorzustellen, wenn wir die Station betraten. Wir schrieben unsere Namen mit einem Edding auf die Schutzanzüge oder auf die Stirn, um denen zu helfen, die lesen konnten. Auch auf dem Rücken trugen wir den Namen, damit die Patienten uns identifizieren konnten, wenn wir uns abwandten.

Wir sprachen die Kranken stets mit Namen an. Wir sprachen mit ihnen über mehr als nur über ihren Gesundheitszustand. Wir taten unser Möglichstes, um den Ebola-Patienten so weit wie möglich ihre Würde zurückzugeben.

An dem Tag, als ich an Lusus Bett saß und für sie sang, hielt ich ihre Hand. Dabei trug ich zwei Handschuhe übereinander. Weil ich die Sicherheitsvorkehrungen kannte und ihnen vertraute, hatte ich nie Angst, die Patienten zu berühren.

Während meiner Zeit als Assistenzarzt am JPS luden Dr. David und Joan McRay eine kleine Gruppe Assistenzärzte zum Essen und zu einem Austausch über Leben, Glauben und Medizin ein. Ein wiederkehrendes Thema bei unseren Unterhaltungen war der Gedanke, ein aufrichtiges Ja zu einem Mitmenschen zu sagen – ganz für einen anderen Menschen da zu sein, unser Leben für den anderen zu öffnen und, wenn wir dazu eingeladen wurden, auf tiefere Weise Anteil an seinem Leben zu nehmen.

Es ist unmöglich, jedem Menschen, dem wir jemals begegnen, ein umfangreiches Ja entgegenzubringen. Niemand hat die Zeit oder emotionale Energie, jede Begegnung so zu leben. Wir müssen zugeben, dass dies einfach nicht möglich ist. Doch dann stellt sich automatisch die Frage, zu wem sage ich heute Ja? Wem erzähle ich etwas von mir und gehe dadurch eine tiefere Beziehung mit dieser Person ein – schaffe also mehr als nur eine oberflächliche Begegnung?

Das war an den Dienstagabenden immer wieder Thema, denn solche Fragen sind nicht leicht zu beantworten. Diese Gespräche beeinflussten mich dabei, als ich über das Handeln von

Jesus in meinem Lieblingsvers nachdachte: „Als Jesus aus dem Boot stieg und die vielen Menschen sah, hatte er großes Mitleid mit ihnen; sie waren wie eine Schafherde ohne Hirte" (Markus 6,34; Hfa).

Wie sah es jetzt aus, mit Menschen in Not Mitleid zu haben – vor allem in meiner Rolle als Arzt und Missionar? Ich konnte nicht jedem Patienten ein umfassendes Ja entgegenbringen. Wegen dieser Unterhaltungen bei den McRays waren mir in Liberia sowohl die Begebenheiten bewusst, in denen ich Ja zu einem Menschen sagte, als auch jene, in denen ich es nicht tat.

Manchmal besteht eine Spannung zwischen der Rolle als Arzt und der Rolle als Missionar. Mit dieser Spannung kämpfe ich, wenn ich über meine Hauptidentität nachdenke. Bin ich in erster Linie ein Nachfolger Christi, der Arzt ist, oder liegt meine wichtigste Identität in meinem Beruf? Aber meiner Meinung nach ist das gar kein so großer Unterschied. Als ein Nachfolger von Jesus bin ich dazu berufen, meinen Mitmenschen Mitgefühl und Barmherzigkeit entgegenzubringen. Nicht nur Christen. Nicht nur Nichtchristen. Nicht nur Amerikanern. Nicht nur Ausländern. Nicht nur denjenigen, die mir zurückzahlen können, was sie mir schulden. Es gilt, *allen* Menschen Mitgefühl und Barmherzigkeit zu zeigen. Das ist meine Aufgabe als Nachfolger von Jesus Christus. Ebenso soll ich als Arzt für jeden sorgen. Punkt.

Aber die Arzt-Patient-Beziehung ist keine ebenbürtige Beziehung. Es gibt ein Machtgefälle. Und wie bei jeder anderen Beziehung muss derjenige, der Macht hat, die Verletzlichkeit dessen respektieren, der Hilfe sucht. Es ist falsch, wenn ein Arzt seine Machtposition ausnutzt, um seine Glaubensüberzeugungen einem Menschen überzustülpen, der vielleicht das Gefühl hat, dass ihm gar nichts anderes übrigbleibt als zuzuhören und zuzustimmen. Ich sitze nicht am Bett jedes Patienten und predige auf ihn ein.

Aber sowohl die Motivation für meine Arbeit als auch mein Mitgefühl für andere gehören dazu, wenn ich meinem

Gegenüber mit einem aufrichtigen Ja begegne und ihn einlade, auf tiefere Weise in mein Leben zu treten. Meine Beweggründe dafür, wer ich sein möchte und was ich tue, kommen von der Liebe und Barmherzigkeit und Gnade und der Anteilnahme, die Jesus gezeigt hat.

Wenn die Umstände so sind, dass ein Patient etwas über diese Motive wissen will, dann habe ich vielleicht die Gelegenheit, davon zu sprechen. Ich bemühe mich allerdings, weder meine Position in der Arzt-Patient-Beziehung zu missbrauchen noch einen Patienten dazu zu zwingen, sich meine Botschaft anzuhören oder meine Überzeugungen zu übernehmen.

Es gibt Menschen, die ernsthafte Probleme mit Missionsärzten haben, weil sie denken, deren Ziel sei es, den Hebel der Macht anzusetzen, wenn die Patienten am verwundbarsten sind, und sie zu einer bestimmten Religion zu nötigen. Aber Jesus nötigt niemanden.

Jesus hat viele Menschen geheilt, die ihm *nicht* gefolgt sind und ich glaube, dass ich berufen bin, es ebenso zu machen. Sein Heilen war nicht davon abhängig, ob die Menschen seine Botschaft annahmen. Jesus heilte, weil er Mitleid mit den Menschen hatte. Dieses Mitleid möchte ich auch meinen Patienten entgegenbringen.

Jesus wurde einmal gefragt, welches Gebot das wichtigste sei. Er antwortete: „Dies ist das wichtigste Gebot: ‚Hört, ihr Israeliten! Der Herr ist unser Gott, der Herr allein. Ihn sollt ihr von ganzem Herzen lieben, mit ganzer Hingabe, mit eurem ganzen Verstand und mit all eurer Kraft.‘" Dann fügte er ungefragt hinzu: „Ebenso wichtig ist das andere Gebot: ‚Liebe deinen Mitmenschen wie dich selbst!‘" (Markus 12,28-31)

Es entspricht dem menschlichen Wesen, dass wir uns um das Wohlergehen der Personen sorgen, die wir kennen. Aber die Nächstenliebe, von der Jesus spricht, besteht darin, dass wir diese Fürsorge und dieses Mitleid auch für fremde Menschen empfinden, die mit Schwierigkeiten, Belastungen oder Gefahren zu kämpfen haben.

Ich habe nicht das Zeug dazu, dieses Mitgefühl von selbst aufzubringen. Ich kann nicht an jedem Tag zu jeder Person ein umfassendes Ja sagen. Aber wenn ich die Barmherzigkeit erkenne, die Gott mir entgegenbringt – in all ihrer unglaublichen Tiefe –, dann kann seine Barmherzigkeit in mein Leben überfließen und sich auf die Menschen um mich herum ausbreiten. Es ist nicht *mein* Mitleid, das ich anderen weitergebe, sondern das Mitleid, das Jesus mit mir hatte.

Zu Lusu, Gebah, Harris und anderen Patienten habe ich Ja gesagt. Aber es gab Patienten, die ich mit der gleichen ärztlichen Fürsorge behandelt habe, denen ich dieses Ja jedoch nicht entgegenbringen konnte.

Während ich an Lusus Bett saß und ihre Hand hielt, hielt ich nicht die Hände dieser anderen Patienten. Es ist unmöglich, sich allen Patienten gleichzeitig und im gleichen Maße zuzuwenden. Ich kann nicht erklären, wie ich die Entscheidung, zu einem bestimmten Menschen Ja zu sagen, traf. Manchmal ergab es sich aus den Umständen. Manchmal hatte ich die Wahl.

Aber eines weiß ich: Wenn wir alle zu irgendjemandem Ja sagen, dann wird für alle gesorgt sein.

7. EINE ÜBERWÄLTIGENDE HERAUSFORDERUNG

Amber

Mitte Juli fühlte sich Kents Arbeitspensum für mich wieder genauso an wie in seiner Zeit im Praktikum. Vielleicht sogar schlimmer. Es war verrückt, wie viel er arbeitete. An den meisten Tagen waren es sechzehn bis achtzehn Stunden, und es kam häufiger vor, dass er morgens um sieben zur Arbeit ging und erst am Mittag des folgenden Tages nach Hause kam. Dann schlief er eine oder anderthalb Stunden, wurde durch Anrufe aus dem Krankenhaus geweckt, trank einen Kaffee und ging am Abend wieder zur Arbeit. Ich wusste nicht, wie Kent in diesem Tempo arbeiten konnte, ohne krank zu werden.

Herr, hilf ihm, betete ich oft.

Weil er manchmal sogar zum Essen zu beschäftigt war, hatte Kent mehr als 30 Pfund abgenommen, seit wir nach Liberia gezogen waren, sodass er statt 89 Kilo nur noch 74 Kilo wog. Die anderen Ärzte und Pflegekräfte standen unter dem gleichen körperlichen und emotionalen Stress wie Kent.

Als der Ebola-Ausbruch schließlich seinen Höhepunkt erreichte, schlossen die Missionare sich zusammen. Einige von uns, die Vollzeitmütter waren, übernahmen es, die Wäsche der Behandlungsstation zu waschen. Bei den zusätzlichen medizinischen Angestellten und den vielen freiwilligen Helfern war das ein riesiger Wäscheberg.

Die Ärzte und Pfleger trugen OP-Kleidung unter ihren Schutzanzügen. Wegen der Luftfeuchtigkeit und der fehlenden Klimaanlage in den Gebäuden konnte die Temperatur in der Schutzkleidung bis zu 45 Grad Celsius erreichen. Meist konnten sie die Kleidung nur wenige Stunden tragen, weil dann alles durchgeschwitzt war.

Da ich mir Sorgen machte, dass Kent zu viele Mahlzeiten ausließ, brachte ich ihm gerne etwas zu essen. Und wenn ich Kent versorgte, beschloss ich, konnte ich genauso gut etwas für die anderen zubereiten, die im Krankenhaus arbeiteten. Sie mussten regelmäßig essen und Wasser trinken. Schlaf bekamen sie schon nicht genug, und wenn es ihnen an Nahrung und Wasserversorgung mangelte, würden sie irgendwann krank werden, und das Krankenhaus brauchte jetzt dringend jede verfügbare Arbeitskraft.

Jemand backte ein Blech mit Zimtschnecken für die Nachtschicht, um ihnen etwas Gutes zu tun. An einem anderen Abend brachte jemand Bananenbrot oder Süßigkeiten mit. Die Pfleger und Ärzte im Krankenhaus zu stärken, wurde zu einer Gemeinschaftsaufgabe.

Vor allem wollten wir gut für die ehrenamtlichen Helfer sorgen, die über *Samaritan's Purse* nach ELWA kamen. Sie halfen in einer Krise, und dazu noch in einer hochgefährlichen. Deshalb wollten wir sie so gut wie möglich willkommen heißen.

Da der Ebola-Ausbruch inzwischen nicht mehr auf bestimmte Regionen beschränkt war, veränderte sich das Leben in Liberia. Die Ausbreitung der Krankheit verstärkte die unterschwellige Anspannung und das Misstrauen gegenüber der Regierung. Überall in und um Monrovia hatten die Bewohner Angst vor größeren Menschenansammlungen. Auf dem Markt zum Beispiel wusste man nie, ob die anderen dort gesund waren oder ob sie mit Ebola-Opfern in Berührung gekommen waren.

In der Stadt gab es nur einen begrenzten Zugang zu sauberem Wasser, sodass es oft nicht möglich war, sich an die nötigen Hygienevorkehrungen zu halten.

Die Kirchen wurden ein Nährboden für die Ausbreitung des Ebola-Virus. Ein Kranker ging oft in die Kirche, damit die Gemeinde für ihn betete, und andere Gläubige scharten sich dann um die betreffende Person, legten ihr die Hände auf und beteten. Eine einheimische Heilerin infizierte sich mit Ebola, als sie für einige Ebola-Opfer betete. Kurz darauf erkrankte sie selbst und starb.

An einem Sonntag sprach Kent in unserer Gemeinde, um die Menschen über Ebola aufzuklären. Er sagte ihnen, was sie tun konnten, um sich zu schützen, zum Beispiel indem sie nicht auf den Markt gingen und anderen nicht die Hand gaben. In unserem Gottesdienst gab es eine Art Friedensgruß, bei dem wir einander die Hand reichten. Der Pastor erklärte der Gemeinde, dass es wegen der Ebola-Gefahr in Ordnung sei, wenn jemand statt eines Händegrußes winkte. Aber ein Mann in der ersten Reihe kritisierte dies offen.

„Damit bin ich nicht einverstanden", sagte er. „Wir sind Geschwister. Das ist unsere Tradition. Wir haben keine Angst. Wir haben den Herrn." Also sangen wir der Tradition gemäß und begrüßten einander weiterhin mit Handschlag, wenn jemand dies wünschte.

Wir hatten uns schon angewöhnt, unser eigenes Desinfektionsspray mitzunehmen. Als Erwachsene wussten Kent und ich, wie wir uns schützen konnten, aber aus Sorge um unsere Kinder gingen wir nicht mehr zu den Gottesdiensten in der Stadt. Stattdessen fingen wir an, uns mit unseren Nachbarn zu Hause auf dem Campus zu treffen, wo wir für unsere Anbetungszeit Videos über YouTube benutzten.

Zu Hause legten wir einen Vorrat an Trockenmilch, Nudeln, Bohnen und gefrorenem Hühnchen an. Wir wussten nicht, wie schlimm die Epidemie werden würde, aber wir bereiteten uns so vor, dass wir einige Monate zu Hause bleiben konnten, falls es nötig wurde.

Zusammenkommen

Kent

Einige Jahre zuvor hatte Franklin Graham, Präsident und Geschäftsführer von *Samaritan's Purse*, ein Festival in Liberia veranstaltet. Als er sah, wie sehr das ELWA-Krankenhaus in die Jahre gekommen war, verpflichtete er SP, auf dem Gelände ein neues Krankenhaus zu finanzieren und zu bauen, das *Serving in Mission* verwalten sollte. Als wir nach Monrovia zogen, war dieses neue Krankenhaus im Bau, und im Dezember 2014 sollte die Einweihung stattfinden.

In der Kapelle aus Betonsteinen, die wir im Frühjahr in eine vorübergehende Quarantänestation verwandelt hatten, war lediglich Platz für fünf Betten und für Vorräte, und es war offensichtlich, dass die Station bald zu klein sein würde. Wir wussten nicht, wie bald wir mehr Betten für Ebola-Patienten brauchen würden, aber es konnte nicht mehr lange dauern. Also wählten wir das Küchen- und Wäschereigebäude des neuen Krankenhauses als besten Platz für die neue Station. Die Bauarbeiten an den anderen Gebäudeteilen wurden eingestellt, um den größeren Komplex fertigzustellen, der uns ermöglichen würde, mehr Ebola-Patienten zu behandeln.

Mich hatte man zum medizinischen Leiter der neuen Station ernannt, die ELWA 2 heißen sollte, die Kapelle würden wir als ELWA 1 bezeichnen. Diese Entscheidung war getroffen worden, um alle Ebola-Patienten an einem Ort zu versammeln, sodass ELWA 1 und JFK eine Einrichtung wurden, nämlich ELWA 2. Als Vorbereitung fing ich an, nachzuverfolgen, wie viele Ebola-Patienten es in unserem Bezirk gab.

Bis ungefähr Mitte Juli behandelten wir in unserem Krankenhaus normalerweise einen bis drei Patienten gleichzeitig. Am 16. Juli waren zwei Patienten im ELWA 1 und zwei im JFK, entweder bestätigte Ebolafälle oder Verdachtsfälle. Am 20. Juli, dem Tag, an dem wir ins ELWA 2 umzogen, hatten wir dreizehn Patienten. Und im Laufe der nächsten zwei Tage kamen noch acht weitere Patienten dazu. In weniger als einer Woche war die Zahl von vier auf über zwanzig gestiegen. Wenn jemand starb oder diejenigen entlassen wurden, deren Bluttests negativ waren, blieben die Betten nie lange leer.

Es war kräftezehrend, mit einer schrecklichen, beängstigenden Krankheit zu tun zu haben, bei der wir immer mehr Tote sahen.

Ich hatte während meiner Zeit als Assistenzarzt gelernt, mit dem Tod umzugehen. Zwar starb nur ein Patient, den ich damals behandelt hatte, nachdem er ins Krankenhaus gekommen war. Aber ich hatte mit etlichen Patienten zu tun, unter anderem mit Notfällen, die aufgenommen wurden und kurz darauf verstarben oder die todkrank waren und auf die Intensivstation verlegt werden mussten. Ich hatte mit Familien über ihre Lieben gesprochen, deren Prognose nicht gut war, oder hatte ihnen die Nachricht überbringen müssen, dass ihr Angehöriger verstorben sei. Ich hatte meine Arbeit angesichts der Realität des Todes gemacht und es hatte mich nicht überwältigt. Das ist das Abstruse daran, wenn man in der Medizin arbeitet: Leben und Tod existieren täglich Seite an Seite. Gerade hatte ich jemandem sagen müssen, dass ein Familienmitglied gestorben war, und ein paar Minuten später fing meine Schicht in der Praxis an und ich musste mir auf dem Weg etwas zu essen holen. So ist unser Job nun mal.

Trotz dieser Erfahrungen während meiner Ausbildung überwältigte mich die Zahl der Todesfälle in Liberia, denn sie überstieg alles, was ich in den USA je erlebt hatte.

Und das war vor Ebola.

Es kam häufiger vor, dass ich innerhalb von vierundzwanzig Stunden drei oder vier Totenscheine ausstellen musste. Der Verstorbene konnte ein Achtundsiebzigjähriger sein, der einen Schlaganfall erlitten hatte, eine Fünfzigjährige mit Krebs, eine Vierundzwanzigjährige mit HIV oder ein achtzehn Monate altes Baby. Bei letzterem Fall hatte die Mutter ihrem kleinen Sohn Essen in den Mund gestopft, weil er krank war und zwei Tage lang nichts gegessen hatte, und dann hatte das Kind die Nahrung in die Luftröhre bekommen und war erstickt. Das war schon schwer genug zu verkraften. Darüber hinaus hatten unsere Patienten in den ersten sieben Wochen, in denen wir Ebola-Kranke behandelten, nur eine Überlebenschance von 5 Prozent.

Unsere Tätigkeit laugte uns körperlich und emotional aus. Wir mussten die Ereignisse für uns persönlich, öffentlich und im Team verarbeiten. Und ich wusste, dass es für Nancy Writebol, die Personalverantwortliche von SIM, noch schwieriger sein musste. Sie hatte die Ausbildung zur Pflegehelferin absolviert, aber sie hatte noch nie in einem Krankenhaus gearbeitet. Als wir uns auf den möglichen Ausbruch von Ebola vorbereiteten, hatte sie sich freiwillig als Hygienikerin für unsere Station gemeldet.

Hygieniker in einer Notfallstation konnten für eine große Bandbreite an Aufgaben zuständig sein, je nachdem, wie die Station personell besetzt war. In einer unterbesetzten Station wie unserer half die Hygienikerin den Ärzten und Pflegern beim Umkleiden und Dekontaminieren, sie wusch Stiefel und Schutzbrillen, diente als Laufbursche und betreute das Inventar der Station.

Zu Nancys Aufgaben gehörte auch die wichtige Herstellung der Bleichelösung. Deshalb erhielt sie den liebevollen Spitznamen „Bleichdame". Sie hatte eine Hilfstätigkeit, aber es war eine der wichtigsten Aufgaben im Krankenhaus, weil diese Person jemand sein musste, bei der das medizinische Personal sich hundertprozentig darauf verlassen konnte, dass sie akribisch auf alle Einzelheiten achtete.

Alle vierundzwanzig Stunden musste eine neue Bleichelösung angefertigt werden, und die Mischung musste genau stimmen. Zu viel Bleiche, und die Lösung würde der Haut schaden und beim Einatmen gefährlich sein. Zu wenig Bleiche, und sie tötete vielleicht nicht alle Pathogene ab, die abgetötet werden mussten, und das würde ein extremes Kontaminierungsrisiko bedeuten.

Beim Ankleiden sorgte die Hygienikerin dafür, dass bestimmte Stellen der Schutzkleidung abgeklebt wurden, damit die entsprechenden Hautpartien nicht dem Virus ausgesetzt waren. Körperflüssigkeiten konnten möglicherweise in locker sitzende Schutzanzüge gelangen und mit der Haut in Berührung kommen. So zogen wir die Ärmel des Schutzanzugs über das erste Paar Latexhandschuhe, woraufhin die Hygienikerin sie mit Klebeband um die Handgelenke befestigte. Dann zogen wir das zweite Paar Handschuhe über den Ärmel, und es folgte eine zweite Schicht Klebeband. Der erste abgeklebte Handschuh verhinderte, dass der Ärmel herausrutschte, und der zweite sorgte dafür, dass der Handschuh nicht rutschte und keine Flüssigkeit hineingelangte.

Nancy spürte die große Verantwortung, die mit ihrer Tätigkeit zusammenhing, und wenn sie meine Handschuhe abklebte, sagte sie bei einem Arm: „Das ist für Stephen", und beim anderen: „Und dies ist für Ruby."

Die Ärzte und Schwestern legten ihr Leben in die Hände der Hygienikerin, und Nancy hatte unser vollstes Vertrauen.

Nancy und ich haben uns oft über das unterhalten, was um uns herum vorging. Die Erfahrung schweißte uns alle auf der Station zusammen, aber zwischen Nancy und mir entwickelte sich allmählich eine tiefere Beziehung. Irgendwann fing sie sogar an, mich „Sohn" zu nennen – und mir kam sie wie eine Mutter vor.

Ruhe und Hilfe auf dem Weg

Am Wochenende vom 5. und 6. Juli hatte ich zwei Tage in Folge überwiegend frei, sodass ich zu Hause die längst überfällige Arbeit in Angriff nehmen konnte, die Kühlschranktür zu richten, den Abfluss in der Küche zu reinigen, eine Schublade in Rubys Zimmer zu reparieren und die Stützräder an Stephens Fahrrad zu ersetzen.

Außerdem sollte ich bald zwei Wochen Urlaub haben und freute mich auf die Zeit zum Ausruhen und Erholen. Ambers Bruder Keith würde Anfang August in Abilene heiraten. Amber, Ruby und Stephen sollten vor mir abreisen und ich wollte eine Woche später nachkommen. Meine Eltern und meine Schwester Krista planten, von Indianapolis herüberzufliegen, um uns zu sehen, und am 10. August würden Amber, die Kinder und ich nach Liberia zurückfliegen, zusammen mit meinem Vater, der uns eine Weile im Krankenhaus helfen wollte.

Meine Eltern hatten eigentlich vorgehabt, uns an Thanksgiving in Monrovia zu besuchen und vier oder fünf Wochen zu bleiben, damit mein Dad im Krankenhaus helfen konnte. Vor einigen Wochen hatten meine Eltern, die Cousine meines Vaters und ihr Mann einige der Nationalparks im Westen der USA bereist, als Dad ein Video sah, das *Samaritan's Purse* online gepostet hatte und in dem ich um Helfer, Gebete und finanzielle Unterstützung bat. Er sagte, meine Bitte habe ihn berührt, und jetzt wollte er früher mit uns arbeiten.

Am 20. Juli brachte ich Amber und die Kinder zum Flughafen. Vom Flughafen in London aus erhielt ich am nächsten Morgen eine SMS von ihr. „Ein bisschen stressig hier", schrieb ich zurück, „aber alles in Ordnung."

Die nächsten Nachrichten tauschten wir am Dienstag, den 22. Juli, aus. Die Familie war in Abilene und erholte sich vom Jetlag. „Ich bin müde, aber ich liebe dich", schrieb ich. Dann erzählte ich Amber von einer tollen Neuigkeit: Dr. Ian Jackson hatte mir mitgeteilt, dass er zu uns nach Liberia kommen und vier Wochen lang mit uns arbeiten wollte, schon ab dem nächsten Sonntag.

Ian und ich waren als Assistenzärzte Kollegen gewesen und gute Freunde geblieben. Er hatte seine Ausbildung ein Jahr später angefangen als ich und im Juni seine Zeit als Assistenzarzt abgeschlossen. Wir hatten händeringend jemanden gesucht, der mich im Krankenhaus vertreten konnte, weil mich meine

Arbeit in der Notfallstation völlig in Anspruch nahm, sodass ein Allgemeinmediziner im normalen Krankenhausbetrieb fehlte. Wir hatten nicht einmal zehn Ärzte, und zu meiner Tätigkeit hatte gehört, Geburtshilfe zu leisten, Ultraschalluntersuchungen vorzunehmen und Hausbesuche zu machen. John Fankhauser war der einzige andere Arzt, der für Ultraschall und Gynäkologie zuständig war. Aber er hatte schon jetzt zu viel zu tun, da er vorübergehend die Verwaltung des Krankenhauses leitete und Schichten auf der Ebola-Station absolvierte.

Einige Freiwillige von *Samaritan's Purse* waren eingetroffen, allerdings besaß keiner von ihnen meine spezielle Mischung aus Fähigkeiten. Deshalb brauchten wir jemanden, der meine regulären Aufgaben übernahm, um John zu entlasten. Mir war klar, dass wir einen Arzt brauchten, der am JPS ausgebildet worden war. Ich nahm Kontakt mit David McRay und anderen Kollegen auf, und auch mit Ian setzte ich mich in Verbindung. Gott sei Dank willigte Ian ein, uns zu helfen.

Am Sonntag, den 20. Juli – am selben Tag, an dem Amber und die Kinder in die Staaten flogen – schickte Scott Parker, einer meiner besten Freunde in Fort Worth, mir eine mutmachende SMS. Er schrieb, Randy Harris habe in unserer Gemeinde in Fort Worth gepredigt, in der *Southside Church of Christ.*

Randy war Theologie- und Philosophieprofessor an der ACU. Als Student hatte ich bei ihm einige Kurse belegt und an einer seiner Mentoringgruppen teilgenommen. Später hatte Randy auch mit meinem Bruder Kerry zu tun gehabt.

In Scotts Textnachricht stand, er habe an diesem Morgen während der Predigt an mich gedacht. Randy hatte aus Römer 8,28 zitiert: „Das eine aber wissen wir: Wer Gott liebt, dem dient alles, was geschieht, zum Guten. Dies gilt für alle, die Gott nach seinem Plan und Willen zum neuen Leben erwählt hat."

Scott berichtete mir weiter von der Predigt: „Die Verheißung, dass Gott in allen Dingen am Werk ist, bedeutet, dass nichts endgültig ist und man nicht allein ist, egal, was man durchmacht. Ich musste an dich denken. Vielleicht macht es dir bei allem, was du jeden Tag siehst und tust, Mut zu wissen, dass es eine Bedeutung für die Ewigkeit hat und du nicht allein bist. Ich denke an euch und bete für euch."

8. NICHT GANZ FIT

Kent

Am Mittwoch, den 23. Juli, wachte ich kurz nach sechs Uhr morgens auf, und irgendwie fühlte ich mich nicht ganz fit. Ich hatte keine bestimmte Krankheit, aber mir war heiß, und als ich ins Bad ging, war mein Stuhlgang ein wenig flüssig. Ich maß meine Temperatur – sie betrug 37,8 Grad Celsius. Unser Grenzwert, ab dem wir Patienten auf Ebola untersuchten, war 38 Grad, also war meine Temperatur noch kein Fieber, aber sie war erhöht.

Trotzdem machte ich mir keine Gedanken, weil ich in den drei Tagen davor ungewöhnlich viel gearbeitet hatte, selbst verglichen mit dem hektischen Arbeitsalltag, den ich seit sieben Wochen kannte. Außerdem hatte Eric Buller, ein Missionar von SIM, der mit seiner Familie neben uns wohnte, seine Peperonipizza in unserem Ofen fertigbacken müssen, weil ihnen das Propangas ausgegangen war. Eric und ich hatten uns eine der Pizzen geteilt. Ich hatte einen ordentlichen Schuss Tabasco auf meine Pizza getan, obwohl ich davon schon häufiger Magenprobleme bekommen hatte. Für mich war eine Pizza mit Tabasco eines der kalkulierbaren Risiken, die sich lohnten.

Ich duschte, putzte mir die Zähne und zog mich an, um zur Arbeit zu gehen. Dann überprüfte ich noch einmal meine Temperatur. Sie betrug 37,6 Grad.

„Hör mal, mir ist heute nicht so gut", erklärte ich Lance Plyler am Telefon. „Ich weiß nicht, was es ist – vielleicht habe ich eine Erkältung oder es ist etwas, das ich gestern Abend gegessen habe. Aber ich glaube, es ist das Beste, wenn ich zu

Hause bleibe, bis es vorbei ist, und heute Nachtmittag wird es mir bestimmt bessergehen. Ich mache einfach heute Papierkram zu Hause und komme später."

„Okay, geht in Ordnung", sagte Lance. „Hast du Durchfall oder gebrochen? Oder hast du irgendwelche anderen Symptome?"

„Nein", antwortete ich. „Ansonsten geht es mir gut."

„Ruf mich gegen Mittag an und sag mir Bescheid, wie du dich fühlst. Brauchst du einen Schnelltest für Malaria?", fragte Lance.

„Nein, ich habe noch einen hier. Den mache ich nachher."

Wenn ich im Krankenhaus in Fort Worth oder Indianapolis gearbeitet hätte, wäre ich trotz meines Unwohlseins auf jeden Fall arbeiten gegangen. Ich hätte nicht einmal gezögert. Aber mitten in dem, was sich zum schlimmsten Ebola-Ausbruch aller Zeiten entwickelte, entschied ich mich dafür, zu Hause zu bleiben, jedenfalls so lange, bis ich auskuriert war. Es gab für mich keinen Grund, an Ebola zu denken. Aber ich wusste, wo ich war. Ich kannte die Gefahr, wenn man mit dem Virus im Körper weitermachte wie gewohnt und dabei viele andere Menschen unbewusst ansteckte. In den vergangenen sieben Wochen hatte ich dieses Szenario zu oft miterlebt.

Natürlich war ich nicht so naiv zu glauben, dass ich mich nicht mit Ebola infizieren könnte. Aber ich blieb nicht zu Hause, weil ich dachte, ich hätte Ebola. Ich blieb zu Hause, weil dies aufgrund meines ungeklärten Unwohlseins die sicherste – und einzig richtige – Entscheidung war.

Also setzte ich mich auf mein Bett und arbeitete am Laptop. Ich schaffte sogar eine Menge. Wenn ich am Computer sitze, lasse ich mich leicht ablenken, vor allem von Facebook und YouTube. An diesem Vormittag war ich jedoch besonders konzentriert und produktiv.

Als frisch ernannter medizinischer Leiter der gemeinsamen Behandlungsstation war ich für Personal, Dienstpläne und Schulungen verantwortlich. Ich hatte in der letzten Woche viele

Stunden mit Cokie van der Velde verbracht, einer britischen Hygieneexpertin von Ärzte ohne Grenzen, und mit der Liberianerin kou Leanue Bamakpa, die bei SP Liberia für die Personalrekrutierung des Projekts zuständig war. Beide halfen mir, mich auf die Eröffnung von ELWA 2 vorzubereiten.

An diesem Morgen arbeitete ich an den Dienstplänen für die Expatriates[1], die über *Samaritan's Purse* zu uns kamen, schrieb E-Mails und gratulierte einem Freund in den USA über Facebook zum Geburtstag.

Außerdem machte ich einen Schnelltest (RDT) auf Malaria. Alle Missionare haben eine Schachtel mit RDTs zu Hause. Es ist ein einfacher Test – nur ein kleiner Stich in den Finger, um einen Tropfen Blut auf den Teststreifen zu bekommen. Fünfzehn Minuten später kann man das Ergebnis ablesen.

Mein Test war negativ.

Etwas später führte ich einen zweiten Malariatest durch. Der war ebenfalls negativ.

Die negativen Ergebnisse beunruhigten mich nicht. Wir begegneten in Westafrika drei Typen von Malaria, und der Test war für den schlimmsten Typ – Plasmodium falciparum. Die Tests sind zu 99 Prozent genau und zu 99 Prozent zutreffend, also unglaublich akkurat. Aber wenn ich einen der anderen beiden Typen hatte, würde der Test negativ ausfallen.

Gegen Mittag fühlte ich mich ein wenig fiebrig, und so überprüfte ich meine Temperatur erneut. Sie betrug 38,5 Grad Celsius.

Noch immer war ich nicht beunruhigt. Fieber zu haben, verriet mir noch nichts, außer dass ich irgendetwas hatte. Ich dachte immer noch, ich wäre an Malaria erkrankt, weil sie in Westafrika so weit verbreitet ist. Alle in unserer Familie nahmen jeden Tag Malariaprophylaxe, und ich war sicher, dass ich wegen meiner verrückten Arbeitszeiten die eine oder andere Tablette vergessen hatte. Außerdem hatte ich bei Patienten und anderen Missionaren,

---

[1] Englisch für vorübergehend im Ausland beschäftigte Personen

unter anderem bei Amber, die im Juni daran erkrankt war, gesehen, wie unterschiedlich die Symptome sein konnten.

Ich rief Lance an und berichtete ihm, ich hätte Fieber. Er sagte, er würde gleich jemanden zu meinem Haus schicken, damit er Blut für einen Ebola-Test entnahm.

Der Ebola-Test

Es dauerte ein paar Stunden, bis jemand kam. Das überraschte mich nicht. Erstens musste die Person, die kam, die Quarantänestation verlassen. Dort war viel los, und es musste ein Ersatz für denjenigen gefunden werden, der ging.

Zweitens gab es, wie ich später erfuhr, eine Diskussion darüber, wie jemand in Schutzkleidung zu meinem Haus gelangen konnte, ohne gesehen zu werden. Schließlich war ich der medizinische Leiter der Station. Von Anfang an war ich dabei gewesen und hatte allen verkündet, unsere Abläufe seien sicher – wenn wir uns nur an die Vorschriften hielten und alles so machten, wie wir es gelernt hatten.

Immer wieder hatte ich betont, es gebe keinen Grund, Angst vor der Arbeit auf der Quarantänestation zu haben. Ich hatte sogar gesagt, die Arbeit in der Notaufnahme sei gefährlicher, weil wir auf der Isolierstation Schutzanzüge trugen und wussten, dass wir mit Patienten zu tun hatten, die entweder Ebola hatten oder bei denen zumindest der Verdacht bestand. In der Notaufnahme hatten wir keine Ahnung, welche Krankheiten zur Tür hereinkamen. Und ich war sicher, dass es im Moment ungefährlicher war, auf der Ebola-Station zu arbeiten, als zum Markt oder in die Kirche zu gehen.

Es gab also Bedenken, wie die Liberianer im Team reagieren würden, wenn sie hörten, dass ich krank war und Personen mein Haus in Schutzanzügen betraten.

Ich saß auf der Wohnzimmercouch, als Dr. Nathalie MacDermott, Dr. Alicia Chilito und Bev Kauffeldt auf meiner

Veranda erschienen. Nathalie und Alicia waren vor Kurzem durch die Katastrophenhilfe von *Samaritan's Purse* nach Liberia gekommen. Bev, die Frau von Kenell, dem Landesleiter von SP Liberia, war am vorigen Wochenende nach Monrovia zurückgekehrt, nachdem sie vier Wochen als leitende Hygienikerin in Foya auf der dortigen Ebola-Station gearbeitet hatte.

Ich hatte die Haustür aufgeschlossen und einen Korb mit Schuhen und einen kleinen Beistelltisch aus dem Eingangsbereich weggeräumt, damit die anderen mehr Platz hatten und nichts anfassen mussten, wenn sie das Haus betraten. Vom Sofa aus sagte ich ihnen, dass ich die Rückseite der Tür angefasst hatte, aber nichts anderes in dem Bereich.

Sie öffneten die Tür, traten aber nicht ein. Da sie keine Schutzanzüge trugen, um keinen Verdacht zu erregen, sprühte Bev die Bodenfliesen mit Bleichelösung ein, dann kam sie herein, um die Rückseite der Tür zu besprühen. Nathalie und Alicia folgten ihr ins Haus und fingen dann an, ihre Schutzkleidung anzuziehen. Ich sah zu, wie sie in gelbe Anzüge stiegen, die dicker und schwerer waren als die weißen, die wir sonst trugen. Ich hasste diese gelben Anzüge, weil sie aus Plastik und unbequem waren.

Ich kannte die fünfzehnminütige Routine gut: Stiefel, Anzug, zwei Paar Handschuhe, Schürze, Maske, Kapuze für den Kopf und zu guter Letzt die Schutzbrille. Als sie fertig waren, kam Nathalie zum Sofa, um mir Blut abzunehmen.

Es herrschte eine surreale Atmosphäre in unserem Wohnzimmer, und ich versuchte, die Stimmung aufzulockern.

„Weißt du", scherzte ich, „wenn du es lieber nicht machen willst, kann ich mir auch selbst Blut abnehmen."

Nathalie fragte, welchen Arm sie nehmen sollte. Ich bin Rechtshänder und bevorzuge es, wenn man mir in den anderen Arm sticht. Weil uns im Krankenhaus die richtigen Abschnürgurte ausgegangen waren, benutzte Nathalie einen Gummihandschuh, um meinen linken Arm abzubinden. Danach stach sie die Nadel ein, entnahm die Blutprobe und legte das Röhrchen dann auf die Armlehne der Couch.

„Oh, jetzt hast du das Sofa kontaminiert", sagte Bev. „Ich muss es einsprühen."

„Bev, bitte sprüh das Sofa nicht ein. Wenn ich Ebola habe, ist das ganze Ding verseucht und muss verbrannt werden. Aber wenn ich kein Ebola habe, ist es nicht verseucht, und dann gibt es keinen Grund, es mit Bleiche zu verderben. Können wir damit warten?"

Bev verschonte das Sofa.

Ich glaube nicht, dass einer von uns wirklich dachte, ich hätte Ebola. Meine Vermutung war immer noch, dass es sich um Malaria handelte. Aber wir wussten alle vier, dass wir jede Sicherheitsvorkehrung beachten mussten, so als hätte ich Ebola, bis das Gegenteil bewiesen war.

Nathalie wollte das Röhrchen beschriften.

„Wie machen wir das?", fragte ich sie. „Du kannst keine Blutprobe zum Ebola-Test schicken, auf der mein Name steht. Darlington Komosee, einer der Labortechniker, arbeitet bei uns im Krankenhaus. Ich arbeite seit neun Monaten mit ihm zusammen, und er ist einer meiner besten Freunde hier."

„Wir geben dir einen liberianischen Namen", schlug Bev vor. „Was ist deine Nummer in der Geburtenfolge?" Sie lebte seit zehn Jahren in Liberia, und der Stamm, mit dem sie sich am besten auskannte, benannte Kinder nach der Geburtenfolge, und diese Namen hatte sie gelernt.

„Ich bin das sechste Kind."

„Egal", sagte Bev. So weit war sie bei ihrer Namensliste nicht gekommen. „Wie wäre es mit Tamba? Das ist ein beliebter Name. Und der Mädchenname deiner Mutter? Den nehmen wir als Nachnamen."

„Snell", erwiderte ich.

Nathalie schrieb Tamba Snell auf das Röhrchen.

Ich konnte mir nicht vorstellen, welche mentale und emotionale Belastung es für die drei war, in mein Haus zu kommen und bei mir einen Ebola-Test durchzuführen.

Amber und ich kannten Bev und ihren Mann Kendell, seit

wir nach Liberia gezogen waren. Bev war keine Ärztin. Sie hatte einen Doktortitel und war Spezialistin für Wasser und Hygiene, vor allem für die Versorgung mit sauberem Wasser und für die Abwasserentsorgung in Ortschaften. Aber sie hatte einen Monat in Foya gearbeitet, dem liberianischen Epizentrum des ursprünglichen Ebola-Ausbruchs, wo die Bedingungen viel schlechter waren als in Monrovia. Als Hygienikerin hatte sie nicht nur alles mit Bleiche dekontaminiert, sondern sie hatte auch Leichen in Leichensäcke verpackt und aus der Quarantänestation getragen. Was sie in Foya gesehen hatte, war entsetzlich gewesen.

Mit Nathalie und Alicia arbeitete ich noch nicht lange zusammen, aber bei ihrer Ankunft in Liberia hatte ich ihnen die Einführung gegeben.

Während wir auf das Ergebnis eines weiteren Malariatests warteten, sah ich zu, wie sie ihre Anzüge den Vorschriften entsprechend ablegten – wir nannten den Prozess Dekontaminierung, und ich hatte ihnen die Abläufe beigebracht. Mir kam der Gedanke, dass sie sich plötzlich fragen mussten, ob das, was wir die ganze Zeit taten, wirklich sicher war.

„Zweifle nie an Malaria"

Der Malaria-Schnelltest – mein dritter – war wieder negativ. Jetzt mussten sie die Blutprobe ins Labor schicken, damit sie auf Ebola getestet wurde.

Allmählich ärgerte mich die ganze Angelegenheit, denn ich wusste, dass ich drei Tage lang isoliert bleiben musste. Ich betrachtete das als Zeitverschwendung, wo es doch im Krankenhaus so viel zu tun gab, und wenn ich drei Tage fehlte, bedeutete das zusätzliche Arbeit für meine Kollegen.

Tamba Snells Blutprobe wurde in eine Tüte gepackt, diese wiederum in eine zweite Tüte und anschließend in eine Art Kühlbehälter. Nathalie, Alicia und Bev beendeten ihre Dekontaminierung und verstauten ihre Anzüge in einem Müllsack, den sie im Haus zurückließen. Bev sprühte jede Stelle meines Wohnzimmers ein, wo sie sich aufgehalten hatten. Abschließend besprühte sie auch meine Füße, und die drei Frauen gingen.

Ich fing an zu telefonieren.

Als Erstes fragte ich Lance Plyler, wie lange es dauern würde, bis wir das Ergebnis der Blutuntersuchung bekamen. Diese Frage konnte er mir nicht beantworten, weil er nicht wusste, wann die Labortechniker kommen und die Probe abholen würden, um sie ins Landeslabor zu bringen. Das Labor war vierzig Minuten entfernt und der einzige Ort in Liberia, an dem Ebola-Tests durchgeführt wurden. Es war zu gefährlich, Untersuchungen an möglicherweise mit Ebola infizierten Blutproben in einem normalen Labor vorzunehmen.

Dann rief ich meinen Nachbarn Eric Buller an. „Eric, ich muss dir etwas sagen, aber du darfst es deiner Frau nicht weitersagen, weil meine Frau es auch nicht weiß. Ich habe Fieber. Ich bin krank. Es geht mir nicht gut. Sie waren gerade hier und haben mir Blut für einen Ebola-Test abgenommen. Du sollst Bescheid wissen, weil Leute kommen und gehen werden – dann weißt du, was los ist. Und ich möchte, dass du für mich betest."

Dr. Debbie und ich hatten während des Ausbruchs der Krankheit als Partner eng zusammengearbeitet, und als Vertrauensärztin war sie diejenige, der Missionare Bericht erstatteten, wenn sie krank waren. Es war ihre Aufgabe, alle kranken Mitarbeiter zu behandeln. Also rief ich Debbie an, um ihr zu sagen, dass ich mich krank fühlte und mich zu Hause isoliert hatte.

Die erste Person, die ich in den USA anrief, war Scott Parker in Fort Worth. Er und seine Frau Tricia koordinierten unser Unterstützungsnetzwerk zu Hause. Scott ging nicht ans Telefon, daher schickte ich ihm eine SMS, um ihm zu sagen, dass ich angerufen hatte und mich in Kürze wieder melden würde. Außerdem bat ich ihn dranzugehen, wenn ich anrief. Er reagierte etwa zwanzig Minuten später und entschuldigte sich, weil er sein Telefon auf lautlos gestellt und meinen Anruf verpasst hatte. Er war bei der Arbeit, meinte aber, ich könne ihn anrufen, dann würde er rausgehen, um mit mir zu sprechen.

Es war ein kurzes Gespräch. Ich berichtete Scott, dass ich Fieber hatte, aber nicht glaubte, dass es Ebola sei. Außerdem erklärte ich ihm, dass ich Amber erst anrufen würde, wenn ich am nächsten Tag „ein negatives Untersuchungsergebnis" hatte, damit sie sich keine Sorgen machte. Ich bat darum, dass er und zwei unserer Freunde, Johny und Philip, für mich beteten.

Irgendwann während dieser Telefonate – ich glaube, als ich mit Lance sprach, aber sicher bin ich mir nicht – erfuhr ich, dass Nancy Writebol Malaria hatte. Am Tag zuvor hatte sie Geburtstag gehabt, und am Montag hatte sie mich gefragt, ob sie am nächsten Tag zur Arbeit kommen sollte. Wir waren in die neue Station umgezogen, und das hatte die Dienstpläne und unsere Abläufe geändert.

„Ich komme gerne arbeiten", sagte sie, „aber ich will nicht im Weg sein."

„Was hast du vor?", fragte ich sie.

„Ich möchte hier sein", antwortete sie. „Ich will helfen, aber es wäre schön, wenn ich nicht den ganzen Dienstag arbeiten müsste."

Ihr Mann David wollte sie abends zu einem Geburtstagsessen ausführen, deshalb wollte sie nicht ihre übliche Zwölf-Stunden-Schicht arbeiten. Wir beschlossen, dass sie früher Feierabend machen sollte.

Da ich am Dienstag so viel zu tun gehabt hatte, wusste ich nicht, dass sich Nancy bei der Arbeit nicht gut gefühlt hatte und deshalb am Nachmittag nach Hause gegangen war. Dr. Debbie hatte bei ihr einen Malariatest gemacht, der positiv ausgefallen war.

Als ich das erfuhr, stieg meine Hoffnung, dass auch ich Malaria hatte. Nancy und ich hatten beide lange Tage und viele Nachtschichten gearbeitet, und es konnte gut sein, dass ich vergessen hatte, meine tägliche Dosis Malarone zu nehmen. Außerdem gab es Unmengen von Moskitos vor ELWA 1, weil wir

Fässer und Eimer draußen gestapelt hatten, in denen wir in der Regenzeit Wasser sammelten. Einmal hatte ich die Fässer und Eimer ausgeleert und Moskitolarven in dem abgestandenen Wasser entdeckt. Es war durchaus möglich, dass ich von Moskitos gestochen worden war und wie Nancy Malaria bekommen hatte. Während ich noch im Bett saß und meine Anrufe erledigte, überlegte ich, ob ich weiterarbeiten oder ein Nickerchen machen sollte. Ich textete gerade mit Eric hin und her und fragte ihn, was ich machen sollte.

„Eigentlich müsstest du arbeiten", sagte er. „Aber wenn ich du wäre, würde ich mir einen Film anschauen."

Ich hatte keine besonderen Symptome, aber mir war heiß und ich wurde müde. Also arbeitete und schlief ich nicht, sondern entschied mich für einen Film: *Black Hawk Down*. Es war sicher nicht die beste Idee, einen modernen Kriegsfilm anzuschauen, in dem jede Menge Leute starben, aber ich hatte ein paar DVDs von Dr. Debbie ausgeliehen und wusste, dass Amber diesen Film auf gar keinen Fall würde sehen wollen. *Black Hawk Down* war keine leichte oder erbauliche Unterhaltung ...

Nach dem Film legte ich mich hin.

Gegen fünf Uhr nachmittags kam Dr. Debbie mit einem Teller selbst gemachter Zitronenschnitten, die sie an diesem Nachmittag gebacken hatte, zu meinem Haus. Sie stand auf der Veranda und reichte mir vorsichtig den Teller, wobei ich bewusst den gegenüberliegenden Rand anfasste. Debbie hatte einen kleinen Zettel auf die Schnitten gelegt, um mich aufzumuntern. Darauf stand: „EVRFN."

„Ebola-Virus-resistente Fertignahrung", sagte sie, als wären es Militärrationen. Wir lachten beide.

Joni Byker, die Hauptprojektleiterin bei SP Liberia, brachte mir zum Abendessen Hühnchen mit Beilagen. Wie Debbie kam auch sie nicht ins Haus und die Tellerübergabe erfolgte mit besonderer Vorsicht.

Joni sah mich mit einer „Ich weiß nicht, was ich sagen soll"-Miene an. Es war merkwürdig, diesen Blick bei jemandem zu sehen, mit dem ich so eng zusammengearbeitet hatte. Sie sagte, sie würde für mich beten, und ich dankte ihr für das Essen. Ihr Hühnchen war so köstlich, dass ich jeden Bissen verzehrte. Dann schickte ich ihr eine SMS: „Danke für das Essen. Es war superlecker. Hab alles aufgegessen. In drei Tagen bekommst du die Schüsseln zurück." Ich wusste einfach, dass der Ebola-Test negativ ausfallen würde und ich wieder arbeiten gehen konnte, also würde ich Joni ihr Geschirr persönlich zurückgeben. Ich konnte kein Ebola haben, weil mir nicht bewusst war, irgendwann dem Virus ausgesetzt gewesen zu sein.

Ich rief John Fankhauser an. Seine Frau Beth nahm den Anruf entgegen. John war am Strand schwimmen gegangen, um sich ein paar Minuten vom Stress im Krankenhaus zu erholen, und sein Handy hatte er zu Hause gelassen. Ich erzählte Beth nicht, dass etwas nicht stimmte, sondern nur, dass ich mit John sprechen wollte. Beth sagte, an diesem Abend würde die wöchentliche Gebetsversammlung der SIM-Missionare bei ihnen stattfinden. Amber und ich hatten die Gruppe in der letzten Woche zu Gast gehabt – in dem Haus, in dem ich jetzt gefangen war.

Mit Lance besprach ich am Telefon, ob ich anfangen sollte, ein Mittel gegen Malaria zu nehmen. Alle Missionare hatten entsprechende Tabletten zu Hause – gleich neben den Schnelltests.

„Ich glaube nicht, dass du Malaria hast, schließlich waren alle drei Tests negativ", gab er zu bedenken.

„Lance", sagte ich, „du zweifelst vielleicht daran, dass es Malaria ist, aber ich lebe seit neun Monaten hier und habe gelernt, die Symptome von Malaria nie in Frage zu stellen. Mir ist egal, was die Tests ergeben haben. Wenn jemand an einer fiebrigen Erkrankung leidet, ist es Malaria, bis das Gegenteil bewiesen ist. Und was schadet es schon, wenn ich das Mittel nehme? Es hat nicht viele Nebenwirkungen."

Wir beendeten unser Telefonat, ohne eine Entscheidung zu treffen, und später schrieb er mir eine SMS: „Ich bin einverstanden. Fang mit deiner Malariabehandlung an."

„Hab ich schon", schrieb ich zurück.

Ich hatte Amber und die Kinder jeden Tag angerufen, seit sie in Texas angekommen waren. Nun überlegte ich, ob es ratsam sei, sie auch heute anzurufen. Ich wollte meiner Frau nicht erzählen, dass es mir nicht gut ging, bis ich ihr gleichzeitig sagen konnte, dass mein Ebola-Test negativ ausgefallen war.

Meine Entscheidung wurde mir schließlich abgenommen, denn gegen neun Uhr abends, nachdem ich wie gewohnt meinen Tagebucheintrag verfasst hatte, schlief ich ein.

Amber

Am Mittwochmorgen fuhr ich mit den Kindern nach San Angelo, Texas, das etwa hundertfünfzig Kilometer von Abilene entfernt ist. Kents Bruder Chad ist dort Zahnarzt, und er kontrollierte unsere Zähne und reinigte sie professionell. Anschließend gingen die Kinder und ich mit Chad essen und sahen seine kleine Tochter Sydney zum ersten Mal.

Wir aßen in der *Cork and Pig Tavern*, einem Restaurant, bei dem wir jedes Mal in San Angelo Halt machten. Während des Essens warf ich einen Blick auf mein Telefon, um zu sehen, wie spät es war. Liberia ist Texas fünf Stunden voraus, also war es in Monrovia bereits Abend.

„Kent hat mich heute den ganzen Tag nicht angerufen, der kleine Gauner", sagte ich.

Chad lachte, und wir setzten unsere Unterhaltung fort.

Als ich an diesem Abend mit den Kindern nach Abilene zurückfuhr, hatte ich noch immer nichts von Kent gehört. Ich fragte mich, warum er nicht angerufen hatte, da wir sonst jeden Tag telefonierten. Allerdings wusste ich, wie viel er zu tun hatte, und machte mir keine weiteren Gedanken darüber.

Kent

Obwohl es mir im Laufe des Tages immer schlechter ging, erwies sich der Mittwoch als richtig guter Tag. Ich verbrachte Zeit damit, in der Bibel zu lesen sowie in Oswald Chambers

Andachtsbuch *Mein Äußerstes für sein Höchstes*, das Ed Carns mir geschenkt hatte, als er im April bei mir gewohnt hatte. Ich schrieb in mein Tagebuch:

Sieht aus, als hätte ich jetzt ein paar Tage Zeit zum Ausruhen. Aber es ist keine vollständige Ruhe. Wie der Verfasser des Hebräerbriefes sagte: „Heute, wenn ihr meine Stimme hört, dann verschließt eure Herzen nicht wie eure Vorfahren, als sie sich erbittert gegen mich auflehnten" (Hebräer 3,15). Die Verheißung, dass wir in seine Ruhe eingehen werden, gilt immer noch, also wollen wir niemals aufgeben. „Darum lasst uns alles daransetzen – spoudazo –, zu dieser Ruhe Gottes zu gelangen" (Hebräer 4,11a).

Irgendwann in einem Seminar hatte ich einmal *spoudazo* an den Rand meiner Bibel geschrieben. Es ist der griechische Begriff für „alles daransetzen".

Dann schrieb ich einen anderen Vers aus dem Hebräerbrief ab: „Er tritt für uns ein, daher dürfen wir mit Zuversicht und ohne Angst zu Gott kommen. Er wird uns seine Barmherzigkeit und Gnade zuwenden, wenn wir seine Hilfe brauchen" (4,16).

„Mit Zuversicht" unterstrich ich.

Inspiriert von einem Lied, dass ich schon lange liebte, schloss ich mit den Worten: „In meinem Leben, Herr, sollst du heute verherrlicht sein."

Ich fühlte mich nicht jeden Tag in Liberia so, aber diese Art Glaubensgedanken nahm ich mit in meine Krankheit. Auch heute noch betrachte ich es als Geschenk Gottes, dass ich am Mittwoch diese besondere Zeit mit Gott hatte. Denn zu diesem Zeitpunkt wusste ich noch nicht, dass ich gerade dabei war, den ersten Schritt in meinen ganz persönlichen Kampf gegen Ebola zu tun.

9. BETEN FÜR DENGUEFIEBER

Kent

Der Test von Tamba Snell war zurück: kein Ebola. Ich war nicht überrascht, als ich das Ergebnis am Donnerstag erfuhr. Genau das hatte ich erwartet. Aber ich wusste auch, dass dieses Ergebnis so gut wie nichts bedeutete.

Es kann bis zu zweiundsiebzig Stunden dauern, bis Ebola durch einen Test nachweisbar ist. Unsere Regeln auf der Station besagten, dass ein negativer Test in den ersten drei Tagen der Krankheit nicht aussagekräftig war. Wir ignorierten dieses negative Ergebnis und verhielten uns so, als hätte der Patient Ebola. Den Test machten wir nur, um zu sehen, ob er positiv war. Wenn innerhalb der ersten drei Tage ein positives Ergebnis vorlag, wussten wir genau, womit wir es zu tun hatten. Ansonsten warteten wir, bis das Ergebnis eines zweiten Tests eintraf.

Der entscheidende Test würde am Samstag stattfinden, wenn sie mir noch einmal Blut abnahmen. Meine Einstellung bis dahin war: Solange ich ein negatives Ergebnis hatte, war es nicht positiv.

Möglicherweise bin ich wirklich an Malaria erkrankt, trotz der negativen Tests. Oder vielleicht ist es Denguefieber?

Denguefieber ist eine elende Krankheit. Wir haben sie in Westafrika gesehen, aber sie war nicht sehr verbreitet. Denguefieber ist eine Tropenkrankheit, die wie Malaria durch Moskitos übertragen wird. Sie ist Malaria sehr ähnlich, kann aber darüber hinaus hämorrhagisches Fieber und heftige Schmerzen auslösen. Manchmal wird die Krankheit auch als Knochenbrecher-Fieber bezeichnet, weil Patienten, die an Denguefieber leiden, das Gefühl haben, ihre Knochen würden brechen. Eine Behandlung gibt es nicht dagegen, aber die meisten Menschen überleben Denguefieber, vor allem, wenn sie das erste Mal damit infiziert sind. Niemand wünscht sich, diese Krankheit zu bekommen. Aber angesichts der Möglichkeit, dass ich Ebola haben könnte, betete ich für Denguefieber.

John Fankhauser hatte mir an dem Morgen eine SMS geschickt, in der er fragte, wie es mir gehe. Ich fühlte mich elend und müder als am Tag zuvor. Aufgrund des negativen Ebola-Tests sprachen wir über die Möglichkeit, dass ich an Denguefieber erkrankt sein könnte. Wir beschlossen, mit der Malariabehandlung weiterzumachen, trotz der negativen Tests. Außerdem begann ich ein Antibiotikum zu nehmen, um mögliche andere Infektionen zu bekämpfen.

John erzählte mir, dass Beth Hühnersuppe mit Nudeln gekocht hatte und er mir gleich etwas davon bringen würde. Als er kam, reichte er mir die Suppe durch die Haustür. Ich stand dort und sprach mit ihm, als ich plötzlich von einer Übelkeit erfasst wurde, wie ich sie noch nie erlebt hatte.

„Ich glaube, ich muss mich hinsetzen", sagte ich zu John.

Ich wich zurück, stellte die Suppe auf den Couchtisch und ließ mich aufs Sofa fallen. Gleich darauf rollte ich mich stöhnend hin und her, meine Haut fühlte sich klamm an und war ganz blass. John stand vor der Tür und sah zu; weil er keinen Schutzanzug trug, konnte er nicht hereinkommen, um mir zu helfen.

Die Übelkeit dauerte nur wenige Minuten, und als ich mich ein wenig erholt hatte, ging John. Viel später erfuhr ich, dass John, nachdem er gesehen hatte, wie elend ich da auf meiner Couch saß, jemandem im Krankenhaus erzählt hatte: „Ich glaube, Kent hat Ebola. Irgendwas stimmt hier nicht."

Nachdem die Übelkeit sich gelegt hatte, aß ich Beths Suppe und verbrachte den Großteil des Tages damit, immer mal wieder einzudämmern. Am frühen Nachmittag maß ich meine Temperatur und musste feststellen, dass sie auf 39,5 Grad

Celsius gestiegen war. Ich nahm Tylenol, und als ich das nächste Mal nachsah, war das Fieber wieder bei 38 Grad.

Mittags rief ich Amber an.

Amber

Kents Stimme klang normal, aber er erzählte mir, er sei krank, habe Fieber und leide außerdem an Kopf- und Gliederschmerzen, Druck auf den Augen und Müdigkeit. Gleich anschließend berichtete er von dem negativen Ebola-Test, den negativen Malaria-Tests und dass John und er beschlossen hatten, ihn mit Antibiotika und Mitteln gegen Malaria zu behandeln, während alle hofften, dass er Denguefieber hatte.

Zu hören, wie krank er war, war wie ein Schlag in die Magengrube für mich. Ich hatte gehört, wie die Frau eines Soldaten sich fühlt, wenn ihr Mann im Kampf verwundet wurde und im Feldlazarett liegt – Tausende Kilometer von ihren liebenden Armen entfernt. So kam ich mir vor. Es war furchtbar für mich, dass ich nicht dort war, um für ihn zu sorgen. Ich wollte ihn sehen und mich versichern, dass es ihm gut ging.

Meine Eltern sind Hauseltern in einem Kinderheim in Abilene, und sie waren auf einer Jugendfreizeit mit ihren sieben Pflegekindern im Teenageralter, als Kent anrief. Später am selben Nachmittag kamen sie zurück. Ich wartete, bis die Jugendlichen nicht in der Nähe waren, während wir am Tisch saßen, und sagte: „Kent ist krank. Sie haben ihn auf Ebola getestet, aber der Test war negativ. Jetzt müssen sie drei Tage warten, bis sie ihn wieder untersuchen können, und bis zu seinem zweiten Test muss er isoliert bleiben. Aber ihr sollt auf jeden Fall wissen, dass er krank ist, und für ihn beten."

Wir sagten keinem anderen Familienmitglied etwas davon, auch nicht Ruby und Stephen. Ich wusste, dass Kent bis Samstag isoliert sein würde, und dann würden sie einen weiteren Ebola-Test machen. Und ich wusste auch, wie entscheidend dieser Test war. Mir war klar, dass wir, was Kents Gesundheitszustand betraf, in der Schwebe sein würden, und ich wollte keine Panik in unserer Familie verursachen. Mir war wichtig, dass alle sich auf die Hochzeit meines Bruders konzentrierten. Für die anderen sollte alles so normal wie möglich sein – auch wenn es das für mich nicht war. Ich hatte Angst um Kent. Ich hatte Angst vor dem nächsten Ebola-Test.

Währenddessen versuchte ich, den Gedanken an Ebola zu verdrängen und darauf zu vertrauen, dass Kent eine andere Krankheit hatte. Ich wusste jedoch, dass Ebola eine realistische Möglichkeit war.

Bevor ich einschlief, schrieb ich in mein Tagebuch von meiner Unterhaltung mit Kent. Meine abschließenden Worte waren:

Ich habe mehr Angst davor, dass er stirbt, als vor meinem eigenen Tod. Ich habe Angst davor, eine alleinerziehende Mutter zu sein. Ich habe Angst, Kent nach sechs Jahren Ehe zu verlieren. Ich habe Angst davor, dass meine Kinder ohne ihren Papa aufwachsen.

Herr, hilf uns.

In dieser Nacht schlief ich schlecht. Ich träumte, ich säße in einer Trauerfeier für Kent in unserer Gemeinde in Fort Worth. Alle Plätze unten und auf der Empore waren belegt, auch in den Gängen und hinten im Raum standen Menschen. Ich konnte nicht aufhören zu weinen. Eine gute Freundin von mir, Charla Hilligoss, hatte ein Jahr zuvor ihren Mann verloren. Auch Charla war in meinem Traum und hielt mich nach dem Gottesdienst lange im Arm. Aber die Tränen flossen weiter.

Kurz vor fünf Uhr morgens am Freitag schickte ich Kent eine Nachricht: „Ich bin wach." In Monrovia war es fast zehn Uhr morgens, und ich dachte, er könnte bereits aufgewacht sein.

„Sollen wir facetimen?", schrieb er zurück.

Das taten wir, und Kent sah wirklich müde aus. Er sagte, es gehe ihm immer noch schlecht und er habe 38,9 Grad Fieber. Außerdem war er einsam und langweilte sich.

Ich erzählte ihm von meinem Traum.

„Ich fühle mich nicht, als würde ich sterben" erwiderte er.

Die Beweise erhärten sich

Kent

Als wir miteinander sprachen, sagte Amber nicht, dass sie Angst hatte, aber ich bin mit ihr verheiratet – ich spürte, dass sie sich ängstigte. Ich wollte für sie stark klingen. Außerdem glaubte ich, dass es mir im Falle einer Ebola-Infektion bereits deutlich schlechter gehen würde. Deshalb sagte ich zu ihr, ich hätte nicht das Gefühl zu sterben.

Allerdings fühlte ich mich schlechter als am Tag zuvor. Darüber hinaus schwand meine Hoffnung, ich könnte Malaria haben. Seit zwei Tagen nahm ich bereits Medikamente gegen diese Erkrankung – und eigentlich müssten die Symptome zurückgehen und nicht schlimmer werden, wenn es sich um Malaria handelte.

Am Freitagmorgen stieg mein Fieber auf 40 Grad. John und Nathalie kamen um die Mittagszeit, um mich zu sehen. John wollte mir intravenöse Antibiotika verabreichen. Nathalie legte den IV-Zugang, und dann gaben sie mir zwei Gramm Ceftriaxon, ein Breitband-Antibiotikum, mit dem eine Vielzahl bakterieller Infektionen behandelt wurde. Anschließend bekam ich Nährlösungen.

Ich fühlte mich nicht dehydriert, aber John wollte einem Flüssigkeitsverlust vorbeugen, der eventuell drohte. Wir hatten Ebola-Patienten gesehen, die so intensiven Durchfall hatten, dass wir sie nicht ausreichend hydrieren konnten. Wenn ich zurückblicke, war diese Entscheidung von John vielleicht eine der wichtigsten in meiner anfänglichen Behandlung.

Wir hatten manchen Patienten zwölf Liter Flüssigkeit am Tag verabreicht, was sehr viel war. Ohne die automatischen Pumpen mussten wir neben dem Bett stehen und den Infusionsbeutel ausdrücken, bis die ganze Flüssigkeit verabreicht war. Das konnte zwischen fünfzehn und fünfundvierzig Minuten dauern. Wir konnten den Infusionsbeutel nicht einfach aufhängen und gehen. Ein Patient, der auf die Toilette ging, sich übergab oder ins Delirium fiel und sich hin- und herwarf, könnte die Kanüle herausziehen – und dies führte meist zu einer Blutung. Blutungen waren gefährlich für den Patienten, ganz zu schweigen von den Ärzten und Pflegekräften. Ärzte sind in der Regel grässliche Patienten, und ich bin da gewiss keine Ausnahme. Aber wenigstens wusste ich, was man mit einer Infusion macht. Deshalb musste John nicht dort stehen und die ganze Flüssigkeit in mich hineindrücken. Einen Teil der Flüssigkeit verabreichte er mir allerdings als Bolus-Injektion – also eine große Menge in kurzem Zeitraum, um die Wirkung zu beschleunigen.

Nathalie ging, kurz nachdem der Tropf gelegt war, während John noch eine Stunde bei mir blieb. Mein Kopf hämmerte, ich fühlte mich schwach und ein bisschen verwirrt. Ich hatte am Donnerstag um selbst gemachten Joghurt gebeten, und die Bullers hatten welchen für mich zubereitet. John hatte den Joghurt mitgebracht und ich aß ein wenig davon. Als ich in Johns Anwesenheit das letzte Mal meine Temperatur maß, lag sie bei knapp 39,7 Grad.

Ich rief meine Eltern an und sagte ihnen, dass ich krank sei und Fieber habe, dass der Ebola-Test jedoch negativ gewesen war. Angehörige und enge Freunde schickten mir Textnachrichten. Ich wusste nicht, wie viele Menschen zu Hause wussten, dass ich krank war, aber ich wurde nicht mit Nachrichten bombardiert, weil Amber und ich mit *Viber* in die USA kommunizierten, einem kostenlosen Telefon- und Nachrichtendienst. Nur diejenigen, die *Viber* hatten, konnten mir eine Nachricht schicken. Normalerweise habe ich gerne Gesellschaft. Je mehr Menschen um mich herum sind, desto besser. Aber während mein Zustand sich verschlechterte, hatte ich nicht die Kraft – körperlich und seelisch – für lange Unterhaltungen.

Am Freitagnachmittag hatte ich zum ersten Mal Durchfall. Ich nahm seit zweieinhalb Tagen Lonart, eine orale Medikation gegen Malaria. Weil ich immer noch hohes Fieber hatte, wollte John mir die Maximalbehandlung für Malaria geben, nämlich intravenöses Artesunat. Das war die einzige intravenöse Medizin gegen Malaria, die wir Ebola-Patienten gaben. Die anderen Medikamente hatten zu viele Nebenwirkungen, die mit den Symptomen von Ebola übereinstimmten und damit das klinische Bild verzerrten, sodass wir nicht mehr sagen konnten, ob ein Patient unter den Nebenwirkungen des Medikaments litt oder das Ebolafieber schlimmer wurde.

Im ELWA gab es jedoch kein Artesunat mehr. Also rief John William Sulonteh, den Apotheker des Krankenhauses an und bat ihn, sein Möglichstes zu tun, um das Medikament aufzutreiben. Abgesehen von einigen Auserwählten wusste niemand, dass ich krank war. Ich war immer noch Tamba Snell, deshalb konnte John unserem Apotheker nicht sagen, dass das Medikament für mich gedacht war.

„Geben Sie sich Mühe, so als würden Sie das Medikament für Ihre Mutter oder Ihren Bruder suchen", sagte John zu ihm.

Genau das tat Mr Sulonteh, indem er den Großteil des Tages damit zubrachte, Artesunat aufzutreiben. Fünf Apotheken, die er anrief, hatten keins, darunter auch das JFK und das *Redemption Hospital* in New Kru Town. Endlich, gegen drei Uhr nachmittags, machte er eine Packung des Medikaments im staatlichen Tuberkulose-Krankenhaus in Monrovia ausfindig. Er konnte den dortigen Apotheker überreden, ihm das Medikament zur Verfügung zu stellen. Irgendwann nachmittags kam William dann wieder – mit dem Artesunat.

Eine Stunde später zog John bei mir zu Hause den Schutzanzug an und begann, mir das Mittel intravenös zu verabreichen.

Dankbar für Gatorade und Getränkepulver

Das isotonische Getränk Gatorade ist in Monrovia ein Luxus. Ich bat trotzdem darum. Auf der Ebola-Station wollten wir den Patienten so viel Flüssigkeit oral zuführen, wie wir konnten, um die intravenöse Versorgung zu ergänzen. Deshalb gaben wir ihnen eine orale Rehydrierungslösung. Sie bestand aus einem Elektrolytpulver, das wir mit Wasser mischten und das normalerweise nach Orange schmeckte. Ich würde es ja als „selbst gemachtes Gatorade" bezeichnen, aber das würde andeuten, dass es wie Gatorade *schmeckte*, und ich will nicht beschuldigt werden, das behauptet zu haben.

Die Mischung schmeckte scheußlich. Einfach grauenhaft. Irgendwann im Juli war ich ungefähr vier Stunden auf der Ebola-Station gewesen. So lange hatte ich den Schutzanzug noch nie am Stück getragen, und ich war schweißgebadet. Meine OP-Kleidung fühlte sich an, als wäre ich in ein Schwimmbecken gesprungen. Nancy war vor der Station für die Dekontaminierung und für Botengänge zuständig. Ich sagte zu ihr, ich würde gerne etwas von unserer Elektrolytmischung trinken, wenn ich fertig war, damit ich nicht dehydrierte.

Ich verließ die Station, durchlief den Dekontaminierungsprozess und trank einen Schluck von dem Getränk. Es schmeckte wie warmes Meerwasser. Einen zweiten Schluck nahm ich nicht, sondern trank stattdessen Wasser. Ich konnte nicht fassen, dass unsere Patienten dieses Zeug zu sich nehmen konnten.

Als ich krank wurde, riet man mir, diese Elektrolytlösung zu trinken.

„Auf keinen Fall!", stöhnte ich. „Das trinke ich nicht. Bitte, bringt mir Gatorade."

Ich glaubte wirklich nicht, dass ich genug von der scheußlichen Brühe zu mir nehmen könnte, um mich ausreichend mit Flüssigkeit zu versorgen. Dr. Debbie brachte mir Tang-Getränkepulver zum Anrühren, und andere sorgten dafür, dass ich einen Vorrat an Gatorade bekam.

Wer immer in mein Haus kam, um nach mir zu sehen, rührte mir ein Glas mit dem Getränkepulver an oder reichte mir eine Flasche Gatorade. Ich fühlte mich so elend und schwach, dass ich darum bat, meinen Proviant in einer bestimmten Reihenfolge neben meinem Bett aufzubauen. Alles hatte seinen Platz: das Thermometer, meine Wasserflasche, Gatorade und

Saftpulver, meine nächste Dosis Medikamente und eine Flasche mit Tylenol.

„Du bist aber ganz schön eigen", neckten meine Freunde mich.

Ich war nicht eigen; ich war praktisch. Ich war so geschwächt, dass ich all diese Dinge in unmittelbarer Nähe brauchte, damit ich keine Energie aufbringen musste, um aufzustehen und alles zu finden.

Obwohl mehr Menschen mein Haus betraten und verließen als sonst, versuchten wir so diskret wie möglich zu sein, um Spekulationen und Gerüchte zu vermeiden. Unser Haus hatte eine Tür nach hinten hinaus, die ich hätte aufmachen können, um mich mit Leuten draußen zu unterhalten, aber ich fühlte mich nicht stark genug, um aufzustehen und zum Hintereingang zu gehen. Stattdessen kippte ich das Schlafzimmerfenster am Fußende meines Bettes und zog die Gardine ein Stück auf, sodass diejenigen, die vorbeikamen, mit mir durchs Fenster sprechen konnten. Ich fürchte, ich war nicht besonders gesprächig, und ich konnte nicht lange wach bleiben, bevor ich wieder vom Schlaf übermannt wurde.

John musste in dieser Nacht im Krankenhaus einen Kaiserschnitt durchführen. Anschließend kam er zu mir, um mir mehr Flüssigkeit zu verabreichen. Er blieb bis etwa zwei Uhr morgens, um sich zu vergewissern, dass ich zum richtigen Zeitpunkt all die Medikamente bekam, die ich brauchte.

An diesem Abend schickte Amber mir eine Textnachricht. Wir unterhielten uns oft auf Spanisch, und sie schrieb mir: „Gute Nacht, *mi amor*. Pass auf dich auf."

Amber

Freitag war ein langer Tag. Ich konnte einfach nicht verdrängen, wie krank Kent war. Er war felsenfest davon überzeugt, dass es kein Ebola war. Aber ich hatte das ELWA-Krankenhaus besucht, um Kent und seinen Kollegen in der Quarantänestation Essen und Wasser zu bringen, und er hatte mir die Ebola-Patienten beschrieben. Kent und ich haben in unserer Ehe immer über medizinische Dinge gesprochen. Weil ich Krankenschwester bin, konnte Kent von der Arbeit nach Hause kommen und mit mir über seine Fälle reden, und ich verstand, was er mir beschrieb. In den zwei Monaten, die wir jetzt mit dem Ebola-Ausbruch lebten, musste er mit jemandem darüber sprechen. Es war zu belastend, es nicht zu tun.

Deshalb war ich nicht naiv, wenn es um Ebola ging.

Ich konnte nicht wissen, ob Kent sich mit Ebola infiziert hatte, aber ich konnte dafür beten, dass es Malaria oder Denguefieber war – so merkwürdig das klingt. Genaues würden wir erst erfahren, wenn am Samstag der nächste Test gemacht wurde. Ich wusste jedoch, dass mein Mann sehr, sehr krank war.

An diesem Abend schrieb ich in mein Tagebuch:

Er darf nicht sterben. Ich kann diese Kinder nicht alleine großziehen. Sie brauchen ihren Papa. Ich brauche ihren Papa.

Unser Hochzeitstag am 29. Mai 2008.

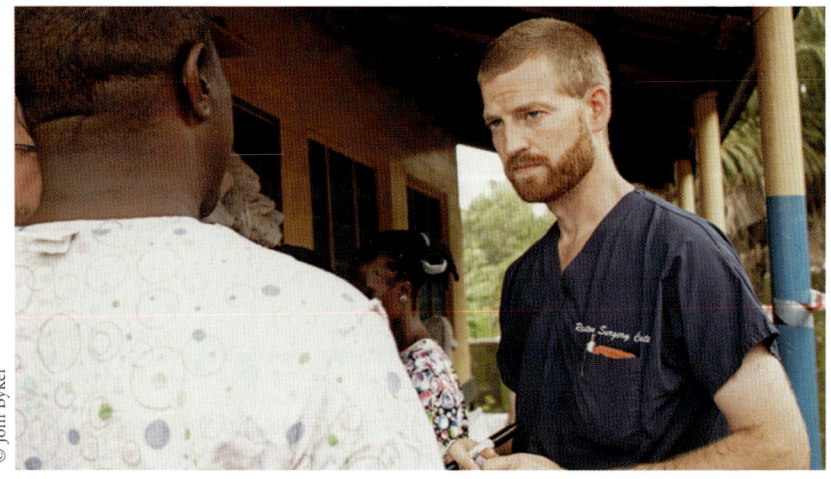

Kent bei der Arbeit mit Krankenhaus-Personal, vor dem ELWA1-Gebäude.

Kent (links) küm-
mert sich um
einen Patienten in
ELWA1. Das Mes-
sen der Vitalfunkti-
onen ist mit Schutz-
kleidung und ohne
Stethoskop oder
Armbanduhr sehr
herausfordernd.

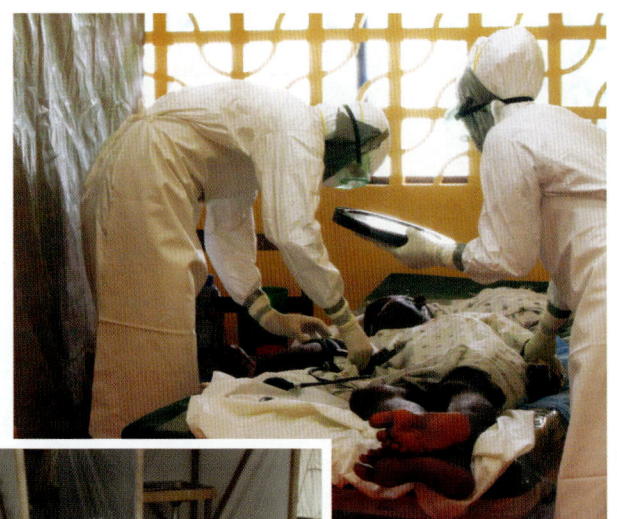

Kent spült Geschirr
ab, vor dem
ELWA1-Gebäude.

Kent, Gebah, Dr. Debbie und Nancy Writebol

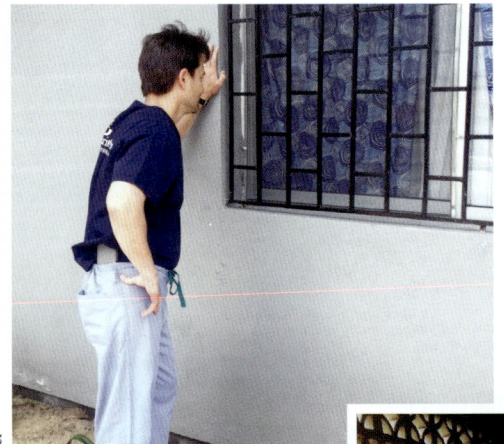

Dr. Lance Plyler
steht vor Kents
Schlafzimmerfenster
und erkundigt sich
nach seinem Befinden.

Dr. Lance Plyler hält
die Styropor-Kühlbox
mit ZMAPP in den
Händen.

Kent sitzt aufrecht
nach der Verabrei-
chung von ZMAPP.

Menschen auf der ganzen Welt haben für Kent gebetet. Die Mitglieder unserer Heimatgemeinde hielten sich beim Beten an den Händen, als sie von Kents Diagnose erfuhren.

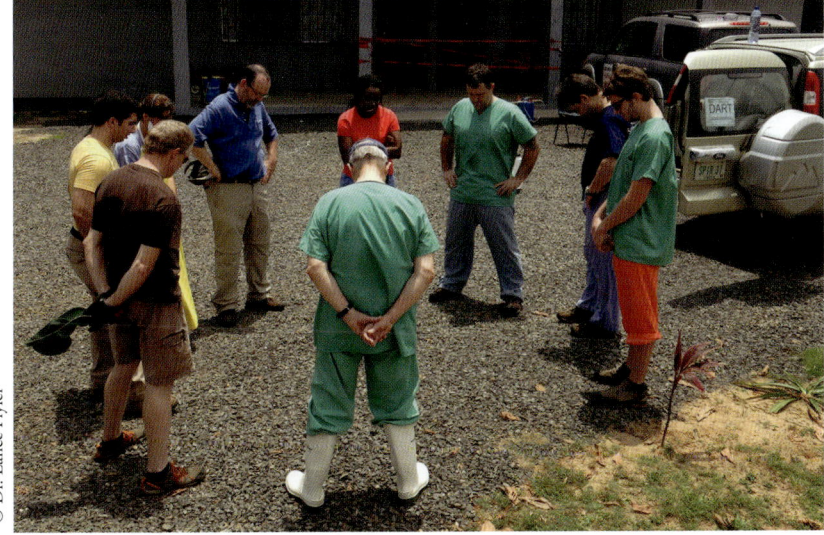

Das Pflegeteam von *Samaritan's Purse* vor dem Haus der Brantlys beim Gebet für Kent, nachdem er zur Evakuierung ausgeflogen wurde.

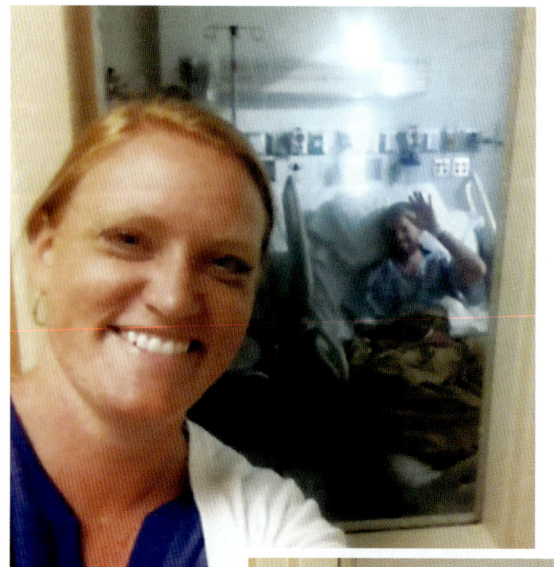

Endlich wieder vereint, auf der Quarantänestation im *Emory University Hospital*. Nun konnten wir uns wenigstens durch die Glastür sehen und über die Gegensprechanlage miteinander reden.

Kent steht immer noch unter Quarantäne, fühlt sich aber besser und checkt seine Anrufe und Textnachrichten.

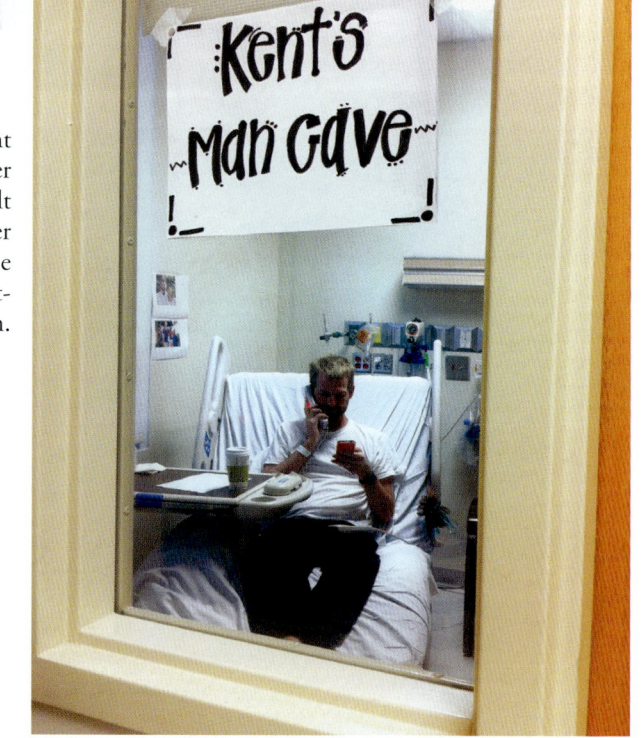

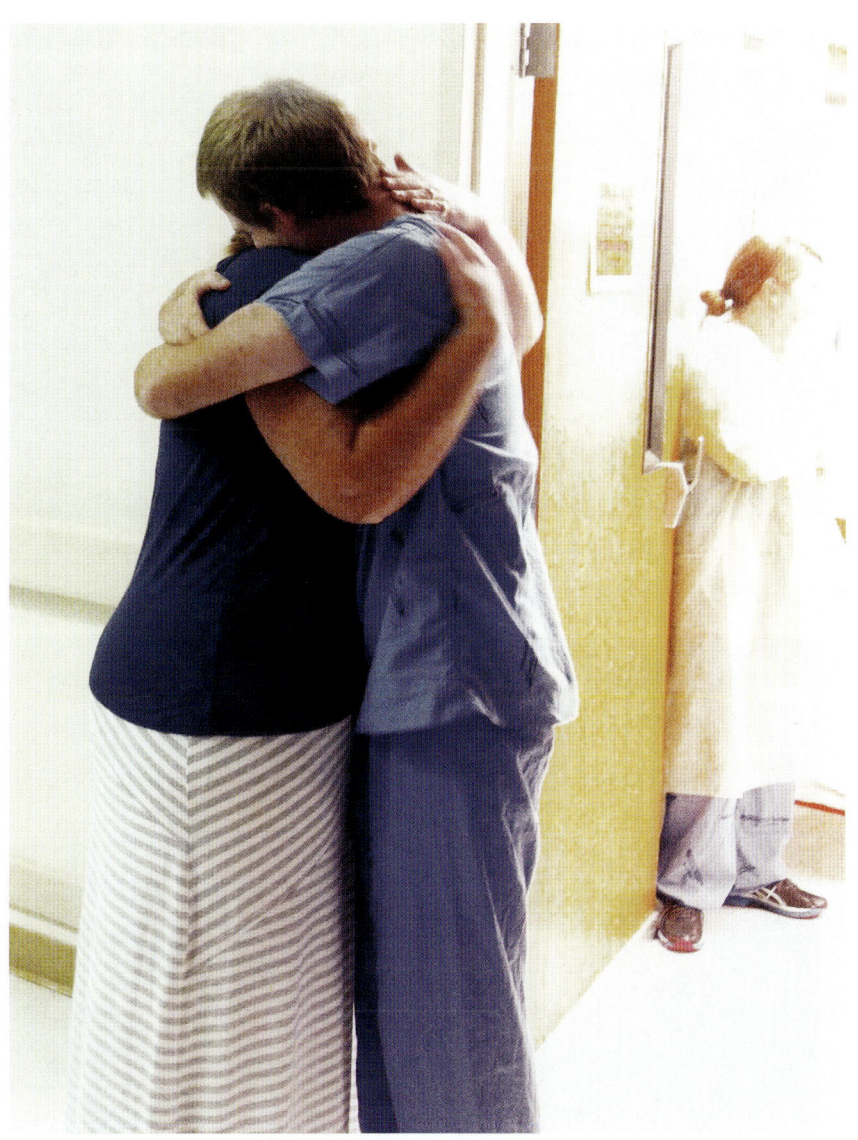

Kent darf am 20. August 2014 sein Quarantäne-Zimmer verlassen und hat zum ersten Mal seit einem Monat wieder Hautkontakt mit einem Menschen. Diese Umarmung werden wir nie vergessen!

Bei der Verabschiedung vom Personal des *Emory University Hospital* –
ohne Schutzkleidung!

Unser Treffen mit Präsident Barack Obama im *Oval Office*,
am 16. September 2014.

TEIL 4: POSITIV GETESTET

10. KENT ... HAT ... EBOLA

Kent

Ich musste Amber schreiben. Es war sieben Uhr morgens am Samstag, also in Texas zwei Uhr morgens. Ich wusste, dass Amber ihr Telefon nachts lautlos stellte und eine Textnachricht sie nicht wecken würde. Ich wollte, dass sie beim Aufwachen eine gute Nachricht vorfand.

„Meine Temperatur beträgt heute Morgen 37,9. Gott sei Dank!"

Dreieinhalb Stunden später schickte ich noch eine Nachricht: „Bist du wach?"

Kurz nach sechs Uhr schrieb sie zurück, sie sei gerade aufgewacht und wir könnten später miteinander sprechen.

Als John an diesem Morgen kam, um nach mir zu sehen, und Nathalie Blut für den zweiten Ebola-Test entnommen hatte, war meine Temperatur auf 37,2 Grad gesunken und meine Übelkeit hatte nachgelassen. Gegen Mittag ging John und informierte Dr. Debbie darüber, dass mein Zustand sich gebessert hatte.

Etwa um drei Uhr nachmittags war das Fieber wieder auf 39,7 Grad geklettert. Ich sagte John Bescheid.

„Bin unterwegs", antwortete er.

Amber

Am Samstag war ich ein einziges Nervenbündel. Ich wusste nicht, wann ich das Ergebnis von Kents zweitem Ebola-Test erfahren würde, aber den ganzen Tag über belastete es mich.

Wir haben eine Familientradition, nach der wir uns samstagsmorgens im Haus meiner Großeltern zum Kaffee treffen. Happy und Papa hatten ganz hinten im Schrank gekramt und die Spielsachen gefunden, mit denen ich bei ihnen gespielt habe, als ich klein war. Ruby und Stephen hatten einen Riesenspaß, und sie mit diesem Spielzeug zu sehen, weckte in mir schöne Erinnerungen.

Es waren ziemlich viele Leute bei meinen Großeltern versammelt, weil einige gekommen waren, um mich und die Kinder zu sehen, während wir dort waren. Außerdem gab es Dinge zu besprechen und zu planen, was die Hochzeit am kommenden Samstag betraf.

Nur meine Eltern wussten, dass Kent krank war, und so sollte es auch bleiben, bis wir wussten, ob er Ebola hatte oder nicht.

Während wir alle um den Küchentisch saßen und Kaffee tranken, war ich abgelenkt und schaltete mich immer mal wieder in die Unterhaltung ein. Mein Vater sah öfter zu mir herüber oder tätschelte meine Schulter, wenn er neben mir stand, weil er wusste, welche Sorgen ich mir machte. Er sorgte sich selbst um Kent.

Ich glaube, einen Großteil der Zeit saß ich gar nicht am Tisch, weil mir nicht nach Reden zumute war. Stattdessen saß ich mit den Kindern auf dem Boden und spielte, während ich mich bemühte, ruhig und gefasst zu wirken. Aber die ganze Zeit hing der Test wie eine dunkle Wolke über mir.

Kent
John verbrachte den Nachmittag mit mir. An diesem Abend weckte er mich kurz nach acht Uhr.

Ich war verwirrt, als ich aufwachte, so wie man es ist, wenn jemand einen aus dem Tiefschlaf reißt und man nicht weiß, wie spät es ist oder wo man gerade ist. Ich dachte, John hätte mich geweckt, um mir zu sagen, dass er jetzt ging. Tatsächlich hatte er mein Haus verlassen, während ich geschlafen hatte, und war gerade erst mit Lance Plyler zurückgekehrt. Ich hatte so fest geschlafen, dass ich überhaupt nicht gemerkt hatte, wie John gegangen war.

Nachdem ich zu John rechts neben mir aufgeblickt hatte, bemerkte ich Lance vor meinem Schlafzimmerfenster. Ich setzte mich im Bett auf und lehnte mich an das Kopfende. Noch immer versuchte ich, richtig wach zu werden, als Lance mir mit sachlicher, aber sanfter Stimme die Nachricht überbrachte: „Kent, mein Freund. Wir haben deine Untersuchungsergebnisse. Und es tut mir wirklich leid, dir sagen zu müssen, dass du Ebola hast."

Ich weiß nicht mehr, was genau ich zu Lance und John sagte, als ich nach dem nächsten Schritt fragte. Aber ich erinnere mich daran, dass John mein Schlafzimmer verließ, damit ich allein war, wenn ich Amber anrief. An das Telefonat selbst habe ich keinerlei Erinnerung.

Amber

Als mein Telefon klingelte, war es in Abilene vier Uhr nachmittags. Wir waren wieder zum Haus meiner Eltern zurückgekehrt, und ich eilte ins Schlafzimmer, wo ich ungestört war.

„Das Testergebnis ist da", sagte Kent. „Der Test ist positiv."

Ich wusste nicht, wie ich darauf reagieren sollte, aber ich spürte, dass Kent erwartete, ich würde etwas sagen.

„Das tut mir so leid", sagte ich zu ihm. Mehr brachte ich nicht heraus.

Dann fing ich an zu weinen. Kent weinte nicht. Er sagte mir mehrmals, welchen Frieden er spürte. Er war unglaublich ruhig. Wir sprachen nicht lange miteinander, nur wenige Minuten. Unsere letzten Telefonate waren wegen seiner Schwäche und Müdigkeit auch nicht lang gewesen, und er sagte, er müsse noch andere Anrufe erledigen. Wir sagten einander, dass wir uns liebten, und legten auf.

Mehrere Minuten lang lag ich auf dem Bett und weinte. Anschließend ging ich ins Bad, trocknete mir das Gesicht mit einem Handtuch ab und setzte mich wieder aufs Bett.

Dann schickte ich meinem Vater eine Nachricht: „Daddy."
Das war alles, was ich schreiben konnte. Mehr war auch nicht
nötig.

Dad kam schnell in mein Zimmer, gefolgt von meiner Mutter. Ich erklärte ihnen nichts. Sie wussten es auch so. Beide setzten sich neben mich aufs Bett und wir weinten. Ich hatte das
Gefühl, dass wir sehr lange so weinend auf dem Bett saßen und
einander umarmten.

Ein Anruf von Franklin Graham, dem Präsidenten und Geschäftsführer von *Samaritan's Purse*, unterbrach uns. Weder
Kent noch ich hatten ihn je getroffen oder mit ihm gesprochen.

„Amber, Franklin Graham hier."

Er zögerte.

„Ich weiß nicht, was ich sagen soll, denn ich kann Ihnen
nicht versprechen, dass alles gut wird. Aber wir werden für Kent
tun, was wir können. Meine Frau und ich beten für Sie."

Ich dankte ihm für seine Gebete und Anteilnahme.

„Ich weiß nicht, ob Ihnen das bewusst ist", fuhr er fort. „Dies
ist eine riesige internationale Nachricht."

„Nein", erwiderte ich. „Daran hatte ich nicht gedacht."

Franklin erklärte mir, dass die Öffentlichkeitsabteilung von
SP sich bald bei mir melden würde, um mir mit Rat und Tat
zur Seite zu stehen.

Ich hatte keine Ahnung, wie groß die Geschichte werden sollte – dass sie in der ganzen Welt Aufmerksamkeit erregen würde.
Oder wie bald das geschehen würde.

Kent

Gleich nachdem ich mit Amber gesprochen hatte, rief ich meine Eltern an. Wegen des hohen Fiebers habe ich bis heute eine
Art Amnesie. Es gibt Einzelheiten aus dieser Zeit, an die ich
mich nicht erinnern kann, und ich weiß nicht mehr viel über
das Gespräch mit meinen Eltern an jenem Tag.

Meine älteste Schwester Carole und ihre ganze Familie waren
bei meinen Eltern zu Besuch, und mein Neffe Brantly Houston

wohnte in dem Sommer bei ihnen, während er ein Praktikum in Indianapolis machte.

Ich fragte meine Eltern, ob alle zu Hause seien, und sagte ihnen, sie sollten sich irgendwohin zurückziehen, wo sie ungestört waren. Caroles Mann Duwain ging mit ihrem jüngsten Sohn nach draußen, während wir sprachen. Von dem Telefonat weiß ich nur noch, dass am anderen Ende alle weinten. Wie bei meinem Gespräch mit Amber weinte ich auch diesmal nicht. Selbst jetzt, wenn ich daran denke, wie ich meinen Eltern von dem positiven Test erzählte, kommen mir noch die Tränen. Aber an dem Tag damals nicht.

Meine Mutter rief meine anderen Brüder und Schwestern an, um ihnen die Nachricht zu überbringen. Im Laufe des Abends sprach ich mit allen. Ich kann mich auch noch erinnern, dass ich Scott Parker und David McRay in Fort Worth anrief, um es ihnen zu sagen und um ihre Gebete zu bitten.

Ich wusste damals nicht, dass unsere Nachbarn in der Doppelhaushälfte, Jake und Melanie Neiss und ihre beiden kleinen Kinder, nach meiner Diagnose ausziehen mussten. Unsere Haustüren lagen gleich nebeneinander, und Melanie war so freundlich gewesen, mir einen Krug mit Saftpulver und Wasser anzurühren, als ich darum bat, und hatte ihn durch die Tür geschoben. Kendell Kauffeldt rief Jake und Melanie an, als mein Testergebnis positiv war, um ihnen zu sagen, dass sie fünf Minuten Zeit hätten, ihre Hälfte des Hauses zu verlassen.

Ich hatte ein furchtbar schlechtes Gewissen, als ich davon erfuhr, weil sie wegen mir im Grunde genommen all ihr Hab und Gut verloren, obwohl ich nicht in ihrem Haus gewesen war und nichts von ihren Sachen mit Ebola infiziert gewesen sein konnte. Rückblickend scheint es unnötig, dass sie ausziehen mussten, aber unsere Situation war beispiellos, und wir konnten nicht vorsichtig genug sein.

Lieder und Gebete

Amber

An diesem Abend veranstalteten wir eine kleine Geburtstagsfeier für meinen Bruder Kevin. Ich weiß noch, dass meine
Großeltern mit zwei Geschwistern da waren. Zum Glück war es
nicht Kevins tatsächlicher Geburtstag. Was für ein Geburtstag
wäre das gewesen.

Das Kinderheim, in dem meine Eltern wohnen, liegt auf einem wunderschönen Gelände, und ich beschloss, einen Spaziergang zu einer abgelegenen Stelle zu machen, wo ich etwas Zeit
für mich verbringen und das Geschehene verarbeiten konnte.
Ich wanderte über ein Feld und durch einen Hain aus Süß-
hülsenbäumen. An einem Metallzaun blieb ich stehen, und ein
paar Pferde, die das Heim für Reittherapie benutzte, kamen auf
mich zu. Eines kam ganz nahe und ließ sich von mir streicheln,
so lange, wie ich wollte. Als ich so an dem Zaun stand, eine
Hand auf dem Kopf des Pferdes, fand ich eine Zeit der Ruhe
und des Friedens, die ich so dringend brauchte. Das Pferd hat
mir einen großen Gefallen getan.

Süßhülsenbäume können krumm und knorrig wachsen, vor
allem in diesem Teil von West Texas. Ein Baum hatte einen di-
cken, tiefen Ast, der parallel zum Boden vom Stamm abstand,
ungefähr auf der Höhe einer Schaukel. Ich kletterte hinauf und
setzte mich auf diesen Ast. Jetzt, Ende Juli, war es in Texas ziemlich warm, aber im Schatten des Baumes war es angenehm.

Ich hatte mein Telefon mitgenommen, weil Kent und ich uns
hin und wieder Nachrichten schickten, um voneinander zu hören. Allmählich machte die Neuigkeit die Runde, und Freunde
schickten mir SMS und E-Mails. Einige dieser Nachrichten las
ich. Die meisten nannten mir Bibelverse zur Ermutigung. Wenn
die Texte gleich in die Mail hineinkopiert waren, las ich sie.

Ich kann mich erinnern, dass ich folgende Worte von Paulus
las: „Um Christus allein geht es mir. Ihn will ich immer besser
kennen lernen und die Kraft seiner Auferstehung erfahren, aber

auch seine Leiden möchte ich mit ihm teilen und seinen Tod mit ihm sterben. Dann werde ich auch mit allen, die an Christus glauben, von den Toten auferstehen" (Philipper 3,10-11). Kent und ich litten beide, wenn auch auf unterschiedliche Weise. In diesem Leid fühlte ich mich mit Kent verbunden und ich fand Trost in einer anderen Aussage von Paulus: „Denn Christus ist mein Leben und das Sterben für mich nur Gewinn" (Philipper 1,21).

Nach und nach kamen mir Lieder in den Sinn, zum Beispiel „Sei bei mir, Herr." Ich suchte den Text mit meinem Smartphone. Das Lied fängt so an: „Sei bei mir, Herr. Ohne dich kann ich nicht leben." Dann suchte ich „Bleibend ist deine Treu" und kopierte den Text in meine Memo-App. Was für eine kraftvolle Botschaft, die ich mir in diesem Moment zusingen konnte:

Bleibend ist deine Treu, oh Gott mein Vater.
Du kennst nicht Schatten, noch wechselt dein Licht.
Du bist derselbe, der du warst vor Zeiten.
An deiner Gnade es niemals gebricht.

Ich konnte keine eigenen Gebete formulieren. Diese Lieder wurden meine Gebete.

Dann fiel mir ein weiteres Lied ein, das früher für Kent und später auch für uns als Familie eine besondere Bedeutung hatte.

Im Jahr 2006 hatte Kent an einem Missionseinsatz in Honduras teilgenommen. Er besaß ein Telefon, das die Missionare ihm gegeben hatten, damit sie untereinander in Verbindung waren. Als er in einem Bergdorf Sprechstunde hielt, bekam er einen Anruf von zu Hause. Sein Großvater war unerwartet an einem Herzinfarkt gestorben.

Kent organisierte seine Rückkehr in die Heimat, um an der Beerdigung teilzunehmen. Am nächsten Tag stieg er in ein Flugzeug, das ihn in die USA zurückbrachte. Er hatte einen CD-Spieler bei sich und eine CD der Gruppe *Jars of Clay*, die beliebte christliche Lieder sang. Nachdem Kent an Bord gegangen war, gab es eine lange Verzögerung, und er saß dort und hörte das Lied „Ich brauch dich allezeit" in Wiederholungsschleife.

Das Lied immer wieder zu hören, tröstete Kent nach dem Verlust seines Großvaters. So wie für mich, als ich jetzt in diesem Baum saß, wurde ein Lied sein Gebet in einer Zeit der Trauer. Diese Hymne bedeutet ihm immer noch sehr viel.

Nachdem Ruby 2009 geboren wurde, sang er ihr das Lied jeden Abend vor, während wir versuchten, sie zum Einschlafen zu bringen. Ich glaube, Kents Lieblingsstrophe war:

Ich brauch dich allezeit, in Freude wie in Leid.
Du bist mein' Sonn' und Schild, jetzt und in Ewigkeit.
Ich brauch dich, oh ich brauch dich;
Jesus, ja ich brauch dich!
Ich muss dich immer haben.
Herr, segne mich!

Ruby hörte dieses Lied so oft, dass sie es im Alter von achtzehn Monaten vor sich hinsang, was wir mit dem Handy als Video aufnahmen. Man musste Babysprache können, um sie zu verstehen, aber es war offensichtlich, dass sie jedes Wort kannte.

Diese Lieder zu singen und zu beten, ließ meinen Kummer nicht verschwinden. So gerne ich es auch tun würde, kann ich nicht behaupten, dass ich denselben Frieden verspürte, von dem Kent sprach. Ich glaubte, dass mein Mann sterben würde. Ich litt. Ich hatte Angst. Doch durch diese Lieder konnte ich mit Gott in Verbindung treten, als ich keine eigenen Worte fand, um zu beten.

In schwierigen Zeiten hatten Kent und ich gelernt, an das zu denken, was Gott in unserem Leben getan hat, sowie an die Berufung, die er uns gegeben hat. Dadurch gerät alles in die richtige Perspektive. Wir hatten ältere Missionare sagen hören, die Arbeit in der Mission sei nicht ohne Risiken. Es gebe kein Versprechen, dass wir immer von Gefahr verschont sein würden und der nächste Tag sei nie selbstverständlich. Aber die

Missionare konnten aus ihrer eigenen Erfahrung sprechen und uns versichern: Der sicherste Weg, auf dem wir uns befinden können, ist dem Willen Gottes zu folgen.

In C. S. Lewis' Kinderbuchklassiker *Der König von Narnia* begegnen vier Kinder im Zauberreich Narnia Herrn und Frau Biber. Die Bibers beschreiben den Kindern den Löwen Aslan, der in der Geschichte Jesus repräsentieren soll.

Suse, eines der Kinder, meint, sie würde gewiss Angst davor haben, einen Löwen zu treffen, und Frau Biber stimmt ihr zu. „Dann ist man also doch nicht sicher vor ihm?", meinte Lucy. „Sicher?", wiederholte der Herr Biber. „Ja, hast du denn nicht gehört, was meine Frau sagte? Wer hat denn von sicher geredet? Natürlich, man ist nicht sicher vor ihm, aber er ist gut, und er ist der König."[2]

Wir wussten, dass das Leben in der Mission, für das wir uns entschieden hatten, nach weltlichen Maßstäben nicht sicher war. Aber wir waren zuversichtlich, dass Gott uns in diese Arbeit berufen hatte – und mehr Sicherheit brauchten wir nicht. Wie Lucy bei Aslan, glauben wir, dass Gott wirklich gut ist.

Als ich dort auf dem Baum saß, Kummer und Angst vor der Zukunft hatte und dennoch Gott vertraute, fühlte ich mich von seiner Güte umfangen.

„Papa ist krank"

Zum Abendessen ging ich wieder zum Haus zurück. Alle Gäste waren eingetroffen, und mein Vater hatte ihnen von Kents Testergebnis berichtet. Als ich hereinkam, wurde ich von zahlreichen Umarmungen begrüßt. Es war eine traurige Geburtstagsfeier für Kevin.

Ich erzählte den Kindern nicht, dass Kent an Ebola erkrankt war. Sie waren damals fünf und drei Jahre alt. Sie wussten von

---

2 C. S. Lewis: *Der König von Narnia*, Brendow Verlag, S. 55.

Ebola und davon, dass viele Menschen in Liberia wegen dieser Krankheit gestorben waren. Sie wussten, dass Ebola der Grund dafür war, dass wir nicht mehr zum Markt gehen konnten und der Strand von ELWA für die Öffentlichkeit abgesperrt worden war.

„Papa ist krank", erklärte ich Ruby und Stephen. „Wir machen uns alle Sorgen um Papa, und wir müssen daran denken, dass wir so oft wie möglich für ihn beten."

Es dauerte nicht lange, bis wir auch in den sozialen Medien über Kent lasen. *Samaritan's Purse* hatte eine Presseerklärung über Kents Erkrankung veröffentlicht, um den Nachrichten zuvorzukommen. Da so viele Organisationen mit der Situation in Liberia zu tun hatten, wären ansonsten durchgesickerte Informationen und Gerüchte die ersten Berichte gewesen, und es war unwahrscheinlich, dass sie den Tatsachen entsprachen. SP wollte die Berichterstattung zu Beginn kontrollieren. Trotzdem erhielten wir eine Nachricht von Verwandten in Alaska, die gehört hatten, Kent sei gestorben.

Jetzt, wo mir richtig bewusst war, dass die ganze Welt von Kents Krankheit erfuhr, schaltete ich in den Problemlösungsmodus.

Ich muss auf Kents Facebookseite nachsehen, wie die Einstellungen für seine Privatsphäre sind.

Ich loggte mich mit Kents Passwort ein und sah, dass er bereits Dutzende Freundschaftsanfragen erhalten hatte. Viele schienen von Journalisten zu stammen. Ich ging die Anfragen durch und lehnte sie alle ab. Dann änderte ich die Einstellungen von öffentlich zu privat.

Ich schrieb Kent eine Nachricht, um ihm zu sagen, dass *Samaritan's Purse* eine Presseerklärung veröffentlicht hatte, und fragte, ob ich eine E-Mail an alle unsere Unterstützer schicken sollte. Kent meinte, das sei eine gute Idee. Bevor ich den Brief abschickte, erfuhr ich bei einem Telefonat mit Kent außerdem, dass bei Nancy Writebol zusätzlich zu Malaria ebenfalls Ebola diagnostiziert worden war.

Liebe Freunde,

wir schreiben heute sehr schweren Herzens. Kent hat sich mit dem Ebola-Virus infiziert. Er ist derzeit in unserem Haus in Liberia in Quarantäne. Amber und die Kinder waren einige Tage vor Kents Erkrankung nach Texas gereist. Diesbezüglich hat der Herr uns verschont. (Da man nur ansteckend ist, wenn man Symptome hat, sind wir zuversichtlich, dass wir dem Virus nicht ausgesetzt waren.) Außerdem ist unsere gute Freundin und Missionarskollegin Nancy ebenfalls an dem Virus erkrankt und wird in ihrem Haus behandelt.

Wir brauchen eure Gebete. Bitte betet für Kents und Nancys vollständige Heilung.

Bitte betet, dass Amber, Ruby und Stephen und unsere ganze Familie Trost und Frieden finden.

Betet auch für die anderen Ärzte und Pflegekräfte im Behandlungszentrum, dass sie ruhig weiterarbeiten können, auch wenn sie sehen, dass ihre Kollegen erkranken.

Und betet, dass Gott in allem verherrlicht wird und dass Satan diese Krise nicht für seinen eigenen Gewinn nutzen kann.

Am Samstagabend war ich hin- und hergerissen. Ich wollte unbedingt bei Kent in Monrovia sein. Da ich Krankenschwester bin, will ich natürlich für andere sorgen, wenn sie krank sind – und dies galt besonders für den Mann, den ich so sehr liebe. Ich hatte gute selbst gekochte Hühnersuppe in unserer Gefriertruhe, und ich wollte nach Hause reisen und sie für Kent aufwärmen, so als würde ihn das heilen. Ich wollte einfach nur bei ihm sein. Und ich fühlte mich schrecklich hilflos.

Aber dann war ich auch wieder dankbar dafür, dass wir nicht dort waren. Wenn die Kinder und ich bei Kent gewesen wären, hätten auch wir mit dem Virus Kontakt gehabt. Weil wir drei Tage vor Kents Erkrankung abgereist waren, wusste ich, dass für uns drei keine Gefahr bestand. Und ich war froh, dass ich bei unseren Kindern war. Ich wusste, dass Gott Kent heilen konnte, aber ich wusste nicht, ob wir jemals wieder eine vierköpfige Familie sein würden.

Als ich die Kinder zu Bett brachte, betete Stephen: „Bitte hilf Papa, dass er gesund wird und gut schläft. Amen." Schließlich war ich allein am Ende dieses Tages, den ich nie vergessen werde. Ich schlug mein Tagebuch auf und starrte auf die leere Seite. Was konnte ich schon sagen? Ich schrieb nur drei Wörter, mit großen Abständen dazwischen:

Kent hat Ebola.

Kent

Den ganzen Tag über spürte ich einen echten Frieden. Es muss ein Geschenk Gottes gewesen sein, denn eine andere Erklärung habe ich dafür nicht. Bis zu dem Zeitpunkt, als Lance und John mir das Ergebnis der Untersuchung mitteilten, glaubte ich nicht daran, dass ich Ebola hatte, obwohl die Indizien immer mehr darauf hindeuteten. Vielleicht hatte ich die liberianische Kultur verinnerlicht, dass ich nicht negativ reden wollte, indem ich zugab, wahrscheinlich die Krankheit zu haben.

Auch wenn man mir gerade mitgeteilt hatte, was so gut wie ein Todesurteil war, lautete meine Reaktion: „Und was machen wir jetzt?"

Ich wusste es nicht, aber als John das Zimmer verlassen hatte, damit ich Amber und meine Eltern anrufen konnte, ging er in einen anderen Raum und betete für mich. Bis spät in die Nacht blieb er bei mir.

11. SCHLECHTE NACHRICHTEN, SCHLECHTE ZEICHEN

Kent

John Fankhauser brauchte nicht noch mehr Stress. Er sorgte schon für mich und ging außerdem seinen scheinbar endlosen Verpflichtungen im Krankenhaus nach. Aber sein Stress wurde noch größer, als er herausfand, dass Nancy ebenfalls an Ebola erkrankt war.

Johns Frau Beth hatte Nancy Hühnersuppe gebracht und war eine Stunde bei ihr geblieben, als bekannt war, dass Nancy Malaria hatte. Nancys anschließende Ebola-Diagnose machte aus Beth eine potenzielle Überträgerin, sodass sie isoliert werden musste.

John beschloss, wenn Beth sich tatsächlich mit Ebola infiziert hatte, würde sie es am bequemsten haben, wenn sie in ihrem eigenen Haus behandelt wurde. Also fingen John und ihre beiden Töchter im Teenageralter, Bethany und Bekah, spät am Samstagabend an auszuziehen.

Gegen drei Uhr morgens waren sie fertig, und ein paar Minuten später schickte ich ihm eine Nachricht, dass ich meine Medikamente genommen hatte, meine Temperatur 38,7 Grad betrug, es mir gut ginge und ich jetzt weiterschlafen würde.

John fragte, ob es okay sei, wenn er ein wenig schlief und dann morgens um sechs nach mir sah. Als John erschien, hatte ich Schmerzen und Durchfall. Er gab mir zwei Dosen Morphium zusätzlich zur Nährflüssigkeit, den anderen Medikamenten und Vitaminen.

Zwei oder drei Mal am Tag versicherte John mir, dass ich überleben würde: „Du hast so etwas an dir", meinte er dann. „Du siehst aus, als würdest du es schaffen."

Die Statistik bei Ebola-Patienten besagte etwas anderes, aber wann immer John mir mit diesen Worten Mut machte, beschloss ich, ihm zu glauben.

In der Nacht von Samstag auf Sonntag erhielt ich Textnachrichten von zahlreichen Freunden.

Scott Parker schrieb mir: „Wie du weißt, beten wir für dich. Ich weiß, dass seit eurer Ankunft vor Monaten ein großer geistlicher Kampf herrscht. Und wir kämpfen weiter mit dir in diesem Kampf. Ich hoffe, ich brauche das nicht extra zu sagen, aber ruf jederzeit an, Tag und Nacht, wenn es dir hilft. Du bist ein Klassetyp, Mann. Meine Bibellese von heute Morgen: „Dies alles habe ich euch gesagt, damit ihr durch mich Frieden habt. In der Welt habt ihr Angst, aber lasst euch nicht entmutigen: Ich habe die Welt besiegt" (Johannes 16,33).

„Amen", antwortete ich.

Scott Bedichek, ein befreundeter Paradontologe aus unserer Gemeinde, hatte mir am Samstagabend eine Textmitteilung geschickt, die ich am Sonntagmorgen beantwortete. Daraufhin schrieb er zurück: „Wenn du Menschen zu Christus bringen wolltest, als du nach Liberia gegangen bist – gut gemacht! Die Gemeinde hat die ganze Nacht gebetet. Heute fasten die Leute. Unzählige Menschen rufen zu Gott. Ich lasse dich jetzt ausruhen, aber du solltest wissen, dass alle Christen, die ich kenne, und selbst diejenigen, die Gott gar nicht richtig kennen, gerade beten."

Meine Mutter schickte mir eine SMS, als mein Vater und sie bei der Kirche eintrafen. „Die ganze Welt betet für dich. Gott hört uns. Ich habe das Telefon in der Hand. Du kannst mich jederzeit anrufen. Ich liebe dich."

Eine Nachricht von Eric Buller brachte mich zum Lachen: „Ich bete für dich, Bruder. Ich liebe dich. Hoffe, das ist nicht zu peinlich."

„Danke, Bruder", schrieb ich zurück. „Ich liebe dich auch." Randy Harris rief mich an diesem Nachmittag an, also für ihn vor dem Gottesdienst. Mein Bruder Kerry hatte mit Randy nach meinem Testergebnis telefoniert. Ich habe Kerry später gefragt, warum er gerade Randy angerufen hatte, weil es für Kerry eine merkwürdige Wahl schien.

„Bruderherz", erklärte er mir, „ich habe ihn angerufen, weil ich nicht wusste, was ich für dich tun sollte. Du warst in Liberia dabei, an Ebola zu sterben, und ich hatte keine Ahnung, wie ich dir helfen konnte. Aber ich wusste, dass Randy für dich eine Art Mentor war, und ich dachte, vielleicht kann er dir in einer Weise helfen, wie ich es nicht kann."

Ich nahm Randys Anruf entgegen.

„Mir fehlen die Worte", sagte er zu mir. „Ich habe zehn Minuten gebraucht, um das alles überhaupt zu begreifen, und ich weiß nicht, was ich zu dir sagen soll. Es tut mir so leid."

Randy war es gewesen, der am Sonntag zuvor in unserer Gemeinde über Römer 8,28 gepredigt hatte. Er hatte auch an diesem Tag den Predigtdienst, diesmal zum Thema „Verwandelt durch Gebet".

„Willst du deinen Gemeindegeschwistern etwas sagen?", fragte er.

Ich antwortete Randy: „Sag ihnen: ‚Danke, dass ihr für mich betet'. Und sag ihnen: ‚Ich wünsche mir, dass durch mein Leben oder durch meinen Tod Gott verherrlicht wird'. Ich muss immer an Schadrach, Meschach und Abed-Nego denken, die im Feuerofen dem Tod ins Auge blickten. Sie erklärten dem König, sie wüssten, dass Gott sie erretten wird. Aber selbst wenn er es nicht täte, würden sie ihm trotzdem treu bleiben und sich nicht vor den Götzen des Königs verneigen. Ich bin mir sicher, dass Gott mich retten kann. Ich weiß, dass er es kann. Aber auch wenn ich nicht gesund werde, will ich ihn nicht verleugnen. Ich will treu sein."

Amber
Ich beschloss, am Sonntagvormittag nicht in die Kirche zu
gehen, und meine Eltern blieben mit mir zu Hause. Kent rief
an, nachdem er mit Randy gesprochen hatte, und erzählte
mir, was er über Schadrach, Meschach und Abed-Nego gesagt
hatte. Ich war unglaublich stolz auf Kent. Ich wusste, dass
der Friede, den er empfand, Gottes Geschenk war, und ich
wusste, dass Kent in diesem Frieden bleiben würde, ob er lebte
oder starb.

Meine Eltern sollten später am Tag eine Kleingruppe in ihrem
Haus leiten, aber sie sagten ab, weil ich noch nicht so weit war,
einen Haufen Leute um mich zu haben, die nach Kent fragten.

Meine Schwester Anne kam nach dem Gottesdienst zu uns
und erzählte, es sei gesagt worden, dass Kent Ebola habe und
unsere Familie in Quarantäne sei. Wir sagten zu Dad, er müsse
sich gleich mit den Gemeindeleitern in Verbindung setzen und
diese Fehlinformation berichtigen.

Meine Freundin Tammy schickte eine Nachricht, um zu fragen, ob sie uns Brot und selbst gemachte Marmelade bringen
dürfe. Ich antwortete, sie solle ruhig kommen. Tammy erzählte
uns mehr über die Abkündigung im Gottesdienst, und mein
Vater schickte eine E-Mail an alle Gemeindemitglieder, um
klarzustellen, dass wir nicht in Quarantäne waren.

Tammy kam und war mir eine große Hilfe, während ich versuchte herauszufinden, wie ich den Blog, den ich schrieb, auf
privat umstellen konnte. Wenn die Nachricht von Kents Erkrankung immer weitere Kreise zog, wollte ich die Sache für uns
alle so privat wie möglich halten. Es war überwältigend genug,
mit der Möglichkeit zu leben, dass Kent sterben konnte, ohne
dass ich ihn noch einmal sehen oder berühren konnte.

Noch mehr Hiobsbotschaften

Kent

Die Leiter von *Samaritan's Purse* verabredeten eine Telefonkonferenz von der Zentrale in North Carolina aus mit dem Team in Liberia. Ken Isaacs, der für Programme und Regierungskontakte zuständige Vizepräsident von SP, fragte John Fankhauser, was nötig sei, um mein Leben zu retten. John zählte mehrere Dinge auf und betonte, wie wichtig es sei, dass ich eine besonders intensive Pflege bekam. Bis das möglich war, wollte er sich Rat bei einem Arzt holen, der Erfahrung auf einer Intensivstation hatte, und dies tat er auch am nächsten Tag.

John kam nachmittags vorbei. Da mein Zustand jetzt bekannt war, brauchten diejenigen, die zu mir kamen, sich nicht mehr im Haus umzuziehen. Nun war die Veranda vor dem Haus der Ort, an dem sie ihre Schutzanzüge anlegten.

Nachdem er mich untersucht hatte, ging John wieder.

Am selben Nachtmittag erhielt ich noch eine Nachricht von Scott Parker. Er sagte, er störe mich nur ungerne, aber er sei sich nicht sicher, wie er mit den Medien umgehen sollte. „Überall wird von deiner Erkrankung berichtet, wie du weißt, und ich will in deinem Sinne reagieren. Ich bin sicher, das interessiert dich im Moment am wenigsten. Tausende Menschen beten. Millionen hören von Jesus und von Ebola. Wir beten. Gott wird verherrlicht werden."

„Hi", schrieb ich zurück. „Ich verstehe deine Frage nicht so ganz. Haben die Medien dich kontaktiert?"

Scott antwortete, nachdem die nationalen Medien berichtet hatten, Nancy und ich hätten Ebola, hätten sich regionale Fernsehsender und Zeitungen gemeldet und ihn als Vertreter unserer Gemeinde gebeten, sich zu äußern. „Sie wollen Berichte über dich bringen, so wie all die großen Sender und Blätter. Ich weiß nicht, ob ich mit den Journalisten sprechen oder ablehnen soll. Und wenn ich mit ihnen spreche, was soll ich dann sagen? Ich dachte, vielleicht: ‚Kent liebt Gott und er liebt die Menschen.

Wir beten inständig für Kents Heilung und dafür, dass Gott verherrlicht wird' – oder etwas in der Richtung. Im Internet heißt es, dein Zustand sei stabil und du würdest an deinem Laptop arbeiten. Irgendwelche Verbesserungen?"

„Es geht auf und ab", antwortete ich. „Heute Mittag hatte ich hohes Fieber, heute Abend ist es wieder runtergegangen. Fühle mich ein bisschen besser, habe aber mehr Durchfall. Ich glaube, es ist in Ordnung, wenn du mit ihnen sprichst, und was du gesagt hast, klingt gut. David McRay hat mich angerufen; er sagte, das JPS hält morgen eine Pressekonferenz und er wird der Sprecher sein, also könntest du die Journalisten einfach darauf verweisen."

Kurz vor sechs Uhr abends schickte ich John eine kurze Nachricht: „Ich brauche dich."

Dies ist eine weitere Episode, an die ich mich kaum erinnere, aber John hat mir erzählt, dass ich ihn vor allem gerufen hatte, weil ich ganz unruhig und ängstlich war. Ich weiß noch, dass ich nicht gerne allein war, aber nicht, dass mich dieser Gedanke so beunruhigte. Es gab Zeiten, in denen ich allein aufwachte und zu schwach war, um aufzustehen. Dann bekam ich Angst und sagte laut: „Wer ist da? Ist jemand da?" Aber niemand war in der Nähe, der mir antworten konnte. Oder ich brauchte dringend Hilfe, und es dauerte eine oder zwei Stunden, bis jemand kommen konnte. Ich wusste, dass unser Personal überarbeitet war und meine Kollegen mich mit der bestmöglichen Pflege versorgten. John verbrachte bestimmt zehn Stunden am Tag höchstpersönlich mit mir, und das im Schutzanzug.

Einen Tag zuvor waren in unserem Krankenhaus vier Patienten innerhalb von zwei Stunden an Ebola gestorben. Zwei von ihnen hatten heftig geblutet, was die Ansteckungsgefahr durch Blut und Körperflüssigkeiten noch erhöhte. Die Todesfälle waren eine zusätzliche Belastung für das Team, ganz abgesehen von dem Trauma, mit so viel Leid konfrontiert zu werden.

Einer der Verstorbenen war Dr. Samuel Brisbane, ein hoch geschätzter und sehr bekannter Arzt. Dr. Brisbane war der erste liberianische Arzt, der während des Ebola-Ausbruchs starb. Sein Tod verlieh der Krise eine politische Dimension und verschärfte die angespannte emotionale Lage noch.

Das liberianische Gesundheitssystem war bereits geschwächt durch die unverhältnismäßig hohe Zahl einheimischer Pflegekräfte, die gestorben waren. Wir Ausländer hatten an ihrer Seite als Kollegen gearbeitet, aber diese Menschen, die gestorben waren, das waren Freunde – Menschen, mit denen sie oft über Jahre hinweg gemeinsam gelernt und gearbeitet hatten. Sie waren in ihrem Kampf gegen Ebola unerschütterlich, aber die niederdrückende Last, eine tödliche Krankheit mit zu wenigen Helfern zu bekämpfen, forderte ihren Tribut.

Patienten erschienen bei unserer Ebola-Station, aber es gab keine freien Betten, und meine Kollegen erhielten Anrufe, dass weitere Ebola-Patienten auf dem Weg zu uns seien. In unserer Leichenhalle war kein Platz mehr, weil das Gesundheitsministerium mit den Beerdigungen nicht hinterherkam.

Und dann erfuhren die Missionare am Samstagabend auch noch, dass zwei von ihnen – Nancy und ich – sich mit dem tödlichen Virus infiziert hatten.

Alle überschlugen sich, um zu helfen – sie brachten ungeheure Opfer, um für mich zu sorgen. Aber es gab trotzdem Zeiten, so wie am Sonntagabend, in denen ich mich vollkommen verlassen fühlte, und dieses Gefühl war furchtbar.

John gab mir eine Dosis Morphium, das Artesunat und Vitamine. Dann setzte er sich an mein Bett, um mir eine Weile Gesellschaft zu leisten.

Welche Möglichkeiten hatten wir?

Irgendwann an diesem Sonntagabend, während John bei mir war, saß ich im Bett auf, meinen Laptop auf dem Schoß aufgeklappt, als Lance mit Dr. Lisa Hensley vor meinem Schlafzimmerfenster erschien. Lisa war eine Virologin aus Maryland, die für das Nationale Institut für Allergien und Infektionskrankheiten (NIAID) arbeitete. Sie war eine der wichtigsten Forscherinnen weltweit auf dem Gebiet ansteckender Krankheiten und hatte in den USA seit mehr als einem Jahrzehnt das Ebolafieber untersucht. Im Moment arbeitete sie im liberianischen Labor, das Ebola-Tests durchführte.

Bis heute ist das letzte Bild auf meinem Handy in Liberia das von mir mit Lisa und Dr. Randy Schoepp, dem Leiter der Diagnostik des medizinischen Forschungsinstituts für Infektionskrankheiten der US-Armee. Sie und andere Experten hatten ELWA am 22. Juli besucht – also einen Tag bevor ich krank wurde –, um uns bei unserer Laborarbeit zu beraten.

Fünf Tage später war Lisa wieder da, um mir eine ganz andere Hilfe anzubieten.

Lance hatte sich an Lisa gewandt, um zu fragen, ob es für Nancy und mich irgendwelche Therapiemöglichkeiten geben würde, und sie bot an, zu kommen und das mit uns persönlich zu besprechen.

Lisa fragte, ob ich etwas über Behandlungsmethoden bei Ebola wisse, die noch im Versuchsstadium waren. Ich erwiderte, ich hätte online nachgeforscht, als ich die Kraft dazu hatte. Ich meine mich zu erinnern, dass Lisa sagte, es gebe drei wichtige neue Medikamente gegen Ebola. Sie kannte sich bestens aus und konnte jedes Mittel detailliert beschreiben.

Das erste Medikament war ein Impfstoff, der mir nicht helfen würde, da ich bereits krank war. Das zweite war ein Cocktail aus Antikörpern, die das Ebola-Virus angriffen. Das dritte Medikament war ein Mittel, das verhindern sollte, dass das Virus sich vermehrte.

Lisa sagte, die dritte Therapie sei in ersten Versuchen sehr vielversprechend gewesen, aber die Versuche hatten abgebrochen werden müssen, weil die Forscher Nebenwirkungen bemerkt hatten, zu denen auch vermehrte Entzündungen gehörten. Ebola führt zu schädlichen Entzündungen im Körper, weil das Immunsystem versucht, den Virus zu bekämpfen. Deshalb war das Risiko zusätzlicher Entzündungen für Ebola-Patienten zu groß, weil es sich als tödlich erweisen konnte.

Die Antikörper, erklärte Lisa mir, waren noch nicht am Menschen getestet worden. Ungefähr achtzehn Affen hatte man mit dem Medikament behandelt, und alle hatten überlebt. Besonders ermutigend war die Tatsache, dass das Serum den Tieren in unterschiedlichen Phasen der Krankheit gespritzt wurde, sogar zu einem Zeitpunkt, an dem die Forscher wussten, dass das Tier dem Tode nahe war. Keine andere Behandlung im Versuchsstadium hatte einen Affen in den letzten Stadien der Krankheit retten können, aber dieses Medikament zeigte eine hundertprozentige Erfolgsquote.

Weil das Medikament nicht an Menschen erprobt worden war, konnte man unmöglich wissen, ob es ungefährlich war. Das Serum wurde aus Mäuseantikörpern gewonnen und in Tabakpflanzen angebaut. Es war eine Form von monoklonalen Antikörpern. Ich wusste, dass monoklonale Antikörper in Laboren erzeugt wurden, um Antikörper zu imitieren, die als Teil des Immunsystems auf natürliche Weise im Körper gebildet werden. Diese Art Behandlung wurde bei anderen Krankheiten angewendet, und soweit ich wusste, hielt man sie gemeinhin für risikoarm.

Lisa meinte, in Westafrika gebe es eine oder zwei Dosen von diesen Antikörpern. Sie und Lance hatten darüber diskutiert und schienen zu glauben, dass dies die beste Möglichkeit war, um mir zu helfen.

„Wenn die Antikörper verfügbar sind, würde ich sie nehmen", sagte ich. „Dann werde ich das Versuchskaninchen."

Lisa war gleichermaßen beeindruckend und hilfsbereit. Bevor sie sich verabschiedete, sagte sie zu Lance, sie sei bereit Blut zu spenden, falls ich innere Blutungen bekäme.

John blieb bis Mitternacht in meinem Haus, dann kam er ins Schlafzimmer, wünschte mir eine gute Nacht und ging, um sich seiner eigenen Ungewissheit zu stellen – in die Wohnung, in der er und seine Töchter wohnten, während seine Frau isoliert war.

Probleme im Spiegel

Am Montag wachte ich um fünf Uhr morgens auf und hatte innerhalb von fünfzehn Minuten drei Mal heftigen flüssigen, schwarzen Stuhl.

Ich alarmierte John per SMS.

„Unterwegs", antwortete er.

Der medizinische Terminus für das, was ich hatte, ist Melena. Die schwarze Farbe kommt von zerfallenen, verdauten Blutungen. Das bedeutete, dass ich irgendwo im Magendarmtrakt blutete.

Als Arzt, der Ebola- Patienten behandelt hat, kennt man alle Symptome, und ich konnte in Gedanken spekulieren, welche Symptome wohl als Nächstes auftreten würden. Das am Montagmorgen war neu und beunruhigend. Wenn ein Ebola-Patient gastrointestinale Blutungen bekommt, steigt die Sterblichkeit dramatisch an.

Es dauerte keine Stunde, bis John bei mir war, um mir eine Blutkonserve von der Blutbank des Krankenhauses zu geben. Ich ging ins Bad und wäre beinahe ohnmächtig geworden. John musste herbeirennen und mich stützen.

Außerdem bekam ich einen flohstichartigen Ausschlag: kleine rote Punkte auf der Brust und den Armen. Sie bedeuteten, dass dort kleine Blutgefäße verletzt waren. In den nächsten beiden Tagen würde der Ausschlag zunehmen, bis die Punkte zu einem zusammenhängenden, großen roten erythematösen Ausschlag von Kopf bis Fuß wurden. Meine Haut fühlte sich dick an, und jedes Mal, wenn ich ins Bad ging, zog ich mein T-Shirt am Hals herunter und sah in den Spiegel. Meine Haut war leuchtend rot.

Vom ersten Tag meiner Krankheit an hatte ich mehrmals am Tag im Spiegel meine Augen betrachtet. Rote, blutunterlaufene Augen waren eins der typischen Anzeichen von Ebola. Es war, als könnten wir bei jedem Patienten, den wir untersuchten, das Ergebnis vorhersagen, wenn die Augen rot waren: Tod. Jetzt waren meine Augen zum ersten Mal blutunterlaufen.

Am frühen Nachmittag maß John meine Temperatur, die 40,1 Grad betrug. Mein Puls lag bei 120 Schlägen pro Minute. Später an diesem Tag, nachdem John gegangen war, stieg das Fieber sogar noch ein wenig auf fast 40,3 Grad.

Ich sprach mit meinem Cousin Stephen – Big Stephen nannten wir ihn, weil unser kleiner Stephen sein Namensvetter war. „Ich habe richtig Angst", muss ich zu ihm gesagt haben. Stephen erwiderte, er habe auch Angst um mich.

Amber

Meine Eltern hatten Urlaub genommen, um die Hochzeit vorzubereiten, und die Pflegekinder waren nicht bei uns zu Hause. Am Montag berichtete mein Vater seinem Supervisor, dass die Kinder und ich bei ihnen seien und dass bei Kent am Wochenende Ebola diagnostiziert worden sei.

Damit fing eine Reihe Gespräche zwischen Dads Vorgesetzten und den texanischen Behörden an. Von diesem Tag an mussten die Kinder und ich jeden Tag vier Mal Fieber messen, jeweils zwei Mal direkt hintereinander. Wir mussten ein Logbuch führen, das ich aber nicht selbst unterschreiben durfte. Jede Temperatur musste durch die Unterschrift von zwei Zeugen bestätigt werden.

Dann meldete sich eine Behörde bei uns und sagte, es sei besser, wenn die Kinder und ich woanders wohnten und nicht in dem Kinderheim.

Meine Mutter schickte Nachrichten an einige enge Freunde und fragte, ob jemand eine Bleibe für uns wüsste. Eine Freundin hatte sofort einen Vorschlag.

Es belastete mich, dass wir mitten in der Sorge um Kents Gesundheitszustand aus dem Haus meiner Eltern ausziehen mussten. Dies war das einzige Haus in Abilene, das meinen Kindern vertraut war, und wir fühlten uns dort sehr wohl. Außerdem hatten Mom und Dad einen wundervollen Golden Retriever, der sowohl für Ruby und Stephen als auch für mich ausgesprochen therapeutisch gewesen war.

Obwohl ich die Ängste der Behörden verstand, hielt ich ihre Reaktion für überzogen. Wir hatten Liberia ganze drei Tage vor dem Tag, an dem Kent krank wurde, verlassen, und es war nicht nötig, dass wir umzogen. Aber es war nicht nur Abilene. Im ganzen Land reagierten die Menschen nervös, wenn es um Ebola ging.

An diesem Tag fragte Ruby mich: „Warum sind alle so traurig?"

„Wir machen uns Sorgen um Papa", sagte ich. „Er ist in Liberia und er ist sehr krank."

12. EBOLA – DIE DEMÜTIGENDE KRANKHEIT

Kent

Der Dienstag war aus verschiedenen Gründen ein schlimmer Tag.

Um vier Uhr morgens übergab ich mich. Das Erbrochene war blutig.

„Ich habe gerade 50 Milliliter dunkelbraunen Mageninhalt erbrochen", schrieb ich an John.

„Immer noch Übelkeit?", fragte er.

„Nein", antwortete ich.

„Werde Alex heute Morgen bitten, Blut zu spenden. Komme um sechs Uhr. Melde dich, wenn noch was ist."

Alex war Eric und Pam Bullers sechzehnjährige Tochter, und sie war als mögliche Spenderin identifiziert worden, für den Fall, dass ich eine Transfusion brauchen würde. Alle vier Kinder der Bullers wollten spenden, aber Alex und ich hatten die gleiche Blutgruppe.

Eine frische Transfusion wurde in der Regel einer aus der Blutbank vorgezogen. Thrombozyten und Gerinnungsfaktor nehmen mit der Zeit ab, und auch wenn eingefrorenes Blut aus den Vorräten gut war, um meine roten Blutplättchen wieder aufzufüllen, würde es nicht helfen, die Blutungen zu stillen. Bei Ebola stoppt die Blutgerinnung, und ohne eine Transfusion mit den Thrombozyten und dem Gerinnungsfaktor eines anderen würde die Blutung weitergehen.

Noch vor sechs Uhr morgens erschien John mit einer Blutspende von Alex bei mir zu Hause. Nach seiner Textnachricht an mich hatte er es sich anders überlegt und sich sofort mit den

Bullers in Verbindung gesetzt, damit Alex ins Krankenhaus gehen und Blut spenden konnte. Alex hatte ich also meine zweite Transfusion zu verdanken.

Am Morgen hörte ich per SMS von Amber, die mich an ein Lied erinnerte, das ihr durch den Kopf ging.

„Guten Morgen, Liebling", schrieb ich zurück. „Hatte eine ziemlich heftige Nacht."

„Ich bete ununterbrochen für dich, mein Schatz", antwortete Amber. „Du bist mein Sonnenschein. Ich hoffe, du kannst jetzt schlafen, aber ruf mich an, wenn du kannst. Jamie [ihre Schwägerin] hatte gestern Wehen. Wie geht es dir jetzt?"

Ich war zu müde und zu schwach, um ihr zu antworten.

Immer wieder trafen mutmachende Nachrichten ein.

Scott Parker schrieb: „Hi, Kumpel. Ich habe gestern kurz mit deinem Dad gesprochen und weiß, wie schlecht es dir geht. Ich weiß nicht, was ich sagen soll, aber Psalm 46,1 kommt mir in den Sinn: ,Gott ist unsere Zuflucht und Stärke, ein bewährter Helfer in Zeiten der Not.' Ich bete für Mut, Glauben, Frieden, Kraft und vollständige Heilung, und dass vor allem Gott durch dein Leben verherrlicht wird, dass sein Reich komme und sein Wille geschehe, wie im Himmel so auf Erden. Habe heute Morgen mit Johny und Philip gefrühstückt. Wir haben zusammen gebetet und den Herrn angefleht."

Am Vormittag bekam ich eine Nachricht von meinem Bruder Kerry, der fragte, ob ich telefonieren könne.

„Im Moment nicht. Sorry", schrieb ich zurück.

„Ich liebe dich", antwortete er.

„Ich liebe dich auch. Bitte bete, dass mein Durchfall aufhört. Er ist schlimmer geworden."

„Ist gut", kam die Antwort meines Bruders zurück. „Du bist nicht allein. Wir wünschten, wir könnten jetzt bei dir sein. Du wirst es schaffen und gesund werden. Randy Harris hat mir erzählt, dass ihr über Daniels Freunde gesprochen habt. Ich bete, dass Gott dir Mut gibt, wie er es bei den Jungs im Feuerofen getan hat. Er liebt dich."

Ein anderer Bruder, Kevin, schrieb mir an diesem Tag auch: „Ich liebe dich. Ich bete, dass dein Durchfall nachlässt und Gott dich in der Hand hält." Man hatte mir gesagt, dass Tausende Menschen auf der ganzen Welt für mich beteten, wenn nicht sogar mehr. Aber dieses eine Gebet von Kevin rührte mich zutiefst. Kevin war kein Beter. Aber er wurde einer.

Ein neues Zuhause

Amber

Am Dienstagmorgen packten Ruby, Stephen und ich unsere Sachen und zogen in unsere neue Bleibe, die sich als wahres Geschenk erwies.

Wir wohnten in einer Pension an einem See, nur wenige Kilometer vom Haus meiner Eltern entfernt. Das Gästehaus lag hinter dem Haupthaus und war von einem Zaun umgeben. Außer unserer Familie, der Freundin, die diese Unterkunft organisiert hatte und den Besitzern des Hauses wusste niemand, dass wir hier waren.

Wir wurden dort bestens versorgt. Nicht nur, dass das Haus am See lag, es gab auch ein Schwimmbad und die Besitzer hatten viel Spielzeug für Ruby und Stephen. Im Gästehaus gab es jede Menge Platz, und wir konnten als Familie unter uns sein. Außerdem nannten die Besitzer mir ihr WLAN-Passwort und ließen mich in ihr Haus, wo ich eine bessere Verbindung hatte, um mit Kent zu kommunizieren.

Mary Elizabeth Jameson und Melissa Strickland von *Samaritan's Purse* flogen an diesem Tag nach Abilene. Mary Elizabeth war für das Ärzteprogramm zuständig, und Melissa war die Redaktionsleiterin bei SP. Sie fragten nicht, ob sie kommen sollten; sie wussten, dass ich ihre Hilfe brauchte.

Mary Elizabeth wollte in dieser schwierigen Zeit einfach nur bei mir sein und helfen, so gut sie konnte. Melissa kam im

Auftrag der Organisation, um uns beim Umgang mit den Medien zu unterstützen. Nachrichtenredaktionen und Journalisten hatten die Handynummern einiger meiner Geschwister herausgefunden und riefen sie an – manche lauerten ihnen sogar zu Hause auf. Melissa übernahm es, mit den Medien zu sprechen, damit wir uns auf das konzentrieren konnten, was das Wichtigste war – auf uns als Familie und darauf, für Kents Heilung zu beten.

Mary Elizabeth ging für mich einkaufen und kaufte mir Kleidung, da ich beim Packen für Texas geglaubt hatte, wir würden nur wenige Wochen bleiben. Außerdem hütete sie die Kinder, kochte für sie und spielte mit ihnen. Ich hatte sehr viel Hilfe dabei, den Alltag so normal wie möglich zu gestalten. Meine Freundin Tammy lud Ruby und Stephen zu einem Zoobesuch ein. Außerdem hatten die beiden zahlreiche Onkel und Tanten in der Nähe, die mit ihnen schwimmen und angeln gingen und Hochzeitskleidung anprobierten.

Evakuierung gescheitert

Kent

Samaritan's Purse hatte fieberhaft daran gearbeitet, mich in ein anderes Land zu evakuieren, in dem ich die bessere Pflege bekommen konnte, die John für so wichtig hielt. Krankenhäuser im belgischen Brüssel oder in Genf in der Schweiz waren die wahrscheinlichsten Ziele, weil nach den Richtlinien von Ärzte ohne Grenzen alle ihre Mitarbeiter, die während eines Ebola-Ausbruchs mit dem Virus in Berührung kamen, dorthin geschickt wurden, damit sie dort überwacht werden konnten.

Erst vor einer Woche hatten Lance und ich einen leitenden Mitarbeiter von Ärzte ohne Grenzen in Liberia getroffen, um über diesen Notfallplan zu sprechen. Aber soweit ich wusste, galt der Plan nicht für jemanden, der sich bereits mit Ebola infiziert hatte. Das war eine grundlegend andere Situation.

Es hatte Probleme gegeben, ein Flugzeug zu finden, das mich aus Liberia ausfliegen würde. *Samaritan's Purse* hatte eine Notfall-Evakuierungsversicherung, aber die Versicherungsgesellschaft machte Schwierigkeiten, als sie erfuhr, dass es sich um einen Ebola-Patienten handelte.

Daraufhin wandte SP sich an staatliche Behörden und an das Militär mit der Bitte um Hilfe. Ken Isaacs nutzte seine Kontakte im Auswärtigen Amt, um meinen Fall zu vertreten.

Dr. William Walters, der Leiter der operativen Medizin im Auswärtigen Amt, hatte gerade die Evakuierung eines anderen US-Amerikaners aus dem Ausland organisiert. Jetzt wurde er gebeten, sich für die Evakuierung eines amerikanischen Arztes einzusetzen, der an Ebola erkrankt war. Dr. Walters recherchierte meinen Namen im Internet, und das Erste, was er sah, war ein Bild von Amber und mir mit Ruby und Stephen. Irgendwie berührte es ihn, unsere Familie so zu sehen, und er beschloss, sein Möglichstes zu tun, damit ich evakuiert wurde.

Dr. Walters setzte sich mit Dent Thompson, dem Geschäftsführer und Vizepräsidenten der amerikanischen Fluggesellschaft Phoenix Air in Verbindung, die einen Vertrag mit dem Auswärtigen Amt hatte. Die beiden hatten schon bei früheren Gelegenheiten zusammengearbeitet.

„Erinnern Sie sich an die Sicherheitskabine, die ihr bei euch habt? Funktioniert die noch?", fragte Dr. Walters.

„Ich glaube schon", erwiderte Thompson. „Aber wir haben sie nie benutzt."

Der Seuchenschutz hatte die speziellen biomedizinischen Flugkabinen 2008 entwickelt, um im Falle einer Infektion während einer Epidemie Angestellte der Seuchenschutzbehörde auszufliegen, so wie bei dem SARS-Ausbruch 2002/2003. Aber es hatte nie die Notwendigkeit bestanden, diese Kabinen zu benutzen.

Dr. Walters' nächste Frage brachte Thompson aus der Fassung.

„Funktioniert die auch bei Ebola?"

„Schicken Sie Ihre Experten her, damit wir das gemeinsam prüfen können", erklärte Dent ihm.

Nach drei Tagen kamen die Experten zu dem Schluss, dass das System ausreichend war, um einen Ebola-Patienten zu befördern.

Die Krankenhäuser in Brüssel und Genf hatten eingewilligt, mich als Patienten aufzunehmen. Aber am Dienstag erfuhr ich, dass die Evakuierung nach Europa scheitern würde. Sowohl in Nordafrika als auch in Europa hatten Länder sich geweigert, ein Flugzeug mit mir an Bord durch ihren Luftraum fliegen zu lassen. Wenn unser Flugzeug eine Notlandung machen musste oder abstürzte, wollten sie niemanden mit Ebola auf ihrem Grund und Boden haben.

Am selben Tag hörten wir außerdem, dass Mitarbeiter von *Samaritan's Purse* in der Nähe von Foya angegriffen worden waren. Die Mitarbeiter versuchten, bei den Untersuchungen einiger verdächtiger Todesfälle in einer ländlichen Gegend zu helfen, als ihre SUVs von einem Macheten und Stöcke schwingenden Mob überfallen wurden, der das Ebola-Team aus seinem Dorf fernhalten wollte. Die Autos wurden beschädigt und Fenster zerbrochen. Die Mitarbeiter überlebten, aber einigen wurden grobe körperliche Verletzungen zugefügt.

Diese Menschen waren unsere Kollegen, und es war beängstigend zu sehen, dass gute Menschen, die helfen wollten, in Gefahr waren.

Es gab aber auch ein paar gute Nachrichten. Ich hörte von Gebah, dem vierzehnjährigen Jungen, der unser einziger Ebola-Überlebender war. Nachdem er aus dem Krankenhaus entlassen worden war, hatte er mich manchmal angerufen, und zufällig erkundigte er sich auch an diesem Tag nach mir.

„Wie geht es Ihnen, Dr. Brantly?", fragte er.

„Du erinnerst dich an dieses Ebola-Virus, das du hattest, Gebah? Das habe ich jetzt auch, und ich bin sehr krank."

Gebah entgegnete, er und seine Familie würden für mich beten und er wolle mir helfen. „Ich glaube, ich muss mit deinem

Onkel reden", erklärte ich ihm. „Kann ich irgendwann mal mit ihm sprechen?"

Gebah sagte, er würde seinen Onkel bitten, mich anzurufen. Kurz darauf klingelte mein Telefon. Ich erklärte Gebahs Onkel, dass ich mich mit Ebola infiziert hatte und an inneren Blutungen litt. Meine Ärzte glaubten, Gebahs Blut würde für mich besser sein als das jedes anderen, weil sein Immunsystem die Krankheit besiegt hatte. Ich sagte zu Gebahs Onkel, wenn seine Blutgruppe zu meiner passte, könne er mir helfen, indem er Blut spendete.

Der Onkel erwiderte, Gebah hab das Haus gerade verlassen, um am letzten Abend des Ramadan zu einer Feier zu gehen, aber er würde Gebah am nächsten Morgen zum Krankenhaus bringen, damit er Blut spendete.

Ich schrieb John eine Nachricht, um ihm mitzuteilen, dass Gebahs Onkel sich wegen der Blutspende melden würde.

Dann ging es auf der emotionalen Achterbahnfahrt wieder abwärts.

Dr. Debbie und Kathy Mazzella, eine unserer Krankenschwestern, kamen mich an diesem Abend besuchen. Sie berichteten, dass John, nachdem er an diesem Morgen mein Haus verlassen hatte, sich krank gefühlt und Fieber gehabt hatte. Also musste er zweiundsiebzig Stunden lang in Quarantäne, bevor er auf Ebola getestet werden konnte. Ich hatte Angst und litt bei dem Gedanken, dass sich John ebenfalls mit Ebola infiziert haben könnte, aber ich war auch wütend auf ihn, weil er nicht besser auf sich aufgepasst hatte.

Und wer kümmert sich jetzt um mich?, fragte ich mich.

Während Debbie und Kathy bei mir waren, schrieben Amber und ich uns hin und her. Ich teilte ihr mit, es gehe mir besser und Lance habe gesagt, er würde bald mit dem Verteidigungsministerium sprechen, um herauszufinden, ob eine Evakuierung doch noch in Frage kam.

Amber bat mich, mir von Debbie oder Kathy das Album mit unseren Hochzeitsfotos bringen zu lassen und ein Fotoalbum von der goldenen Hochzeit meiner Eltern. Sie wollte, dass ich die Bilder nahe bei mir hatte, damit ich sie ansehen konnte.

Später an diesem Abend versuchte ich Amber über Facetime zu erreichen, aber sie reagierte nicht. Ich schrieb ihr, damit sie wusste, dass ich mit ihr sprechen wollte.

„Ich liebe dich, mein Schatz. Halte durch", antwortete sie.

Amber

Die Nachricht, dass Kent doch nicht nach Brüssel evakuiert werden würde, war niederschmetternd, denn zunächst hatte man mir versichert, er würde an diesem Tag ausfliegen. Allerdings war das gewesen, bevor die Rückmeldung von den Flugaufsichtsbehörden eingegangen war. Eine dunkle Vorahnung senkte sich auf mich, denn in meinen Augen war Kents einzige Überlebenschance die Behandlung in einer moderneren medizinischen Einrichtung.

Ich versuchte tapfer zu klingen, als ich mit Kent sprach, weil ich nicht wollte, dass er sich um mich und die Kinder sorgte. Er wusste nicht, in welchem Maße die Medien berichteten und dass meine Geschwister so bedrängt wurden. Er wusste auch nicht, dass wir aus dem Haus meiner Eltern geworfen worden waren. Ich erzählte ihm, wir seien umgezogen, und schwenkte mein Telefon, um ihm die Aussicht in den Garten zu zeigen.

„Warte mal – wo seid ihr denn? Etwa im Haus der Griggs'?", fragte er.

Das bejahte ich.

„Da war ich schon. Ich bin in dem Pool geschwommen", sagte er. „Wir haben uns dort mit einer Gruppe getroffen, als ich im College war."

Wenigstens wusste er genau, wo wir waren, und es schien ihn zu trösten, dass wir dort in Sicherheit und zufrieden waren.

Später an diesem Abend saß ich im Büro unserer Gastgeber, um etwas im Internet nachzusehen. Meine Eltern waren ebenfalls dort. Als Kent anrief, erhob ich mich, um mit ihm zu sprechen. Mein Vater trat näher, um mitzuhören.

Kent erzählte mir von den Kollegen, die überfallen worden waren, und ich versuchte ihm zuliebe, meine Gefühle zu unterdrücken. Aber nachdem ich aufgelegt hatte, sank ich auf meinen Stuhl und schrie: „Das ist furchtbar! Das ist einfach nur furchtbar! Es ist ein einziges Chaos!"

Dad hielt mich im Arm, denn das kann er gut, und Mom kniete neben uns und lehnte sich an mich.

In diesem Augenblick ging auf Moms Smartphone eine Nachricht ein mit einem Bild, das Samuels Geburt verkündete. Beinahe wäre ich durchgedreht. Mit so vielen Emotionen konnte ich nicht umgehen. Ich hatte den Tag in meiner eigenen emotionalen Achterbahnfahrt verbracht: Erst hatte ich erfahren, dass aus Kents Evakuierung nichts wurde, und jetzt kam die Nachricht, dass Geoffs und Jamies lang ersehntes erstes Baby endlich geboren war. Als ich die Bilder von meinem neuen Neffen sah, musste ich unwillkürlich denken: *Der Herr gibt, der Herr nimmt. Er gibt uns Samuel, und er nimmt uns Kent.* Ich wusste einfach, dass es so war.

Samuel wurde in einer Stadt geboren, die zweieinhalb Stunden Autofahrt entfernt ist, und meine Eltern sagten Geoff, wir würden es wohl an dem Tag nicht mehr schaffen. Sie fragten, ob sie am nächsten Tag kommen könnten.

Die Vorfreude auf die Geburt dieses Babys war ein wichtiger Grund dafür gewesen, dass Kent und ich diese Reise machen wollten. Die Hochzeit und die Geburt waren riesige Familienfeste, und wir hatten beschlossen, zu diesem Zeitpunkt nach Texas zu kommen, weil beide so dicht beinanderlagen.

Und jetzt war das Baby geboren, die Hochzeit war in vier Tagen, ich war mit den Kindern in Abilene und Kent war fast zehntausend Kilometer entfernt in Liberia, wurde immer kränker und brauchte Bluttransfusionen, während es so aussah, als hätte unsere Arbeit dort nichts bewirkt.

Gebahs Geschenk

Kent

John hatte veranlasst, dass Gebah am nächsten Tag ins Krankenhaus kommen sollte, um Blut für mich zu spenden. Aber John musste in Quarantäne, und Gebahs Onkel rief ihn am Mittwochmorgen an, um zu sagen, dass ihm keiner der Mitarbeiter im Krankenhaus weiterhelfen könne. Sofort telefonierte John mit dem Leiter des Labors und bat ihn, Gebah Blut abzunehmen. Eine Stunde später rief Gebahs Onkel erneut bei John an und teilte ihm mit: „Wir gehen. Sie haben uns gesagt, der Junge sei zu jung, er könne kein Blut für einen Erwachsenen spenden."

„Nein, bitte gehen Sie nicht", flehte John. Unverzüglich rief er Dr. Debbie an und bat sie einzugreifen.

Debbie erklärte dem Labortechniker die Lage, und er nahm Gebah Blut ab, um zu sehen, ob die Blutgruppe passte. Dann beteten der Onkel und Debbie zusammen. Wie sich herausstellte, war Gebahs Blut eine perfekte Übereinstimmung. Gebah spendete eine Einheit und Debbie brachte das Blut sofort zu meinem Haus und begann mit der dritten Infusion innerhalb von drei Tagen.

Die Infusion lief in meinem rechten Arm nicht mehr so gut, sodass Debbie eine neue Kanüle am linken Arm legen musste. Sie kletterte auf die andere Seite des Bettes und lehnte sich über mich, um den Zugang in meinen linken Arm zu legen.

Dabei sagte sie: „Es tut mir leid. Tut mir furchtbar leid. Man sollte einem Freund nicht so was antun müssen. Ich will meinen Freund nicht mit einer Nadel stechen."

Ihre Worte trafen mich zutiefst. Meine Freunde kamen her, um für mich zu sorgen und selbst die starke, stoische Dr. Debbie sagte: „Das ist nicht richtig. Ich sollte das einem Freund nicht antun müssen."

Aber ich war unglaublich dankbar dafür, dass Freunde mich pflegten, also Menschen, von denen ich wusste, dass sie mich liebten. Mit John und Debbie hatte ich neun Monate zusammengearbeitet, mit Lance ungefähr einen Monat. Einige der Pfleger waren neu und hatten ihren Dienst angetreten, nachdem ich krank geworden war. Aber sie kamen und sorgten für mich wie jene, die seit Monaten meine Kollegen waren.

Ich habe Ebola als eine Krankheit beschrieben, die für die Patienten absolut demütigend ist. Dieses Gefühl der Demütigung erfuhr ich am eigenen Leib, als ich an den Punkt gelangte, an dem ich meinen Durchfall nicht mehr unter Kontrolle hatte und nicht aufstehen konnte, um ins Bad zu gehen. Ich sagte zu einem der Pfleger in meinem Zimmer: „Ich muss zur Toilette und kann es nicht einhalten. Es tut mir leid." Sie mussten mich saubermachen und die Exkremente entfernen. Irgendwann legten sie mir Windeln für Erwachsene an. Wenn die Windeln voll waren, musste ich ihnen Bescheid geben, damit sie sie wechseln konnten.

Es war schwer zu fragen: „Kannst du bitte meine Windel wechseln?"

Aber so schwer es für mich sein mochte, war es sicher nur ein Bruchteil der emotionalen Belastung, die meine Freunde spürten, als sie mich pflegten.

Normalerweise geht man emotional in gewisser Weise auf Distanz, wenn man das Erbrochene eines Patienten aufwischt oder seine Windel wechselt. Man macht einfach sauber. Aber wenn dieser Patient dein Freund ist und du denkst, dass er wahrscheinlich sterben wird, dann ist das schwieriger. Und von dem Risiko, sich durch all diese Körperflüssigkeiten selbst dem Virus auszusetzen, spreche ich dabei noch gar nicht. Je schlechter es mir ging, desto riskanter wurde es, mich zu pflegen. Aber meine Freunde taten es trotzdem, und sie waren wunderbar. Sie gaben ihr Bestes, um mir beizustehen, zusätzlich zu ihrer regulären Arbeit im Krankenhaus.

Meine Schwester Krista hatte mir geschrieben, und am Mittwoch schickte sie mir den Text von Psalm 41, der mit folgenden Versen beginnt:

Glücklich ist, wer sich für die Schwachen einsetzt!
Wenn ihn ein Unglück trifft, hilft der Herr ihm wieder heraus.
Der Herr wird ihn beschützen und am Leben erhalten;
im ganzen Land wird man von seinem Glück erzählen.
Gott überlässt ihn nicht der Wut seiner Feinde.
Und wenn er auf dem Krankenbett liegt,
steht der Herr ihm zur Seite und hilft ihm wieder auf.

13. DER TAG, AN DEM KENT BEINAHE GESTORBEN WÄRE

Amber
Jedes Mal, wenn ich mit Kent sprach, merkte ich, dass es ihm schlechter ging. Ein paar Mal gab er das sogar zu. Kent hatte von Anfang an nicht die Kraft für lange Gespräche gehabt. Aber jetzt wurden unsere Unterhaltungen immer kürzer, vielleicht von anfänglich sieben bis zehn Minuten jetzt auf drei oder vier Minuten. Am Ende jedes Telefonats schien es mir, als hätte er sich völlig verausgabt.

Wenn wir uns über Facetime unterhielten, konnte ich es kaum ertragen zu sehen, wie sehr sein Zustand sich verschlechtert hatte. Zuerst hatte er mit dem Computer auf dem Schoß im Bett gesessen, wenn er mit mir sprach, aber jetzt lag er, den Computer neben sich, so als hätte er gerade genug Kraft gehabt, um den Laptop aufzuklappen. Auch schienen seine Augen immer tiefer zu liegen, je mehr sein Gesicht anschwoll.

Jedes Mal machte ich ein Foto von ihm, wenn wir so miteinander sprachen, für den Fall, dass es das letzte Mal wäre, das ich ihn lebend sah.

Da wir jetzt nur noch so kurz miteinander reden konnten, wollte ich unsere kostbare Zeit nicht damit zubringen, nach medizinischen Updates zu fragen. Ich wollte so viel Zeit wie möglich für persönliche Dinge haben, wollte ihm sagen, dass ich ihn liebte, und ihm von den Kindern erzählen. Ich hatte keine internationale Telefonkarte, deshalb konnte ich nicht einfach jemanden in Liberia anrufen und nach Kent fragen. Die meisten Infos hatte ich von Lance Plyler und gelegentlich von John Fankhauser erhalten. Ich konnte unserem Nachbarn Eric Buller mailen, aber er konnte mir auch nur weitergeben, was man ihm sagte, denn er war ja nicht bei Kent im Haus.

Leider bekam Lance es am späten Mittwoch mit dem rothaarigen Teil meiner Persönlichkeit zu tun. Die Belastung der Woche forderte schließlich ihren Tribut. Ich konnte nicht mehr richtig schlafen. Sowohl meine Mutter als auch ich wachten mitten in der Nacht auf und sahen auf die Uhr. Wenn es gegen drei oder vier Uhr morgens war, dann war es in Monrovia schon acht oder neun Uhr, und irgendjemand war schon bei Kent gewesen, um nach ihm zu sehen. Dann sahen wir auf unseren Handys oder auf Facebook nach, ob es eine Nachricht gab, die uns sagte, ob Kent die Nacht überlebt hatte.

Ich konnte nicht bei Kent sein, also wollte ich jede Minute wissen, wie es ihm ging.

„Hör mal", fauchte ich Lance an, „ich sitze hier den ganzen Tag auf glühenden Kohlen, ohne dass ich etwas über Kents Zustand erfahre. Ich brauche nur einen Anruf! Jeden Tag!"

„Okay", erwiderte Lance ruhig. „Ja, das kann ich machen."

Der arme Kerl. Er arbeitete bis zum Umfallen, weil er nicht nur die Aufgabe hatte, die gesamte Reaktion auf den Ebola-Ausbruch zu koordinieren, sondern auch noch zwei amerikanische Mitarbeiter mit einer Ebola-Infektion hatte.

Eigentlich hätte Lance am Montag Liberia verlassen sollen. Er war im Juni gekommen, um die Leitung der Ebola-Station in Foya zu übernehmen, und seine Aufgaben hatten im Laufe seiner Zeit dort zugenommen. Ursprünglich sollte Dr. Linda Mobula am Sonntag eintreffen und von Lance eingewiesen werden, sodass dieser am Montag abreisen konnte, während Linda seine Tätigkeit übernahm. Aber jetzt, wo alles in der Luft hing, konnte Lance nicht gehen.

Aktuelle Informationen über Kent zu bekommen, war eine Sache – unter vielen –, bei der Melissa von *Samaritan's Purse* eingriff und eine wahnsinnig große Hilfe war. Sie nahm Kontakt mit

Ken Isaacs auf, der regelmäßig von Lance informiert wurde, und durch diese Kontakte wusste ich besser über Kent Bescheid, ohne dass ich jemanden vor Ort von seiner Arbeit abhalten musste.

Gebete rund um die Welt

Kent klang schrecklich, als er mich am Donnerstag anrief. In Liberia war später Nachmittag, und Kent konnte sich nicht erinnern, dass jemand in den letzten paar Stunden bei ihm gewesen war. Er atmete schwer und konnte kaum zusammenhängende Sätze formulieren. Mir schien es, als wäre er nicht richtig bei Bewusstsein. Der Anruf war kürzer als die meisten anderen, weil Kent extrem schwach war.

Als ich auflegte, wandte ich mich sofort an Melissa Strickland.

„Er ist allein. Jemand muss sofort zu ihm. Er ist ganz allein, und es geht ihm schlecht. Wenn er versucht ins Bad zu gehen und ohnmächtig wird, dann findet ihn stundenlang niemand."

Melissa rief Ken Isaacs an, der sich in Monrovia mit Lance in Verbindung setzte. Dann rief Ken zurück, um mir zu sagen, dass Lance auf dem Weg zu Kent sei.

„Beruhige dich und sei tapfer", versuchte Ken mir Mut zu machen. „Er ist in Ordnung."

„Ich will mich nicht beruhigen", entgegnete ich. „Kent ist allein, und er stirbt allein. Das ist für mich nicht in Ordnung."

In diesem Zustand brauchte Kent jemanden, der die ganze Zeit bei ihm war. Aber ich wusste, dass sie einfach nicht die Leute dafür hatten.

Bevor jemand einen Schutzanzug anlegen und zu Kent ins Haus gehen konnte, eilte Lance zum Haus hinüber und sah durch das Schlafzimmerfenster. Dann rief er mich an.

Weil unser kleines Häuschen zum vorhochzeitlichen Versammlungsort unserer Familie geworden war, ging ich ins Bad und schloss die Tür, damit ich Lance besser hören konnte.

„Es geht Kent gar nicht gut", berichtete er mir. „Ihr müsst jetzt beten. So fest ihr könnt. So wie ihr noch nie gebetet habt."

Ich ging zurück ins Wohnzimmer.

„Was gibt es Neues?", fragte jemand. Ich bin nicht sicher, wer es war.

„Wir müssen einfach beten", sagte ich. „Wir müssen auf der Stelle beten."

Meine Mutter fing an Fragen zu stellen.

„Was ist denn? Was ist los? Wie geht es ihm?"

„Ich weiß nicht. Betet einfach."

„Soll ich mit den Kindern—"

„Bete einfach! Bete!"

Ich sank hinter dem Sofa auf die Knie. Alle versammelten sich um mich und fingen an zu beten, manche laut, andere im Stillen.

Ruby saß auf meinem Schoß und ich umarmte sie ganz fest.

Dann erschien Mary Elizabeth, die Chicken Nuggets für die Kinder geholt hatte, in der Tür und spürte die Anspannung. Sie sah sich nur kurz um und stellte keine Fragen. Sie ließ das Essen auf den Tisch fallen, packte die Kinder und sagte: „Kommt, wir gehen zum Spielen raus."

Aus dem Zimmer wurden Textnachrichten verschickt, um andere um ihre Gebete zu bitten. Leute aus unserer Gemeinde starteten sofort eine Gebetsaktion.

Scott Parker verließ eine Sitzung bei der Arbeit und setzte sich in seinen Wagen, um zu beten. Im Hauptquartier von *Samaritan's Purse* in North Carolina erfuhren die Mitarbeiter bei einer Besprechung von Kents Zustand. Sie unterbrachen ihre Sitzung und begannen mit einer Gebetsgemeinschaft. Alle bei *Samaritan's Purse* beteten.

Als wir Franklin Graham zum ersten Mal begegneten, erzählte er uns, dass er in dem Moment, als er unseren dringenden Gebetsaufruf erhielt, eine Stunde lang auf dem Boden seines Büros gelegen und für Kent gebetet hatte, indem er Gott bat, Kent und das ganze liberianische Volk zu verschonen.

Wir hörten auch von Menschen, die nichts von Kents Zustand wussten, aber zu diesem Zeitpunkt das Bedürfnis verspürten, für ihn zu beten. Menschen auf der ganzen Welt beteten für Kent, und er brauchte diese Gebete. Mehr denn je.

Kent

Donnerstag war der Tag, an dem ich dachte, ich würde sterben. Ich war schwächer, hatte keine Kontrolle mehr über meine Körperfunktionen und wurde von ständigem Durchfall geplagt. Im Laufe des Tages fiel es mir immer schwerer zu atmen. Mein Körper konnte diesen Kampf nicht gewinnen. Ich dachte, ich würde in dieser Nacht an Lungenversagen sterben.

Es gab auf der ganzen Welt nur wenige Exemplare des im Teststadium befindlichen Medikaments. Eine Packung davon war am Tag zuvor in ELWA eingetroffen, mit einer ganz eigenen Geschichte.

Dr. Sheik Humarr Khan war im Kampf gegen Ebola der wohl prominenteste Arzt in Sierra Leone gewesen. Dann infizierte er sich mit dem Virus. Im Rahmen der Forschung an dem Medikament namens ZMapp wurde eine Einheit von drei Dosen in Sierra Leone gelagert. Als Dr. Khan erkrankt war, hatten die Gesundheitsbehörden in Sierra Leone sich mit Experten aus aller Welt beraten, ob man ihm das ZMapp verabreichen sollte. Die Beamten in Sierra Leone und das medizinische Team, das ihn betreute, entschieden sich dagegen. Sie meinten, es sei zu riskant, jemandem, der in ihrem Land so geschätzt wurde wie Dr. Khan, ein noch nicht ausreichend getestetes Medikament zu geben. Es war zweifelsohne eine sehr schwierige Entscheidung. Dr. Khan starb am Dienstag, den 29. Juli.

Die Kühlkiste mit dem ZMapp wurde von Sierra Leone nach Foya transportiert und am Mittwoch nach Monrovia geflogen, wo sie zu einem der Büros von *Samaritan's Purse* gebracht wurde. Eine der drei Dosen, noch immer tiefgefroren, wurde zu

Nancys Haus gefahren. Um das Medikament aufzutauen, wurde es unter Nancys Achsel gelegt, damit es ihr als Transfusion verabreicht werden konnte.

Als Lance mit den Experten über ZMapp gesprochen hatte, war ihm geraten worden, die Dosen des Mittels nicht zwischen Nancy und mir aufzuteilen. Wenn ZMapp wirken sollte, müssten alle drei Einheiten einer Person gegeben werden.

Die Entscheidung, Nancy diese erste Dosis zu geben, war gefallen. Man sagt mir, ich hätte selbstlos darauf bestanden, dass Nancy die Antikörper erhalten sollte und nicht ich. In Wirklichkeit war es eine medizinische und keine großmütige Entscheidung gewesen. Ich hatte mich am Mittwoch etwas besser gefühlt, und die Vorbereitungen für eine Evakuierung in die Quarantänestation der Emory Universitätsklinik in Atlanta, Georgia, liefen. Nach allem, was ich über Nancys Zustand gehört hatte, ging es mir zum Zeitpunkt der Beratung besser als ihr. Außerdem war ich jünger und dachte, mein Körper könnte wahrscheinlich mehr aushalten als ihrer.

Wir beschlossen nicht, Nancy das Medikament zu geben, weil ich es so wollte, sondern weil sie es dringender brauchte.

Am Donnerstagnachmittag erfuhr John Fankhauser, dass ich zugestimmt hatte, die Antikörper Nancy zu geben.

„Kannst du kurz sprechen?", schrieb er mir.

Ich rief ihn an. Offenbar klang ich sehr schwach und war ungehalten, weil ich allein war. Ich klagte, dass mir schwindelig sei und ich mich schwach fühlte, wenn ich versuchte aufzustehen.

„Klingt so, als bräuchtest du ein paar Liter Flüssigkeit", meinte John.

„Ich brauche keine Flüssigkeit, John", gab ich scharf zurück. „Ich brauche einen Arzt."

John sagte, er würde Lance oder Linda zu mir schicken. Dann berichtete er mir etwas Interessantes: Er glaubte nicht, dass sie Nancy die gesamte Dosis Antikörper geben müssten. Er meinte vielmehr, wenn Nancy und ich wie gehofft evakuiert würden, könnte die Antikörper-Behandlung bei uns beiden in Monrovia begonnen und in den USA fortgesetzt werden.

„Wenn du eine Dosis Antikörper erhältst", erklärte er mir, „holen sie dich morgen Abend hier raus, und dann bist du in Atlanta, wenn die zweite Dosis fällig wird. Dann bekommt Nancy ihre zweite Dosis hier, und wenn sie ihre dritte Dosis braucht, ist sie ebenfalls in Atlanta. Es gibt keinen Grund, sie nicht zu nehmen."

„Gut, John", sagte ich. „Wenn du glaubst, dass Nancy trotzdem die nötige Menge bekommt, bin ich bereit, das Medikament zu nehmen."

Lance sah am Abend noch einmal nach mir. Meine Atmung war flach und zu schnell, und meine Temperatur war auf 40 Grad gestiegen.

Allison Rolston, eine Arzthelferin aus Tennessee, war die jüngste Ergänzung des ELWA-Teams, das mich pflegte. Da es keine medizinischen Mittel gab, um mein Fieber zu senken, nahm sie einige Handtücher, legte sie in Wasser und breitete die nassen Handtücher über mich. Das senkte die Temperatur ein wenig, aber ich hatte immer noch hohes Fieber und der Ausschlag wurde immer schlimmer.

„Ich möchte dir jetzt die Antikörper geben", erklärte Lance mir durchs Fenster.

„Ist gut", erwiderte ich.

Lance war ein erfahrener Arzt, der nach jahrelanger Tätigkeit in der Palliativmedizin wusste, wie der Tod aussah – und ich war nicht mehr weit davon entfernt. Er warnte die anderen, die bei ihm waren, ich sei hochgradig ansteckend. „Hören Sie", sagte Lance zu Kendell Kauffeldt, dem Landesdirektor von *Samaritan's Purse* in Liberia, „Sie müssen Ihre Leute dazu bringen zu beten."

Kendell ging sofort und fing an, alle im Team zu informieren: „Ihr müsst beten. Wir sind dabei, Kent zu verlieren."

Seine Frau Bev war zu Hause, als Kendell ihr sagte, sie solle beten. Einer ihrer Söhne war im Bett und schlief, aber ihr

171

jüngster Sohn, der elfjährige Isaac, war bei ihr. Sie versuchte, ihn in sein Zimmer zu schicken, um ihn vor der Nachricht, die vielleicht bald kommen würde, zu schützen.

„Nein, Mom", sagte er. „Ich möchte hierbleiben und für Onkel Kent beten."

Bev wusste nicht, wie sie reagieren sollte – ihr fehlten die Worte. In diesem Augenblick betete Isaac laut. „Lieber Gott, bitte rette Onkel Kent das Leben. Ruby und Stephen brauchen doch ihren Papa."

Das ZMapp-Experiment beginnt

Da er nicht wusste, ob ich auch nur eine Stunde länger leben würde, traf Lance eine mutige Entscheidung: Das ZMapp, das Nancy bekommen sollte, musste mir verabreicht werden.

Lance ging zu Nancys Haus und berichtete ihr durchs Fenster von seiner Entscheidung. Dr. Debbie hatte ihre Schutzkleidung angelegt und betrat das Haus. Dort verstaute sie das Röhrchen mit dem Medikament in drei Tüten und dekontaminierte das Päckchen anschließend. Lance legte das ZMapp in einen Eimer und fuhr mit seinem Pickup so schnell er konnte zu meinem Haus.

Ich hatte gegen fünf Uhr nachmittags Tylenol genommen. Zwischen sieben und acht Uhr bekam ich Flüssigkeiten gespritzt, zusammen mit einer Dosis Benadryl. Mit der ZMapp-Infusion wurde kurz nach acht Uhr begonnen. Ich war der erste Mensch, dem das Medikament jemals verabreicht wurde, und niemand wusste, was passieren würde.

Zu Beginn der Infusion fing ich heftig an zu zittern. Ich atmete dreißigmal in der Minute – also so schnell, dass es selbst einen gesunden Menschen schnell ermüden und schwindelig machen würde.

So schnell zu atmen, kostete jede Menge Kraft, und das Zittern machte es nur noch schlimmer. Da ich schon so lange krank war und seit Tagen nur noch wenige Bissen gegessen hatte, wusste ich, dass ich diese Atemfrequenz nicht lange durchhalten würde.

Ich sah zu Tim Mosher, dem Pfleger, hinüber und sagte. „Ich weiß nicht, wie ihr für mich atmen wollt, wenn ich damit aufhöre, denn lange schaffe ich das nicht mehr."

„Kent", sagte Lance, „das sind die Antikörper, die jetzt kämpfen. Das ist der Grund. Du musst sie kämpfen lassen."

Fünfzehn Minuten, nachdem das ZMapp verabreicht worden war, sank meine Temperatur auf 37,8 Grad, und mein Puls beruhigte sich auf 84 Schläge pro Minute.

Zehn Minuten später hörte das Zittern auf. Um neun Uhr hatte sich mein Zustand stabilisiert. Als ich mich im Bett aufsetzte, stieg die Hoffnung zu neuen Höhen, als uns klar wurde, dass ich die Nacht überleben würde.

Kaum eine halbe Stunde, nachdem ich mich im Bett hatte aufsetzen können, während die ZMapp-Infusion noch lief, stand ich zum ersten Mal seit anderthalb Tagen auf und ging ins Bad.

In der Nacht ging ich wieder zur Toilette. Ich hatte immer noch Durchfall, und meine Temperatur stieg nach Mitternacht auf 39,1 Grad, aber meine Atmung war viel besser.

Ich war immer noch sehr krank, fürchtete jedoch nicht mehr bei jedem Atemzug, er könnte mein letzter sein.

TEIL 5: GERETTET!

14. DIE EVAKUIERUNG WIRD VORBEREITET

Kent

Mein drastisch verbesserter Zustand machte eine Entscheidung leichter: Das medizinische Team hatte überlegt, ob sie zuerst Nancy oder mich evakuieren sollten, und sie beschlossen, dass medizinisch gesehen Freitag der beste Tag sei, um mich in die USA zurückzuschicken.

Samaritan's Purse hatte zusammen mit der amerikanischen Regierung alles getan, um eine Sondergenehmigung der Luftfahrtbehörden zu erwirken, damit sie drei an Ebola erkrankte Amerikaner aus Liberia ausfliegen konnten. Neben Nancy und mir hatte noch eine andere Krankenschwester am Donnerstag hohes Fieber bekommen und litt an Erbrechen und Durchfall. Wie sich herausstellte, hatte sie kein Ebola, aber zu diesem Zeitpunkt wollte SP vorbereitet sein, für den Fall, dass ihr Test positiv ausfiel. John Fankhauser blieb weiterhin in Quarantäne, es ging ihm jedoch gut und er erwartete, dass der Test am Ende seiner Isolationszeit negativ sein würde.

Während des ständigen Hin und Her in Sachen Evakuierung in dieser Woche war es mir egal gewesen, in welches Land ich gebracht würde – ob zurück in die Vereinigten Staaten oder irgendwo nach Europa. Ich wusste, dass meine Familie nicht nach Liberia zurückkehren konnte, und so wollte ich nur an einen Ort gebracht werden, an dem meine Familie mich besuchen konnte. Das war mir wichtig. Selbst wenn ich starb, konnte ich ihnen wenigstens nahe sein, anstatt am anderen Ende der Welt.

Ich weiß nicht, wann ich mit Gewissheit erfuhr, dass ich nach Atlanta fliegen würde. Es muss irgendwann am Donnerstag gewesen sein, denn nachdem ich das ZMapp bekommen hatte und mich gut genug fühlte, um ins Bad zu gehen, fing ich an, meinen Freitag zu planen.

Tim Mosher ist ein großer, kräftiger Kerl, deshalb fragte ich ihn am Donnerstagabend, ob er am Morgen darauf wiederkommen und mir beim Duschen helfen würde.

Am Freitagmorgen brachte Tim einen Plastikstuhl mit und stellte ihn in die Dusche. Er half mir auf den Stuhl und drückte mir den Duschkopf in die Hand. Ich duschte bestimmt zwanzig oder dreißig Minuten lang und genoss jeden Augenblick. Dann trocknete ich mich auf dem Stuhl sitzend ab, weil ich zu schwach war, um lange zu stehen. Tim stellte einen anderen Stuhl vor das Waschbecken, und dort setzte ich mich hin und putzte mir zum ersten Mal seit einer Woche die Zähne und benutzte ein Deo.

Es tat gut, diese Meilensteine mit Tim zusammen zu erleben. Er war zwei oder drei Tage zuvor ans ELWA gekommen und war am Donnerstag bei mir gewesen, als mein Zustand so bedenklich gewesen war. Als es mir besser ging, erzählte er mir von seiner Vermutung, man habe ihn für meine Pflege eingeteilt, als ich dem Tod nahe war, weil er der Einzige dort war, der mich nicht kannte.

Zusätzlich zu dem ZMapp war am Donnerstag noch etwas Wundervolles geschehen: Dr. Ed Carns war wieder da! Nach seinem kurzen Aufenthalt bei uns im April und Mai, als wir uns ein Zimmer geteilt hatten, war Ed nach Oklahoma zurückgekehrt. Damals sah es so aus, als wäre Liberia von dem Ebola-Ausbruch verschont geblieben. Dann war er Ende Juni, Anfang Juli erneut hergekommen, da es doch zu einer Ebola-Epidemie in Liberia gekommen war, und eine Woche vor meiner Diagnose wieder abgereist.

Als Ed hörte, dass ich krank war und das Krankenhaus dringend Hilfe brauchte, hatte er sich für einen dritten Einsatz gemeldet.

Ed war am Donnerstagabend nach Liberia geflogen, ungefähr zur gleichen Zeit, als ich die Antikörperbehandlung erhalten hatte. Er hatte seinen Fahrer gebeten, nur kurz bei seinem Haus zu halten, damit er sein Gepäck abladen konnte, und war dann unverzüglich zu meiner Doppelhaushälfte gekommen. Er sagte, er habe im Flugzeug fünf Stunden geschlafen und sei bereit einzuspringen und bei meiner Pflege zu helfen.

Mit zwei Care-Paketen beladen betrat Ed mein Schlafzimmer. Er öffnete eine Tupperdose, um mir die Kekse zu zeigen, die er von zu Hause mitgebracht hatte.

„Das ist wirklich lieb, Ed", sagte ich, „aber mir wird schon bei dem Gedanken an was Süßes schlecht, deshalb stell sie lieber da drüben hin."

Das zweite Geschenk war eine Plastiktüte voller Karten. Er reichte mir einige, die obenauf lagen. Die ersten vier waren drei Karten von Stephen und Ruby und eine von Amber.

Ich las die Karten der Kinder und danach die von Amber und sagte zu Ed: „Für mehr habe ich im Moment keine Kraft. Ich muss mich ausruhen."

Dann schaltete ich eine Diashow mit Familienfotos auf meinem Laptop ein, während ich zum ersten Mal seit der Diagnose dachte, dass ich meine Familie vielleicht doch bald wiedersehen würde. Ed saß neben dem Bett, sah sich die Bilder an und leistete mir Gesellschaft, bis ich einschlief. Auch während ich schlief, blieb Ed bei mir. Er trug seinen Schutzanzug viel länger, als wir es sonst taten, und weigerte sich zu gehen, bevor eine Ablösung für ihn kam, die sich um mich kümmerte. Ed reiste um die halbe Welt, um bei mir zu sitzen, weil er gehört hatte, dass ich nicht gerne allein war. Seine Anwesenheit war mir ein großer Trost.

Mr Sentimental

Am Freitagmorgen kam Ed wieder, und ich fühlte mich viel besser und kräftiger. Nach meiner Dusche bat ich ihn, mir beim Packen für die Evakuierung zu helfen. Lance hatte mir gesagt, ich könne eine gut 3,5 Liter große Ziploc-Tüte mitnehmen.

„Was ist mit deinem Computer?", fragte Ed. „Willst du deinen Laptop mitnehmen?"

„Ach ja, daran hatte ich gar nicht gedacht. Das ist eine gute Idee."

Ich rief Lance an und fragte ihn, ob ich auch meinen Laptop in der dazugehörigen Tasche mitnehmen könne.

„Ich weiß nicht", sagte er. „Da muss ich den Piloten fragen."

Ich legte auf und dachte eine Weile nach.

„Ed, ich kann ja kaum aufs Klo gehen. Da kann ich unmöglich die Tasche mit dem Computer tragen."

Also schrieb ich an Lance: „Vergiss es."

Ich hatte eine schwarze Umhängetasche, die ich während meiner Zeit als Assistenzarzt am JPS geschenkt bekommen hatte, und diese Tasche hatte ich jeden Tag bei mir, wenn ich zum Krankenhaus ging.

Ed und ich fingen an, meine Tasche durchzusehen. Mein Stethoskop war zu groß, also musste es zurückbleiben. Die Tube mit Lippenbalsam wanderte in meine Ziploc-Tüte. Meine Lippen waren sehr, sehr trocken. Wir beschlossen, einige USB-Sticks zu behalten, die Dokumente und PowerPoint-Präsentationen von Tagungen enthielten. Mein kleines schwarzes Buch, in das ich meine medizinischen Notizen schrieb, kam natürlich auch mit.

Ed zog mein Portemonnaie heraus und öffnete es.

„Dein amerikanischer Führerschein?", fragte er.

„Ed, ich brauche deine Hilfe", sagte ich. „Ich bin ein sentimentaler Kerl, der sich schlecht von Dingen trennen kann. Jetzt ist nicht die Zeit für Sentimentalität – nur das, was nötig ist. Du musst mir helfen, diese Entscheidungen zu treffen, denn im Moment kann ich das nicht sehr gut."

„Okay", sagte er. „Amerikanischer Führerschein. Ja, den brauchst du. Liberianischer Führerschein?"

„Ich muss in Liberia nicht mehr fahren."

„Gut. Aber behalte ihn trotzdem. Es war schwierig genug, ihn zu kriegen, und du solltest ihn behalten. Starbucks-Geschenkkarte?"

„Keine Ahnung, warum die in meiner Brieftasche ist. In Liberia gibt es keinen Starbucks. Und ich weiß nicht, ob noch Guthaben drauf ist."

„Behalten wir sie."

Dann zog Ed meine Kreditkarte heraus.

„Die sollte ich wahrscheinlich mitnehmen", sagte ich.

„Nein", widersprach er, „deine Kreditkarte brauchst du nicht. Du kannst eine neue beantragen. Wirf sie weg. Bankkarte?"

„Die sollte ich bestimmt behalten."

„Nein", sagte Ed auch diesmal. „Brauchst du auch nicht, kannst dir eine neue holen. Wegwerfen. Mitgliedskarte für *Sam's Club?*"

Ich musste lachen.

„Sieh dir das Bild auf der Rückseite an", sagte ich zu Ed.

Ich hatte den Ausweis im Studium bekommen. Als das Foto gemacht wurde, hatte ich meinen Bart mindestens zwei Monate lang nicht gestutzt, mir aber dafür kurz vorher den Kopf scheren lassen, eine Art Aufnahmeritual unseres Studentenvereins. Ich sah aus, als gehörte ich irgendeiner kleinen revolutionären Guerilla-Organisation an. Die Karte hatte ich als Erinnerung aufgehoben.

Ed drehte die Karte um und lachte leise. „Das klingt sentimental. Du solltest sie behalten."

„Wirklich?", fragte ich. „Weder Kreditkarte noch Bankkarte, aber meinen Mitgliedsausweis vom Studentenverein?"

Er schob die Karte in die Ziploc-Tüte.

Ich beschloss, meinen Mitgliedsausweis der Amerikanischen Ärztekammer für Allgemeinmedizin zu behalten, aber nicht meine liberianische Lizenz, als Arzt zu praktizieren. Es war unwahrscheinlich, dass ich so bald wieder in Liberia arbeiten würde.

Wir beschlossen außerdem, den Inhalt meines Computers auf einer externen Festplatte zu sichern, die ich dann mitnehmen würde.

Pläne schmieden für Atlanta

Amber
Nachdem ich am Donnerstagabend erfahren hatte, wie viel besser es Kent nach seiner ersten Dosis des Medikaments ging, wachte ich am Freitag hoffnungsvoll auf.

An diesem Freitag hatte mein Vater Geburtstag, und eine ganze Reihe Leute kamen uns in der Pension besuchen: meine Eltern und Großeltern, alle meine Geschwister, Kents Eltern, seine Geschwister, die in Texas lebten, mit ihren Familien, meine Tante, einige Cousins und Cousinen. Ich weiß nicht, wie viele Personen wir waren, aber es war die optimistischste Zusammenkunft seit Langem.

Wir überraschten Dad mit einer Geburtstagstorte und machten ein Gruppenfoto mit Schildern, auf denen „Grüße aus Texas" stand, damit wir es Kent schicken konnten.

Gegen Mittag erhielt ich die Nachricht, dass Kent noch am selben Tag evakuiert werden würde – und diesmal war es sicher! Das löste wieder eine Feier in unserem Haus aus.

„Das ist der beste Geburtstag, den ich je erlebt habe!", rief mein sonst so ruhiger Vater. „Das ist der beste *Tag*, den ich je erlebt habe!"

An diesem Abend war der Probedurchlauf für die Hochzeit und das Essen für meinen Bruder Keith und seine Braut Morgan. Ruby und Stephen sollten bei der Hochzeit mitwirken. Nachdem alle gegangen waren, legten wir drei uns für ein kurzes Nickerchen hin. Durch die ganze Anspannung und Aufregung waren wir so erschöpft, dass wir die Probe und das Essen komplett verschliefen.

Ich rief meinen Vater an. „Tut mir leid, wir haben verschlafen."

„Ist schon gut", sagte Dad. „Mach dir keine Gedanken. Die Kinder werden das prima machen."

Kent

Den Nachmittag und Abend verbrachte ich abwechselnd damit, die Daten von meinem Computer zu sichern und mich auszuruhen. Dann wurde mir gesagt, ich solle um neun Uhr anfangen, mich für die Abreise bereit zu machen. Eine Stunde später würden wir zum Flughafen aufbrechen. Der Zeitplan war sehr strikt, denn aus Sicherheitsgründen durfte sich mein Krankenwagen nur in einem klar definierten Zeitfenster von fünfzehn Minuten auf dem Rollfeld befinden. Für diese geheime Operation gab es strenge Sicherheitsvorkehrungen.

Ich fieberte meiner Abreise entgegen und fing schon vor neun an, mich fertig zu machen. Ich bat Ed, mir ein bestimmtes Paar dicke schwarze Socken von meinem Regal zu holen sowie einen dunkelblauen OP-Anzug mit meinem Namen darauf.

Als Amber und ich uns auf den Umzug nach Liberia vorbereitet hatten, besaß ich keine eigene Krankenhauskleidung. Im JPS hatte ich die Kittel der Klinik getragen, und die musste ich am Ende meiner Zeit dort zurückgeben. Ich erzählte meiner Mutter von meinem Problem. Sie kramte in ihrem Schrank und kam mit einem Stapel dunkelblauer OP-Anzüge zurück. Mein Vater hatte vierzig Jahre als Arzt gearbeitet und diese Anzüge nie getragen. Er bevorzugte ein weißes Hemd mit Schlips als Arbeitskleidung, und so war die Krankenhauskluft ungetragen. Meine Mutter nahm sieben von diesen Anzügen, ließ „Dr. med. Kent Brantly" auf Stoff sticken und befestigte diese Aufnäher über dem Namen meines Vaters. Diese Kleidung trug ich in Liberia jeden Tag.

Ich zog meinen OP-Anzug und die Socken an und ging zum ersten Mal seit einer Woche ins Wohnzimmer. Tim Mosher sagte, ich solle mich auf dem Sofa ausruhen, weil es noch eine Weile dauern würde, bis wir gingen.

Als es dann soweit war, hielt Tim einen Schutzanzug für mich bereit. Er gab mir ein Paar gelbe Handschuhe, einen gelben

Schutzanzug – die dicke, schwere Variante – und schwere weiße Gummistiefel. Er sagte, die Schutzbrille oder die zusätzliche Mütze müsse ich nicht tragen. Die Kapuze und Maske musste ich anlegen, aber sobald ich im Krankenwagen war, sollte ich sie abnehmen, damit ich während der Fahrt besser atmen konnte. Wenn ich *Krankenwagen* sage, muss ich das genauer erklären. Unser Krankenwagen war ein Pickup mit einer Reling auf beiden Seiten der Ladefläche. Dieselben Männer, die das Küchen- und Waschhaus in eine Isolierstation verwandelt hatten, hatten aus Holz einen kastenartigen Aufbau gezimmert, der auf die Ladefläche des Lieferwagens passte, und diesen dann mit einer blauen Plane abgedeckt. Das war unser Krankenwagen. Drinnen gab es Schaumstoffkissen, auf denen ich sitzen konnte. Ein zweiter Lieferwagen war ebenso ausgestattet worden, für den Fall, dass unser Wagen auf dem Weg zum Flughafen ein Problem hatte.

Die beste Nachricht war, dass es John Fankhauser gut ging und er aus der Quarantäne entlassen worden war. Er würde mit mir im Krankenwagen fahren. Der Plan war gewesen, dass ich allein in dem Kasten sein sollte, weil man uns nicht erlauben würde, auf dem Rollfeld irgendeine Dekontaminierung vorzunehmen. Das bedeutete, dass derjenige, der mit mir auf der Ladefläche fuhr, den ganzen Weg zurück nach ELWA den Schutzanzug tragen musste. Der Flughafen war knapp eine Stunde entfernt – es war also eine lange Fahrt, aber John war um meinetwillen bereit, dieses Opfer zu bringen.

Johns Ebola-Test war kurz vor meiner Abreise negativ gewesen, und so hatte er sich freiwillig gemeldet, um mich zu begleiten. Er hatte bei mir zu Hause schon oft vier Stunden im Schutzanzug verbracht, und er wollte nicht, dass ich allein war.

„Vor allem", sagte er, „muss jemand bei Kent sein, für den Fall, dass er irgendein Problem hat. Aber auch, um ihm einfach Gesellschaft zu leisten."

Amber

Samaritan's Purse teilte mir mit, dass sie ein Flugzeug für mich chartern würden, das mich am nächsten Morgen nach Atlanta bringen sollte. Mary Elizabeth sagte, sie werde für mich einkaufen gehen.

„Das ist lieb von dir, aber warum?", fragte ich.

„Du kannst jetzt keine Klamotten kaufen gehen", erklärte sie mir. „Da draußen ist der Bär los."

„Wirklich?"

„Es herrscht Chaos, und du kannst da nicht raus."

Ich war noch nicht in der Öffentlichkeit gewesen. Ich wusste jedoch, dass es in Abilene Menschen gab, die Angst hatten, weil die Kinder und ich uns in der Stadt aufhielten. Wir drei waren Gegenstand einer kontrovers diskutierten internationalen Berichterstattung, sodass Mary Elizabeth mir riet, mich bedeckt zu halten.

Meine Schwägerin Shelley flog am Freitag von Michigan her, um während meines Atlanta-Aufenthalts für die Kinder zu sorgen. Das bedeutete, dass ich die Hochzeit meines Bruders verpassen würde.

Keith und Morgan waren wirklich gebeutelt. Die ganze Aufregung um mich machte ihre Hochzeitswoche unglaublich stressig. Gebuchte Firmen wollten ihre Dienstleistungen nicht mehr erbringen, selbst Verwandte sagten ab. Die Menschen waren starr vor Angst.

Kent

Von meiner Haustür bis zur Ladefläche des Krankenwagens war ein Weg abgesperrt worden, und ich glaube, jeder, der irgendetwas mit *Samaritan's Purse* zu tun hatte, war erschienen und jubelte, während ich langsam zu dem Wagen schlurfte. Mit einer Flasche Wasser, einer Dose Gatorade und meiner Ziploc-Tüte bewaffnet stieg ich in den Wagen, gefolgt von John.

Eric Buller, der vorne im Wagen mitfuhr, rief: „Amber sagt, dass sie dich liebt!" Sie hatte ihm eine E-Mail geschickt und ihn gebeten, mir das vor der Reise zu sagen. Er schrieb zurück: „Ich habe es ihm gesagt. Alle haben es gehört!"

Ich streifte die Kapuze ab und zog den Mundschutz über den Kopf. Das half sehr, denn auch wenn meine Atmung sich verbessert hatte, war sie noch immer nicht normal. John hielt die ganze Fahrt über meine Hand, während wir uns ab und zu unterhielten.

Nachdem sie mich am Flughafen abgesetzt hatten, fuhr John auf der Ladefläche des Pickups zu meinem Haus zurück. Als er aussteigen wollte, um sich zu dekontaminieren, bemerkte er, dass er in etwas Nassem gesessen hatte. Seine erste Befürchtung war, ich könnte Durchfall gehabt haben und die Flüssigkeit wäre über den Boden des Wagens gelaufen, sodass er eine Stunde lang in Ebolaviren gesessen hätte. Wie sich herausstellte, war Bleichelösung aus einem Eimer geschwappt, die für den Notfall im Wagen deponiert worden war.

„Gott sei Dank!", rief John aus.

Wir kamen früher als geplant beim Flughafen an und mussten vor einem Tor warten. Es kam uns wie eine Ewigkeit vor. Als das Tor geöffnet wurde, fuhr der Wagen auf das Rollfeld und hielt neben dem Flugzeug.

Eric stieg aus der Fahrerkabine und zog einen Schutzanzug an. Ich rutschte zum Ende der Ladefläche und wurde von Vance Ferebee begrüßt.

„Ich werde im Flugzeug Ihr Pfleger sein", sagte er. „Wir bringen Sie nach Hause."

Vance, Eric und John halfen mir aus dem Wagen. Vance nahm meine Hände und ging rückwärts, während er mich zur Treppe des Flugzeugs führte.

John hatte nicht aussteigen dürfen, und ich drehte mich zu Eric um, der in der Nähe stand. „Bis bald, Kumpel!", sagte ich nur. Für lange Abschiede oder Umarmungen war keine Zeit.

15. WILLKOMMEN ZU HAUSE

Kent

Ich hätte mir das Flugzeug – eine extra umgebaute, hochtechnologisch ausgestattete Gulfstream III – gerne näher angesehen, bevor ich einstieg. Ich dachte: *Das ist ganz schön cool! Ich werde in diesem supergeheimen Flieger evakuiert!* Aber es war so anstrengend, einfach nur einen Fuß vor den anderen zu setzen, dass ich außer den blinkenden Lichtern der Maschine eigentlich gar nichts richtig wahrnahm.

Vance ging rückwärts die Treppe hinauf, was in seinem Schutzanzug bestimmt nicht leicht war, und half mir, jede einzelne Stufe zu erklimmen. Dann ging er – immer noch rückwärts – den Mittelgang hinunter und durch eine mit Reißverschluss versehene Plastiktür. Ich trat ebenfalls durch die Öffnung und Vance verschloss die Tür hinter mir. Vor uns war noch ein Eingang, den Vance öffnete, und schließlich betraten wir die medizinische Luftfahrtkabine, die wie ein rechteckiges, transparentes Zelt aussah.

Vance half mir, meinen Schutzanzug auszuziehen, und steuerte mich zu der eigentlichen Kabine. Darin befand sich ein Krankenbett mit schräg gestellter Lehne und einer weichen Matratze. Daneben stand ein Spezialeimer, der mir als Toilette dienen würde. Der Eimer hatte einen Deckel und enthielt dekontaminierende Flüssigkeiten. Vance zeigte mir, wo das feuchte Toilettenpapier und das Desinfektionsmittel für die Hände waren, dann brachte er mehrere Flaschen Wasser und fragte mich, ob ich etwas essen wollte. Auf der Speisekarte standen unter anderem Oreos und Kräcker mit Erdnussbutter.

„Erdnussbutterkräcker klingen nicht schlecht", sagte ich. Ich biss in einen der Kräcker, aber mein Mund war so trocken, dass ich beinahe eine ganze Flasche Wasser trinken musste, um diesen einen Kräcker hinunterzubringen.

Vance stellte fest, dass die Kanüle schon seit mehreren Tagen in meinem Arm war, und beschloss, einen neuen Zugang am linken Arm zu legen. Er schloss mich an den Tropf an, damit ich meine Flüssigkeiten bekam, gab mir ein Walkie-Talkie, damit ich mit der Crew kommunizieren konnte, und fragte mich dann, ob ich sonst noch etwas brauchte.

„Habt ihr Windeln in Hosenform?" Ich trug die Sorte mit den kleinen Klebestreifen. Die konnte ich nicht selbst anlegen, und ich wusste, dass ich während des Fluges öfter würde aufstehen und die Toilette benutzen müssen.

Vance ging durch die erste Reißverschlusstür, rief jemandem etwas zu und kam dann mit einem Paket zurück.

„Tut mir leid, das ist alles, was wir haben", sagte er. Er öffnete die Packung und darin waren die Windeln, auf die ich gehofft hatte.

„Gott sei Dank für Höschenwindeln", sagte ich zu ihm.

Wir landeten zweimal um zu tanken, einmal auf der *Lajes Air Base* in den Azoren und das zweite Mal am *Bangor International Airport* in Maine. In Lajes wies man den Piloten an, die Türen des Flugzeugs nicht zu öffnen. In Bangor winkte der amerikanische Zoll uns in Rekordzeit durch, weil man nicht wollte, dass wir länger als nötig am Boden blieben. Bei beiden Landungen kam ein Mitglied der Crew in die Kabine, um nach mir zu sehen. Die restliche Zeit war ich allein.

Ich war so dehydriert, dass ich die ganze Reise über einen unstillbaren Durst hatte. Jedes Mal, wenn ich einschlief, schien es mir, als würde ich fünf Minuten später wieder aufwachen, weil ich etwas zu trinken brauchte. Um auf die Toilette zu gehen, musste ich aufstehen und mich umdrehen, um mich auf den Eimer zu setzen. Diese Aktivität erforderte bereits so viel Kraft und dauerte so lange, dass ich mich entscheiden musste, ob ich mir die Hände desinfizieren und mich wieder ins Bett begeben wollte, bevor ich etwas trinken konnte. Ich war nicht sicher, ob ich so lange ohne Wasser aushalten konnte. Oft hatte ich solchen Durst, dass ich die Flasche nahm und trank, bevor ich von dem Eimer aufstand.

Während unseres Zwischenstopps in Lajes befestigte der Mannschaftsarzt, Doug Olson, einige Elektroden auf meiner Brust, damit er meinen Herzrhythmus auf einem Monitor überwachen konnte. Außerdem hatte ich ein Pulsoximeter am Finger, das den Sauerstoffgehalt meines Blutes maß. Das Kabel war nicht so lang, dass es bis zum Eimer reichte, und jedes Mal, wenn ich aufstand und mich umdrehte, musste ich das Oximeter abnehmen.

Während des Check-ins in Bangor fragte man mich, wie oft ich den Eimer benutzt hatte, und wie oft ich Durchfall gehabt hatte. Ich hatte nicht mitgezählt, aber es war oft. Eigentlich war es ein stetiger Kreislauf, in dem ich vom Eimer ins Bett zurückkehrte, etwas trank, einnickte, nach einigen Minuten wieder aufwachte, um noch etwas zu trinken, und mich dann wieder zum Eimer umdrehte. Ich sagte, ich hätte keine Ahnung, und schlug vor, sie sollten den Monitor anschauen, denn jedes Mal, wenn ich das Pulsoximeter abnahm, ging ich zur Toilette.

Die Crew sagte, die Luftfeuchtigkeit im Flugzeug betrage 14 Prozent. Ich dachte: *Wollt ihr mich umbringen?* Ich hatte in der hohen Luftfeuchtigkeit von Liberia gelebt und war mit einem Schlag an das andere Ende dieses Spektrums befördert worden. Meiner Meinung nach konnte diese drastische Veränderung nicht gut sein, wenn man meine starke Dehydrierung von dem schweren Durchfall bedachte.

Im Laufe der vierzehnstündigen Reise trank ich sieben oder acht Halbliterflaschen Wasser.

Unser Flugzeug landete um kurz nach elf Uhr morgens Ostküstenzeit auf der *Dobbins Air Reserve Base* am Rand von Atlanta. Das dritte Mitglied des medizinischen Teams, das ich noch nicht kennengelernt hatte – der Pfleger Jonathan Jackson –, kam in die Kabine und half mir in einen neuen Anzug. Die Mannschaft hatte Matten auf den Boden des Flugzeugs gelegt und die Sitze abgedeckt. Weil ich mich in der Kabine angezogen hatte, musste mein Anzug ebenso als kontaminiert betrachtet werden wie alles, womit der Anzug in Berührung gekommen war.

Einer der beiden Sanitäter des wartenden Krankenwagens, John Arevalo, kam ins Flugzeug und begrüßte mich. Dann half er mir den Gang hinunter und durch den transparenten Durchgang. Auch er führte mich, indem er rückwärtsging, so wie Vance es getan hatte, als ich das Flugzeug bestiegen hatte. Auf der Treppe vom Flugzeug aufs Rollfeld musste jemand John bei jeder Stufe Anweisungen geben, weil er in seinem Schutzanzug nicht sehen konnte, wohin er trat.

Wir ließen uns beim Aussteigen Zeit. Als wir auf dem Boden ankamen, war ich völlig geschwächt und erschöpft, aber ich war ohne Probleme die Treppe hinuntergekommen.

Eine Krankenliege wartete auf mich, und nachdem ich darauf angegurtet war, sah John zu mir hinunter und sagte: „Willkommen zu Hause."

Das Innere des Krankenwagens – ein richtiger Krankenwagen und kein Pickup mit Holzverkleidung – war umgebaut worden, damit im Falle des Falles jedwede Flüssigkeit, die verschüttet wurde, in einem bestimmten Bereich blieb. Ein zweiter Krankenwagen war ebenso vorbereitet worden, für den Fall, dass unser Wagen auf dem Weg zum Krankenhaus ein Problem hatte. Sie sagten mir das damals nicht, aber sie zogen in Betracht, dass jemand, der gegen meine Einreise in die USA war, versuchen könnte, den Transport zu sabotieren.

Es ist ironisch, dass sowohl in Monrovia als auch in Atlanta die Leute, die für meine Beförderung zuständig waren, die gleiche Idee hatten – aber aus unterschiedlichen Gründen. In Atlanta fürchtete man eine mögliche Sabotage. Meine Freunde von *Samaritan's Purse* in Liberia hatten Angst gehabt, unser Wagen könnte eine Panne haben.

Die Fahrt von *Dobbins* zur Uniklinik dauerte etwa eine halbe Stunde. Ich hatte keine Ahnung, dass über uns Hubschrauber kreisten und unsere Kolonne live im ganzen Land ausgestrahlt wurde. Ich habe gehört, mein Krankentransport sei mit O. J. Simpsons berühmter Fahrt in dem weißen Ford Bronco vergleichbar gewesen.

Viele Menschen haben mir erzählt, dass sie noch wüssten, wo sie waren, als sie zusahen, wie der erste Patient mit Ebola amerikanischen Boden betrat, und sich fragten, was als Nächstes geschehen würde.

Ein inspirierender Gang

John, der Sanitäter, hatte mich aus dem Flugzeug geholt, und als der Krankenwagen auf einem Mitarbeiterparkplatz des Krankenhauses hielt, fragte er: „Glauben Sie, dass Sie bis zum Krankenhaus laufen können?"

„Wie weit ist es?", fragte ich ihn.

„Nicht weit – es ist gleich da drüben", erwiderte er. „Aber wenn wir drinnen sind, gibt es noch ein paar Treppen."

„Wie viele Stufen denn?", wollte ich wissen. „Mehr oder weniger als aus dem Flugzeug?"

Den Jet zu verlassen, war anstrengend gewesen, und ich war nicht sicher, ob ich noch mehr Stufen bewältigen könnte.

„Wahrscheinlich mehr, aber sie sind nicht so groß und nicht so hoch", sagte er. „Wenn es nicht geht, fahren wir Sie mit der Liege rein. Kein Problem. Aber wenn Sie laufen wollen, ist da vorne der Eingang, durch den wir gehen müssen."

„Ist gut", erwiderte ich.

Wieder hatte ich keine Ahnung, dass Helikopterkameras auf unseren Krankenwagen gerichtet waren und nur darauf warteten, dass die Tür sich öffnete. John stieg rückwärts aus dem Wagen und trat auf den Weg. Er reichte mir die rechte Hand, damit ich mich daran festhalten konnte. Die Tür links von mir war offen, und ich hielt mich mit der linken Hand daran fest. Dann setzte ich den linken Fuß auf die Stufe, gefolgt vom rechten Fuß. Der nächste Abstand zum Boden war größer, aber ich stieg ohne Probleme hinunter, wieder mit dem linken Fuß zuerst.

John ging links um mich herum, um die Tür des Krankenwagens zu schließen. Dann nahm er erneut meine beiden Hände und ging an meiner linken Seite zum Hintereingang des Krankenhauses. Die Kameras zeichneten meine vorsichtigen Schritte auf. Als wir in *Dobbins* gelandet waren und der Pfleger in meine Kabine gekommen war, um mir beim Anlegen des Schutzanzugs zu helfen, hatte ich gefragt, ob ich meine Gummistiefel anziehen müsse, weil sie so schwer waren.

„Müssen Sie sie aus irgendeinem Grund behalten?", wollte er wissen.

„Nein."

Er überlegte, dass es für mich einfacher sein würde zu laufen, wenn ich die Stiefel nicht trug, und versicherte mir, er würde sie später entsorgen.

Als wir beim Krankenhaus ankamen, trug ich nur meine Socken, und der Weg vom Krankenwagen war geschottert. Meine Schritte waren langsam, weil ich praktisch barfuß über scharfkantige Steinchen lief.

Ich habe Aufzeichnungen meiner Ankunft gesehen, und in den Kommentaren wurde gemutmaßt, was sich wohl in der Tüte befand, die ich mit beiden Händen festhielt. Das waren keine Medikamente, wie jemand vermutete, oder überhaupt irgendetwas Medizinisches. Das war lediglich meine Ziploc-Tüte mit persönlichen Dingen, darunter auch – jawohl – mein alter Mitgliedsausweis vom Studentenverein.

Vor den Blicken der Nachrichtenkameras verborgen, erreichten wir die Treppe gleich hinter dem Eingang. John merkte, dass ich müde wurde, und fragte mich, ob ich eine Pause machen wollte. Ich nickte. John ließ mich etwas zu Atem kommen, bevor wir die Treppe zu einem Flur hinaufgingen, der zur Quarantänestation führte.

Dieser Gang vom Krankenwagen zum Krankenhaus ist wahrscheinlich die Begebenheit, auf die mich die meisten Leute ansprechen. Die meisten Berichterstatter mit medizinischem Fachwissen waren erstaunt. Manche nannten es „ein Wunder", dass ich überhaupt laufen konnte. Andere hielten es für ein ermutigendes Zeichen, was meine Chance auf Genesung betraf.

Franklin Graham hatte während einer Besprechung vier Tage zuvor die Vizepräsidenten von *Samaritan's Purse* gefragt: „Wäre es nicht ein Zeugnis für Gottes Macht, wenn Kent Brantly aufrecht aus diesem Flugzeug steigen würde?"

Jemanden, den man liebt oder um den man Angst hat, auf einer Liege in ein Krankenhaus rollen zu sehen, kann niederschmetternd sein. Es macht niemals Mut. Obwohl ich nicht versucht hatte, irgendetwas zu beweisen, als ich mich entschloss zu laufen, lösten diese dreißig Sekunden, die ich auf den Beinen stand und lief, etwas in den Menschen aus, die es sahen.

Unglaublich viele Menschen hatten für mich gebetet, und ich glaube, mich laufen zu sehen, obwohl sie mich an der Schwelle des Todes wähnten, war für sie ein lebender Beweis für ihre erhörten Gebete. Unzählige Male hat man mir gesagt: „Als wir sahen, wie du aus diesem Krankenwagen gestiegen bist, haben wir einfach nur Gott gepriesen."

„Das ist er!"

Amber

Am Samstagmorgen, bevor ich mit Kents Eltern, seiner Schwester Krista, Mary Elizabeth und Melissa nach Atlanta flog, war ich ganz kribbelig. Das Flugzeug von *Samaritan's Purse* kam, und Keith Anderson, der Pilot, lud mich ein, auf dem Platz des Kopiloten mitzufliegen. Wir unterhielten uns den ganzen Flug über, und seine Worte machten mir ungeheuren Mut.

Als wir in Atlanta landeten, wurden wir von Tim Viertel und seinem Trupp empfangen. Tim war der für Sicherheit zuständige

Vizepräsident von SP und ein Geheimdienstmitarbeiter im Ruhestand. Wenn man sich einen furchteinflößenden Zwei-Meter-Mann mit dem Herzen eines Teddybären vorstellt – das ist Tim. Er wurde mein Leibwächter, persönlicher Assistent, Chauffeur und allgemeiner Beschützer. Ich hatte nicht darüber nachgedacht, dass ich vielleicht Schutz brauchen würde, aber Kents Ankunft in den USA rief gemischte Gefühle hervor. Es gab Menschen, die steif und fest behaupteten, es sei ein Fehler, einen Ebola-Kranken in unser Land zu lassen.

Tim und seine Mannschaft aus ehemaligen Geheimdienstlern verfrachteten uns in zwei schwarze Limousinen mit verdunkelten Fenstern und fuhren uns zu einem Hotel. Sie wollten nicht, dass der Name Brantly irgendwo auftauchte, deshalb checkten sie uns an der Rezeption mit falschen Namen ein. Ich wurde Becky Woodall.

Ich wollte sofort zum Krankenhaus, aber das ging nicht, weil die Sicherheitsvorkehrungen sehr strikt waren und die Medien wegen Kents Ankunft verrücktspielten. Tim sagte, der Sicherheitsdienst des Hotels habe ihm von einer anderen Route zum Krankenhaus erzählt, aber wir sollten in unser Hotel gehen und dort warten, bis Kent eingetroffen und versorgt sei.

Tim meinte, es könne eine Weile dauern, bis wir ins Krankenhaus gehen konnten, und schlug vor, dass wir uns eine Mahlzeit aufs Zimmer bestellten. Kents Mutter benutzte bei der Bestellung ihren richtigen Namen, und als ihr dies bewusst wurde, war sie ganz nervös. Sie dachte, sie hätte unsere Tarnung auffliegen lassen.

Ich war mit Krista, Mary Elizabeth und Melissa in einem Zimmer, und wir schalteten den Fernseher ein. So sah ich – wie offenbar auch alle anderen Amerikaner –, wie Kents Krankenwagen über die Autobahn fuhr. Während wir zusahen, aßen wir unwillkürlich schneller.

Als der Wagen vor dem Krankenhaus hielt, war die Spannung kaum noch auszuhalten. Ich hatte keine Ahnung, was ich als Nächstes sehen würde.

Die zwei Männer im Schutzanzug stiegen aus dem Wagen, und die Berichterstatter fingen an zu spekulieren, um wen es sich dabei handelte.

„Ob das der Arzt ist?"

„Kann er es tatsächlich sein?"

„Bestimmt ist das ein Ablenkungsmanöver, und er kommt auf einem anderen Weg."

Als die Gestalt auf der rechten Seite die ersten Schritte machte, rief ich: „Das ist er! Ich bin ganz sicher, das ist Kent! Er ist hier!"

„Das ist wirklich Kent!", bestätigte Krista. Dann sank sie aufs Bett und weinte.

Ich glaube, mir war in diesem Moment nicht einmal bewusst, was es bedeutete, dass Kent lief und nicht auf einer Trage lag.

Mehr Berichterstattung brauchte ich nicht. Ich rief Tim an.

„Gehen wir! Er ist hier – ich will zu ihm!"

Tim und seine Leute kamen uns auf dem Flur entgegen und begleiteten uns durch den Hintereingang des Hotels hinaus, um mit uns zum Krankenhaus am Stadtrand zu fahren.

Als wir im *Emory Hospital* ankamen, führten Tim und ein Polizeibeamter des Krankenhauses namens Tyrone uns durch verschiedene Gänge bis zu Kents Station, anstatt uns durch einen öffentlichen Eingang zu lotsen. Krankenhäuser haben unterirdische Gänge, von denen die meisten Menschen nichts wissen, und es war irgendwie aufregend, heimlich durch diese Tunnel zu laufen, auch wenn ich mich eigentlich nicht für meine Umgebung interessierte.

Ich lief mit schnellen Schritten voraus, weil ich es kaum erwarten konnte, Kent zu sehen.

Wir kamen zu der Seuchenschutzstation und mussten warten, bis man uns Bescheid gab, dass wir zu ihm könnten. Aber schon zu wissen, dass Kent sich nur wenige Türen weiter befand, war für mich eine große Erleichterung. Mehrere Angestellte des Krankenhauses begrüßten uns und sorgten dafür, dass wir uns wohl fühlten. Sie schienen froh darüber zu sein, dass Kent dort war.

Wir trafen Dr. Bruce Ribner, einen netten, sanftmütigen Mann, der die Seuchenschutzstation leitete. Sharon Vanairsdale, die Fachkrankenschwester der Station, stellte sich uns vor und gab mir die Telefonnummer von Kents Zimmer.

Natürlich rief ich augenblicklich an. Dr. Aneesh Mehta, Kents zuständiger Arzt, war im Zimmer und nahm den Anruf entgegen.

„Aneesh hier."

„Ist Dr. Brantly zu sprechen?"

„Ja, ist er. Kleinen Moment." Seine Stimme war gelassen, freundlich und beruhigend.

Gleich darauf war Kent am Apparat, und mir fiel ein Stein vom Herzen, als ich seine Stimme hörte.

„Ich bin froh, dass du hier bist", sagte er zu mir.

„Ich auch", erwiderte ich. „Wann immer sie so weit sind, mich zu dir zu lassen, komme ich rein. Ich liebe dich!"

Es dauerte nicht lange, bis eine Schwester kam, um mich zu Kent zu bringen. Die Seuchenschutzstation hatte zwei Patientenzimmer auf gegenüberliegenden Seiten des Vorzimmers, in dem sich das Büro der Pflegekräfte befand. In der Tür zu Kents Zimmer war ein Fenster, und links von der Tür stand ein kleiner Schreibtisch mit einer Gegensprechanlage. Darüber gab es ein kleineres Fenster. Durch dieses Fenster konnte man Kents Bett sehen, das Kopfende an der hinteren Wand.

Kent lag auf dem Bett und sah erschöpft aus. Sein Gesicht war aufgedunsen und seine Augen waren blutunterlaufen.

Jeder andere, der Kent gesehen hätte, wäre der Meinung gewesen, dass er ziemlich übel aussah. Aber für mich war er ein wundervoller Anblick. Es tat unendlich gut, ihn zu sehen.

„Wie war deine Reise?", fragte ich ihn durch die Gegensprechanlage.

„Ganz schön anstrengend", antwortete er.

„Wir haben gesehen, wie du aus dem Krankenwagen gestiegen bist."

„Ihr habt mich gesehen?"

„Ach, Kent, die ganze Welt hat dir zugesehen."

Ich hätte gerne noch länger mit Kent gesprochen, aber Dr. Mehta und Jill Morgan, die Schwester, waren noch mit ihrer Erstuntersuchung beschäftigt. Sie mussten seine Infusion überprüfen, Blut abnehmen, all solche Sachen. Als Krankenschwester wusste ich, dass sie ihre Arbeit besser erledigen konnten, wenn Kents Aufmerksamkeit nicht geteilt war.

Kent

Dr. Mehta hatte mir mitgeteilt, dass nur Amber mich sehen durfte, bevor ich mich ausgeruht hatte. Als er merkte, wie gut es mir tat, mit Amber zu sprechen, beschlossen er und Jill, meine anderen Angehörigen einen nach dem anderen auch ins Vorzimmer zu holen.

Als ich in Monrovia gewesen war, hatte ich bei keinem Telefonat mit meiner Familie geweint. Aber als meine Mutter, dann mein Vater und anschließend Krista zu mir kamen, liefen mir die Tränen die Wangen hinunter, während ich mit ihnen redete.

Amber

Erleichterung und Hoffnung waren meine beherrschenden Gefühle, nachdem ich Kent gesehen hatte. Ich merkte, dass es ihm seit unseren letzten Facetime-Gesprächen besser ging. Bis jetzt hatte er allerdings nur eine Dosis von dem ZMapp erhalten – zwei weitere standen noch aus –, und wir wussten nicht, wie sein Körper auf diese experimentelle Behandlung reagieren würde.

Ich war nicht naiv. Es war immer noch ungewiss, ob er überleben würde, das wusste ich.

16. WIEDER MIT NANCY VEREINT

Kent

Obwohl ich nie wieder diese Todesangst verspürte, die ich am Donnerstag empfunden hatte, als ich kaum noch atmen konnte, war ich immer noch sehr, sehr krank, als ich auf der Seuchenschutzstation der Uniklinik lag.

Innerhalb meiner ersten vierundzwanzig Stunden dort wurde meine Bettpfanne achtundzwanzig Mal geleert. Und Durchfall hatte ich noch häufiger. Ich stand vom Bett auf, um den Toilettenstuhl zu benutzen, und saß dort etwa zehn Minuten, während ich Durchfall hatte. Dann stand ich auf und wollte mich wieder ins Bett legen, musste aber wieder zurück zum Toilettenstuhl, bevor die Bettpfanne geleert werden konnte.

Am ersten Tag betrug meine Temperatur 38,8 Grad, und mein Puls lag bei 120 Schlägen pro Minute.

Außerdem hatte ich Hepatitis, weil das Virus meine Leber angegriffen hatte. Meine Leberwerte litten zusätzlich darunter, dass ich in Liberia eine große Menge an Tylenol genommen hatte. Vor einigen Jahren wurde die empfohlene tägliche Höchstdosis für Tylenol von vier auf drei Gramm reduziert. Ich hatte täglich vier Gramm genommen, seit das Fieber bei mir begonnen hatte – also alle sechs Stunden zwei hochdosierte Tabletten, rund um die Uhr.

Weil ich bei meiner Arbeit am ELWA so viele Mahlzeiten ausgelassen hatte, war mein Gewicht von fast 90 Kilo auf 74,8 Kilo gefallen, seit ich in Liberia angekommen war. Als sie mich in Atlanta wogen, hatte ich mit einer noch niedrigeren Zahl gerechnet, weil ich seit Tagen kaum etwas gegessen hatte und ständig an Durchfall litt. Überrascht stellte ich fest, dass ich 80,7 Kilo wog.

„Das kann nicht sein", sagte ich zu der Krankenschwester.

„Sie haben Wasser gelagert, Kent", erklärte sie mir.

Ich blickte an mir hinunter und bemerkte zum ersten Mal, wie geschwollen meine Beine waren. Mein ganzer Körper war so aufgedunsen, dass ich eine Delle hinterließ, wenn ich mit dem Finger auf die Haut drückte.

Ich wusste, dass ich immer noch krank war. Ich hatte immer noch Ebola. Mir war sehr wohl bewusst, dass mein Körper immer noch gegen eine Krankheit kämpfte, die mich mit einer Wahrscheinlichkeit von 70 Prozent umbringen konnte.

Amber

Kents Ärzte bemühten sich, uns keine falschen Hoffnungen zu machen. Sie erinnerten mich immer wieder daran: „Er ist noch nicht über den Berg. Aber wir sind vorsichtig optimistisch." Dr. Ribner benutzte den Ausdruck „vorsichtig optimistisch" sehr oft.

Meine Eltern und meine Schwester Caryn folgten am Sonntag nach der Hochzeit nach Atlanta und konnten Kent vom Vorzimmer aus sehen. An diesem Tag erhielt Kent seine zweite Dosis ZMapp.

Kent

Einer der größten medizinischen Vorteile in Atlanta, verglichen mit Monrovia, war die labortechnische Ausstattung. Das Personal im *Emory* konnte Test machen, die wir im ELWA nicht hatten durchführen können. Dort wäre es viel zu gefährlich gewesen, das Blut eines Ebola-Patienten in ein Krankenhauslabor zu bringen.

John Fankhauser hatte vermutet, dass meine Kaliumwerte niedrig waren, weil ich so starken Durchfall hatte, deshalb hatte er mir per Infusion auch Kalium verabreicht. Aber er konnte nicht überprüfen, ob die Dosis richtig war. Kalium ist ein

Elektrolyt, das besonders heikel ist, weil es in einem bestimmten Rahmen bleiben muss. Wenn der Kaliumwert zu niedrig ist, kann man lebensbedrohliche Herzrhythmusstörungen bekommen. Ebenso, wenn er zu hoch ist.

Gibt man einem Patienten Kalium, muss seine Nierenfunktion überwacht werden. Die Nieren helfen dabei, die richtige Kaliumkonzentration im Blut zu erhalten, und wenn sie nicht richtig arbeiten, kann der Kaliumgehalt rapide ansteigen.

Da die Ärzte im ELWA keine Bluttests bei Ebola-Patienten vornehmen konnten, mussten sie beobachten, wie viel Harn ich produzierte, um zu sehen, ob meine Nieren noch funktionierten. John und die anderen Ärzte mussten sich bei meiner Behandlung auf ihr medizinisches Wissen und ihre Erfahrung verlassen, da ihnen wichtige Technologien, die wir in der westlichen Medizin für selbstverständlich halten, nicht zur Verfügung standen. Im späteren Verlauf meiner Genesung hatte ich die Gelegenheit, alle meine Laborergebnisse mit der aktuellen Ebola-Forschung zu vergleichen. Zu meinen schlimmsten Zeiten hatte ich körperlich das Gefühl gehabt zu sterben. Es war ernüchternd, den medizinischen Beweis vor Augen zu haben, wie nah ich dem Tod tatsächlich gewesen war.

Bestimmte Laborwerte deuten auf ein erhöhtes Todesrisiko. Als ich meine Ergebnisse sah, hatte ich mindestens drei dieser Laborwerte, nachdem ich in Atlanta angekommen war: gefährlich niedrige Natrium-, Kalium- und Albuminwerte.

Die Zahlen aus dem Labor bestätigten auch, was ich bereits vermutete: John und meine Kollegen im ELWA hatten mir das Leben gerettet. Sie haben medizinisch Unglaubliches geleistet – unter sehr beschränkten Bedingungen und im Kampf gegen eine teuflische Krankheit.

Amber

Am nächsten Morgen, am Montag, erhielt ich einen Anruf von Lance Plyler in Monrovia, der mir sagte, dass Nancy ihre zweite Dosis MZapp erhalten habe und sich eine Besserung abzeichne.

Ich konnte es kaum erwarten, Kent davon zu erzählen, deshalb schrieb ich ihm eine Nachricht und bat eine Schwester, ihm den Zettel zu geben.

Dies war Kents zweiter ganzer Tag im *Emory*, und sein Zustand schien sich schrittweise zu verbessern. Der Laborbericht zeigte, dass seine Elektrolytwerte sich besserten. Sein Durchfall ließ auch nach und war zum ersten Mal nicht mehr ganz flüssig. An diesem Tag sagte Kent zu den Pflegekräften, er wolle aufstehen und im Zimmer umhergehen. Die Schwestern sagten, Kent sei guter Dinge und positiv gestimmt, und schlugen vor, er könnte Bücher und Kreuzworträtsel gebrauchen, mit denen er sich die Zeit vertreiben konnte.

„Er macht sich prima", berichtete Dr. Mehta mir, „aber er ist noch nicht über den Berg."

Kent war schwach, wenn er aufstand, und brauchte noch immer Hilfe, um zu seinem Toilettenstuhl zu gelangen, aber die Tatsache, dass er sich bewegen wollte, war ein gutes Zeichen.

Kent

Am Dienstag hatte meine Mutter Geburtstag, aber die Nachricht des Tages war, dass Nancy im *Emory* eingetroffen war. Ich hatte mir schreckliche Sorgen gemacht, als ich erfuhr, dass ihr Flugzeug Liberia verlassen hatte. Dieser Flug war für mich außerordentlich schwierig gewesen, und mein Zustand hatte sich unmittelbar vor meiner Reise gebessert. Nach allem, was ich gehört hatte, war Nancys Gesundheitszustand schlechter als meiner, und sie war sechsundzwanzig Jahre älter.

Weil Nancy auf die Seuchenschutzstation gebracht wurde, mussten Amber und andere Angehörige aus Sicherheits- und Platzgründen die Station verlassen. Amber und ich sprachen am Telefon miteinander, während ich zusah, wie Nancys Flugzeug am späten Vormittag in *Dobbins* landete und sie dann mit demselben Krankenwagen, in dem ich gefahren war, zum Krankenhaus gebracht wurde. Der Krankenwagen hielt am Hintereingang und sie brachten Nancy auf einer Krankenliege heraus.

„Ich muss Schluss machen", sagte ich zu Amber. „Sie bringen Nancy her, und ich will sie sehen."

Das andere Patientenzimmer der Station war ungefähr sechs Meter von meinem entfernt, und ich winkte Nancy zu, als sie hereingerollt wurde. Sie war in ihren Schutzanzug verpackt und auf der Liege fixiert. Sie hatte den Kopf zurückgelegt, und ich konnte nur ihr Gesicht erkennen. Entweder sah sie mich wegen der Schutzkleidung nicht winken, oder sie war nicht wach genug, um zu reagieren.

Ich war heilfroh, dass sie es nach Atlanta geschafft hatte und wir an demselben Ort waren, aber ich hatte Angst um sie.

Chick-fil-A!

An diesem Abend aß ich meine erste Mahlzeit – Hühnersuppe und Götterspeise. Es war die beste Hühnerbrühe, die ich je gegessen habe, und ich aß alles auf. Auf Anweisung der Ärzte trank ich viel, unter anderem Protein-Drinks. Amber konnte mir Gatorade, Kaugummi und den dringend benötigten Lippenbalsam besorgen.

Ich hatte mit 38,2 Grad immer noch ein wenig Fieber, und meine Brust schmerzte, wenn ich einatmete. Aber ich glaubte, dass dies vom Bewegungsapparat kam und nicht vom Herz.

Die Ärzte waren erfreut darüber, dass ich so viel Flüssigkeit aufnehmen konnte, und die Schwestern bemerkten, dass meine Augen fast wieder normal aussahen, nachdem sie bei meiner Ankunft ganz rot gewesen waren. Auch der Arztbericht war ermutigend: Zwischen der zweiten und dritten Dosis ZMapp hatte meine Virenlast nicht zugenommen. Deshalb gingen die Ärzte davon aus, dass die dritte Dosis die Virenlast senken und sie auch unten bleiben würde.

Am Mittwochnachmittag erhielt ich meine dritte Dosis ZMapp. Ich wusste nicht, was ich von da an erwarten sollte, und ich glaube, die Ärzte wussten es auch nicht. Ich war der erste Mensch, der dieses Medikament genommen hatte; dies war unerforschtes Territorium. Woher sollten die Ärzte wissen, was als Nächstes zu tun war?

Ich fühlte mich an diesem Abend abenteuerlustig und sagte zu Amber, ich hätte gerne etwas von einer Restaurantkette, die wir als Familie mochten und deren Gerichte ich seit einem knappen Jahr nicht gegessen hatte: *Chick-fil-A.*

Amber besorgte mir das Menü Nummer 1 – ein Brötchen mit Hühnerfleisch, dazu Pommes und einen großen süßen Tee ohne Eis. Zusätzlich brachte sie noch einen Erdbeershake mit.

Ich hatte ungefähr zwei Drittel des Brötchens und ein paar Pommes gegessen, als ich die Krankenschwester ansah und sagte: „Ich muss sofort zur Toilette."

Ich schob mein Tablett beiseite und sie half mir aufzustehen. Doch bevor ich mich auch nur umdrehen konnte, schlug der Durchfall zu. Es war eine schreckliche Sauerei. Ich glaube, es war auch noch die erste Schicht, die diese Krankenschwester bei mir Dienst hatte. Eine Kollegin kam herein, um ihr zu helfen. Sie machten mich sauber und brachten mich wieder ins Bett. Dann mussten sie den Raum reinigen.

Das war unser erstes „Leck" auf der Station. Sean Kaufman, der Sicherheits- und Richtlinienbeauftragte, kam und stand mit seinem Handbuch an der Tür, um die Schwestern Schritt für Schritt anzuleiten. Sie reinigten und dekontaminierten alles, als hätten sie es schon ein Dutzendmal getan.

Es war ein surrealer Augenblick, als mir bewusst wurde: *Wow! Diese Schwestern pflegen den ersten Ebola-Patienten in Amerika. Niemand hat hier jemals getan, was sie tun. Sie müssen diese hochgiftige Schweinerei auf sichere Weise beseitigen, und diese Schwestern haben sich freiwillig für die Arbeit auf dieser Station gemeldet – um für mich zu sorgen.*

Amber
Dr. Ribner las mir die Leviten wegen des Hähnchenmenüs. „Sie als Krankenschwester sollten doch wissen, dass frittiertes Essen als Mahlzeit nicht gut für ihn ist", sagte er zu mir.

„Aber er wollte nichts anderes", sagte ich zu meiner Verteidigung.

Kent
Ich hatte nicht gut geschlafen, weil ich so lebhafte Träume hatte. In einem dieser Träume nahm ich an einem Wettbewerb teil: Ich musste etwas für meine Mannschaft erledigen und schaffte es nicht. Dann wachte ich schweißgebadet auf. Das Schwitzen schob ich nicht auf mein Fieber, sondern auf die Tatsache, dass ich auf einer Vinylmatratze schlief. Die Schwestern sagten, sie würden mir um neunzehn Uhr Diazepam und Morphium geben und dann noch einmal um drei Uhr morgens.

In der Hoffnung auf eine ruhige Nacht schrieb ich Amber am Mittwochabend: „Fühl mich gut. Geh gleich schlafen, mit ein bisschen medizinischer Hilfe. Es war ein guter Tag. Ich liebe dich. Gott sei Dank für seine Gnade. Gute Nacht. Liebe dich."

Ein Grund zum Feiern

Der Donnerstag war in meinem Zimmer ein wichtiger Tag: Ich duschte! Eine der Schwestern schrieb auf meine Karteikarte: „Erste Dusche. Er ist sehr glücklich."

Nach meiner Dusche – die wunderbare dreißig Minuten dauerte – zog ich eine Jogginghose, ein T-Shirt und neue Unterwäsche an, die Amber mir besorgt hatte. Ich schrieb ihr in einer SMS: „Rate mal, wer eine Jogginghose trägt wie ein echter Mensch?" Nach jeder Dusche musste ich neue Kleidung anziehen, weil die alte kontaminiert war und vernichtet werden musste.

Trotz des Zwischenfalls mit dem Hähnchensandwich hatte ich am Donnerstag wieder Hunger. Diesmal entschied ich mich für nicht frittiertes Krankenhausessen. Für mich war die Tatsache, dass ich wieder Appetit hatte, das erste zuverlässige Zeichen dafür, dass ich gesund werden würde. Ich konnte essen, und mein Durchfall ließ nach.

Hier ist eine der eher unangenehmen Prozeduren: Jedes Mal, wenn ich auf der Toilette gewesen war, musste die Schwester in den Behälter sehen und beschreiben, was ich ausgeschieden hatte. Als es mir nach und nach besser ging, war nicht mehr rund um die Uhr eine Schwester auf der Station bei mir, und wenn ich die Toilette alleine benutzte, musste ich notieren, wie viel ich ausgeschieden hatte und wie es aussah. Das musste ich dann der Schwester im Vorzimmer berichten.

Am Donnerstag ging ich zum ersten Mal ins Bad – und nicht auf den Toilettenstuhl –, wenn auch mit etwas Hilfe. Und endlich war mein Stuhlgang nicht mehr so flüssig. Anschließend im Zimmer klatschten die Schwester und ich uns mit erhobenen Händen ab. Freudensprünge angesichts von Durchfall mögen merkwürdig klingen, aber es war ein echter Grund zum Feiern.

Am Freitag, den 8. August, hatte ich zum ersten Mal seit sechzehn Tagen kein Fieber. Jetzt, wo ich regelmäßig allein ins Bad ging, bat ich die Schwestern, meine Blutdruckmanschette abzunehmen. Ich war die ganze Zeit an verschiedene Monitore angeschlossen und musste mich bei jedem Toilettengang abklemmen.

Außerdem fühlte ich mich kräftig genug, um mit mehreren Besuchern auf einmal zu sprechen. Im Laufe des Tages verfasste ich auf Anregung von *Samaritan's Purse* meine erste Pressemeldung:

Ich schreibe diesen Bericht auf der Quarantänestation der Emory Universitätsklinik, wo die Ärzte und Pflegekräfte mich hervorragend versorgen. Von Tag zu Tag werde ich kräftiger, und ich danke Gott für seine Gnade, während ich mit dieser schrecklichen Krankheit kämpfte. Außerdem möchte ich Ihnen allen von Herzen danken, die Sie für meine Genesung gebetet haben, wie auch für Nancy und die Menschen in Liberia und Westafrika.

Meine Frau Amber und ich sind mit unseren beiden Kindern nicht nach Liberia gezogen, um Ebola zu bekämpfen. Wir gingen dorthin, weil wir sicher waren, dass Gott uns berufen hatte, ihm im ELWA Hospital zu dienen.

Eines habe ich gelernt: Gott führt uns oft an unerwartete Orte. Als Ebola sich nach Liberia ausbreitete, veränderte sich meine normale Krankenhausarbeit zusehends und ich behandelte immer mehr Ebola-Patienten. Ich hielt die Hand unzähliger Menschen, während diese schreckliche Krankheit ihnen das Leben nahm. Ich habe den Schrecken aus erster Hand miterlebt und kann mich noch immer an jedes Gesicht und jeden Namen erinnern.

Als ich mich an dem Mittwochmorgen damals krank fühlte, isolierte ich mich sofort, bis die Blutuntersuchung drei Tage später meine Diagnose bestätigte. Ich weiß noch, dass ich einen tiefen Frieden verspürte, der jedes Verstehen übersteigt, als der Test positiv ausfiel. Gott erinnerte mich an das, was er mir schon vor Jahren beigebracht hatte – nämlich dass er mir alles geben wird, was ich brauche, um ihm treu zu sein.

Jetzt, zwei Wochen später, bin ich in einer völlig anderen Umgebung. Aber mein Ziel ist dasselbe – Gott zu folgen. Während Sie weiter für Nancy und mich beten, dürfen Sie gerne um unsere Genesung bitten. Vor allem aber beten Sie dafür, dass wir auch unter diesen neuen Bedingungen Gottes Berufung in unserem Leben treu bleiben.

Basketball auf der Quarantänestation

An diesem Wochenende begann mein Zustand sich schneller zu verbessern. Meine Laborwerte näherten sich normalen Werten, und Dr. G. Marshall Lyon III. sagte zu Amber, er mache sich jetzt nur noch Sorgen, mir könnte auf der Station „die Decke auf den Kopf fallen".

Ich hatte nie das Gefühl, dass mir die Decke auf den Kopf fiel. Ich war es leid, auf der Station zu sein, und wollte natürlich gerne das Krankenhaus verlassen. Aber ich war froh darüber, dass ich am Leben war, und wenn ich noch einen Monat dort hätte bleiben müssen, wäre das ehrlich gesagt auch in Ordnung gewesen.

Sowohl am Samstag als auch am Sonntag telefonierte ich mit Menschen, die mir wichtig waren, zum Beispiel mit guten Freunden, Pastoren und Mentoren. Während meine Genesung voranschritt, spürte ich eine große Dankbarkeit für mein Leben. Ich wollte diesen Menschen für ihren Einfluss auf mich und für ihre Gebete danken.

Am Dienstag, den 12. August, besprachen die Ärzte vom *Emory* und von der Seuchenschutzbehörde die medizinischen Voraussetzungen, die nötig waren, damit Nancy und ich entlassen werden konnten. Es war wichtig, unsere Entlassungen so durchzuführen, dass sie keine Panik oder Angst bei der Öffentlichkeit verursachten.

Klinik und Seuchenschutz beschlossen, dass wir das Krankenhaus verlassen könnten, wenn zwei aufeinanderfolgende Ebola-Tests negativ ausfielen. Zwischen diesen beiden Tests mussten mindestens vierundzwanzig Stunden liegen. Meine jüngste Blutuntersuchung war positiv gewesen, also würde ich warten müssen, bis der nächste Test gemacht wurde.

Eine der Krankenschwestern, Crystal Johnson, kam eines Morgens herein, legte Therabänder aus Gummi auf meinen Nachttisch und verkündete: „Heute fangen Sie mit dem Training an."

Ich arbeitete jeden Tag mit dem Theraband und fing sogar mit Liegestützen und Kniebeugen an. Am ersten Tag schaffte ich einen Liegestütz. Nach einer Woche war ich bei fünfzehn angelangt. Das sind nicht viele, aber es war nicht so einfach nach allem, was mein Körper mitgemacht hatte. Einige der Pflegekräfte machten gemeinsam mit mir Liegestütze, um mich zu motivieren.

Nachdem ich durch die Übungen zu Kräften gekommen war, befestigte Jill Morgan einen Basketballkorb über der Tür zu meinem Zimmer, welches die Schwestern mit einem handgemalten Schild in „Kents Männerhöhle" umgetauft hatten. In jeder Schicht kamen Pfleger und Schwestern herein und spielten eine Runde Indoor-Basketball mit mir. Wir erfanden verrückte Würfe und hatten viel Spaß.

Ich verlor nur ein einziges Mal ... gegen Haley Durr. Ihr Sieg sorgte für große Heiterkeit auf der Station.

„Ich habe schließlich Ebola", erinnerte ich die Pflegekräfte. „Den Typen mit Ebola zu schlagen, ist ja wohl keine große Kunst."

Die Schwestern versuchten es mit dem Einwand, sie müssten schließlich in Schutzkleidung spielen und hätten dadurch einen Nachteil. Was mich betraf, war das nur eine Ausrede. Ich hätte gerne getauscht.

Am Ende der Woche hätte ich meinem Gefühl nach die Klinik verlassen können. Wenn Dr. Lyon jetzt mit Amber über meinen Gesundheitszustand sprach, gebrauchte er das Wort „fantastisch". Mein Hämoglobinwert war zu Beginn niedrig gewesen und dann über das normale Maß hinaus gestiegen. Jetzt normalisierte sich der Wert, meine Nieren arbeiteten richtig, meiner Leber ging es wieder besser, und auch wenn der Albuminwert noch niedrig war, stieg er langsam an.

An dem Wochenende vom 16. und 17. August trafen sich meine fünf Geschwister und meine Eltern in Atlanta, um mich zu besuchen.

Ich weinte, als ich nacheinander mit ihnen allen sprach und einzelne Episoden meiner Geschichte erzählte. Als ich von Liberia aus mit ihnen telefoniert hatte und sie erfahren hatten, dass ich mich infiziert hatte, mussten *sie* weinen und ich konnte meine Tränen zurückhalten. Aber jetzt, wo ich sie in Atlanta sah, war es, als hätte ich endlich die Erlaubnis, meinen Tränen freien Lauf zu lassen.

Bis zu diesem Zeitpunkt hatte ich meine ganze mentale und emotionale Energie darauf verwendet, das Ebola-Virus zu bekämpfen – und an jenem Donnerstag in Liberia sogar darauf, den nächsten Atemzug zu tun. Aber jetzt war es, als würde ein langer Adrenalinstoß nachlassen, sodass ich endlich anfangen konnte, meine Erlebnisse zu verarbeiten.

Meine Geschwister gingen zusammen auf den Mitarbeiterparkplatz und riefen mich vom Handy aus an. Mein Fenster im zweiten Stock ging auf diesen Parkplatz hinaus, und so konnte ich ans Fenster gehen, ihnen zuwinken und sie sehen, während wir miteinander telefonierten.

Dieses Wochenende erwies sich als besonderes Geschenk für meine Eltern. Da wir sechs Geschwister sind, kommt es nicht oft vor, dass wir alle zusammen sind. Aber jetzt waren wir es, auch wenn da diese eine kleine Sache war, dass ich unter Quarantäne stand.

Inzwischen hatte ich einen ungeheuren Appetit entwickelt. In meinem Zimmer gab es eine Speisekarte, von der ich in der Kantine bestellen konnte. Ich nannte dem zuständigen Pfleger meine Essenswünsche, und er schrieb meine Bestellung dann auf eine Tafel, die er an das Fenster in der Tür hielt, damit die Pflegekraft im Vorzimmer es lesen konnte.

Eines Morgens warf ich einen Blick auf den Ausdruck, der neben meinem Essen auf dem Tablett lag. Ich bemerkte, dass die Mitarbeiter der Kantine „Schönen Tag!" darauf geschrieben und einen Smiley daneben gemalt hatten.

Ein normales Frühstück bestand bei mir aus jeweils einer doppelten Portion Rührei, Pfannkuchen und Schinkenspeck, Obstsalat, griechischem Joghurt, einer Packung Müsli, Orangensaft, Kaffee und einem Schokoriegel.

Die Pflegekräfte zogen mich immer deswegen auf und fragten: „Ist das schon alles?"

Ich verspeiste mein Frühstück bis auf den letzten Bissen und bat Amber dann, mir noch einen Kaffee zu organisieren.

Während des Tages bat ich Angehörige, mir zusätzlich etwas zu essen zu bringen. Einmal an diesem Wochenende sagten meine Brüder Chad und Kevin, sie würden Hamburger holen, und fragten, ob ich auch etwas wollte. Natürlich. Ich hatte ständig Hunger.

„Einen oder zwei Burger?", fragten sie.

„Kommt drauf an, wie groß sie sind", sagte ich. „Ach was, ich nehme zwei."

Sie brachten mir zwei Halbpfünder mit Speck und Käse, verpackt in zwei Styroporbehältern, einer mit Zwiebelringen und einer mit Pommes Frites. Ich aß einen Burger ganz, den anderen zur Hälfte, alle Zwiebelringe und die meisten Pommes.

Ein unerwartetes Vergnügen

Irgendwann in dieser Zeit, als es mir wirklich gut ging und ich herumlief, war Amber im Vorzimmer und sprach am Telefon mit mir. Sean, der Sicherheitsexperte, war ebenfalls im Vorzimmer – wir hatten immer einen „Anstands-Wauwau", wenn wir miteinander sprachen. Er öffnete die Tür einen Spaltbreit und sagte: „Kommen Sie mal her."

Ich sah ihn fragend an und er wiederholte: „Kommen Sie, stellen Sie sich hierher."

Ich legte das Telefon aus der Hand und ging zur Tür. Er sagte, ich solle einen Handschuh anziehen. Amber trug im Vorzimmer sowieso immer Handschuhe. Als ich meinen Handschuh übergezogen hatte, hielt er die Tür auf, sodass Amber und ich uns an den Händen halten konnten. Es war ein unglaubliches Gefühl. Das war der erste Körperkontakt, den wir beide hatten, seit sie und die Kinder vor beinahe einem Monat Liberia verlassen hatten.

Amber
Ich weiß nicht, was Sean vorhatte, als er Kent an die Tür holte. Ich hatte Kent umarmen und seine Hand halten wollen, seit ich ihn das erste Mal auf der Station gesehen hatte, aber gleichzeitig wollte ich ihn nicht berühren, bevor es absolut ungefährlich war.

Obwohl wir Handschuhe trugen, konnte ich seine Finger spüren und die Knochen seiner Hand. Ich glaube, ich werde nie vergessen, was für ein besonderer Augenblick das war. Es überraschte mich, wie sehr meine Gefühle mich überwältigten. In gewisser Weise war es ein ähnliches Gefühl wie damals, als wir in meinem Auto saßen und Kent meine Hand nahm und mir sagte, dass er mich mochte – und dass er sich wünschte, ich möge ein Teil seiner Zukunft sein.

17. KEIN EBOLA MEHR!

Kent

Als es mir immer besser ging und ich Zeit hatte, über meine Erfahrung nachzudenken, überlegte ich, wie ich mich mit Ebola infiziert haben könnte. Ich war davon überzeugt gewesen, dass unsere Vorgehensweise, unsere Sicherheitsvorkehrungen und unsere Ausrüstung auf der Ebola-Station sicher waren. Wir arbeiteten immer im Team, um aufeinander aufzupassen, wenn wir die Patienten pflegten. Es hatte keinen offensichtlichen Verstoß gegen die Regeln gegeben.

Während ich auf der Ebola-Station arbeitete, war ich weiterhin in der Geburtshilfe tätig gewesen und hatte parallel dazu regelmäßig Patienten untersucht, bei denen aufgrund von Symptomen der Verdacht auf Ebola bestanden hatte. Ich war sicher, dass ich mich bei einem dieser Patienten angesteckt haben musste.

Auch wenn ich es nie mit Sicherheit wissen werde, kam ich zu dem Schluss, dass der wahrscheinlichste Zeitpunkt für meine Infizierung der Abend des 14. Juli war – also neun Tage, bevor ich krank wurde.

Ich war zu Hause – es war der erste Abend, an dem auf der Ebola-Station ein ausschließlich aus Liberianern bestehendes Team Dienst hatte, angeführt von einem medizinischen Beamten vom Gesundheitsministerium. Ich hatte Bereitschaftsdienst, für den Fall, dass sie Hilfe brauchten. Gegen acht Uhr abends beschloss ich, mich zum Krankenhaus zu begeben und mich davon zu überzeugen, dass alles in Ordnung war. Wie erwartet lief alles auf der Station nach Vorschrift.

Als ich gerade wieder nach Hause gehen wollte, bat mich Dr. Biligan Korha – eine Allgemeinmedizinerin, die im Krankenhaus Dienst hatte –, mir eine dreißigjährige Patientin anzusehen, die ihr Sorgen bereitete. Die Patientin war kurz zuvor in kritischem Zustand eingeliefert worden. Sie hatte in der 32. Schwangerschaftswoche eine gefährliche Erkrankung namens Eklampsie entwickelt, die von hohem Blutdruck und Krämpfen begleitet wurde. Als ihr Mann sie in die Notaufnahme brachte, litt die Frau noch immer an diesen Krämpfen. Während die Krämpfe nachließen, stellten erste Blutuntersuchungen eine schwere Malaria fest und ein Ultraschall zeigte, dass das Baby nicht mehr am Leben war.

Dr. Korha wollte, dass ich mir die Frau ansah, weil sie Fieber und schwarzen, flüssigen Stuhl hatte, nachdem sie auf der Wöchnerinnenstation angekommen war. Sie fragte sich, ob die Patientin Ebola haben könnte. Wir konnten sie nur vorsichtig zur Ebola-Station bringen und sie dort versorgen, bis wir wussten, ob sie sich tatsächlich mit Ebola infiziert hatte.

Nachdem wir für diese Patientin getan hatten, was wir konnten, und Wöchnerinnenstation, Notaufnahme und Gehweg dekontaminiert hatten, ging ich zu meinem Wagen. Aber Dr. Korha holte mich ein. Eine andere, ältere Frau war mit verdächtigen Symptomen in der Notaufnahme erschienen. Sie hatte seit drei oder vier Tagen Fieber und Durchfall, ihre Augen waren gerötet und ihr Mann war eine Woche zuvor gestorben, ohne dass die Todesursache bekannt war.

Während ich diese Informationen von ihrer Tochter in Erfahrung brachte, bat die Patientin um Hilfe, und die Tochter half ihr aus dem Bett und zur Toilette – etwas, das mehrmals geschehen war, seit sie in die Notaufnahme gekommen war. Die Tochter traute weder dem Gesundheitssystem noch mir als Ausländer, aber schließlich erlaubte sie uns, ihre Mutter auf die Isolierstation zu verlegen.

Die junge Frau kam nach diesem Abend nicht mehr ins Krankenhaus. Ich begegnete ihr nie mehr.

Die beiden Patientinnen starben am nächsten Morgen. Die anschließenden Untersuchungen ergaben, dass die schwangere Frau nicht an Ebola gestorben war, sondern an den Komplikationen ihrer Schwangerschaft. Die ältere Frau hingegen hatte Ebola gehabt.

In der Emory Universitätsklinik erinnerte ich mich daran, dass ich die Hände der Tochter gehalten hatte, während ich sie davon überzeugen wollte, dass es das Beste wäre, ihre Mutter auf die Isolierstation zu bringen. Vielleicht hatte ich der jungen Frau sogar einen Arm um die Schultern gelegt. Weil ich sie nie wiedergesehen hatte, konnte ich sie nicht fragen, ob sie selbst auch krank gewesen war oder ob sie sich die Hände gewaschen hatte, nachdem sie ihrer Mutter auf die Toilette geholfen hatte.

Ich fragte mich auch, ob ich nach dem Kontakt mit der Tochter mein Gesicht berührt hatte.

Die Antworten auf diese Fragen werde ich nie erfahren.

Verabschiedung von Nancy

Am Freitag und Samstag wurde mein Blut erneut untersucht. Am Montag, den 18. August, zog Dr. Jay Varkey einen Schutzanzug an und kam mit den Testergebnissen in mein Zimmer. Amber hörte über die Sprechanlage mit. Ich hatte immer noch Ebola im Blut.

„Aber Ihre Tests werden immer schwächer positiv", sagte er.

Ich bedeutete Dr. Varkey, dass ich mit ihm über Nancy reden wollte. Nancy und ich hatten jeden Tag miteinander telefoniert, seit sie angekommen war. Anfangs waren es kurze Gespräche gewesen, weil wir beide sehr schwach waren. Mit der Zeit unterhielten wir uns öfter, bis zu drei Mal täglich und manchmal jeweils eine Stunde.

Gemeinsam verarbeiteten wir, was wir erlebten. „Wie geht es dir? Kannst du essen? Wie ist es mit deinem Appetit? Hast du das auch so erlebt wie ich?"

Wir sprachen auch über unsere Erfahrungen in Liberia, wie wir gemeinsam Patienten auf der ELWA-Station gepflegt hatten und dann beide krank geworden waren. Und wir dachten darüber nach, wie das Leben sein würde, wenn wir das Krankenhaus verlassen konnten.

In dieser Zeit festigte sich ein Band zwischen uns, das uns den Rest unseres Lebens begleiten wird. Es ist ein Band, das mit keinem anderen Menschen auf der Welt so hätte entstehen können – eine einzigartige Verbindung, weil wir die einzigen beiden Menschen sind, die haargenau das Gleiche durchgemacht haben.

Bei unseren Gesprächen wurde mir klar, dass es mir besser ging als Nancy. Ich kam allmählich wieder zu Kräften und machte mich in meinem Zimmer körperlich fit. Nancy schien jedoch immer noch schwach.

Ich riet Nancy, ihre Protein-Getränke zu nehmen und sich zu bewegen. „Steh auf und mach deine Übungen", drängte ich sie. „Ich mache hier drüben Kniebeugen. Komm, du musst auch welche machen."

Nancy sagte, sie könne merken, dass es mir besser ging, weil ich sie behandelte, als wäre ich ihr Arzt.

Sie hatte Probleme gehabt, die ich nicht hatte. Ihr Natriumgehalt brauchte länger, um sich zu normalisieren, als es bei mir der Fall war, und sie hatte außerdem Nervenschmerzen in den Füßen.

Alles deutete darauf hin, dass meine Genesung weiter fortgeschritten war als Nancys.

„Ich mache mir Sorgen um sie", erklärte ich Dr. Varkey. „Ich weiß nicht, wie es Nancy gehen wird, wenn ich vor ihr hier rauskomme, weil wir jeden Tag miteinander reden, und ich fühle mich körperlich so, als wäre ich viel gesünder als sie. Ich mache jeden Tag meine Übungen mit Liegestützen und Kniebeugen, und sie ist noch nicht so weit."

„Und was ist, wenn Nancy vor dir das Krankenhaus verlassen kann?", fragte Amber.

„An diesen Gedanken sollten Sie sich vielleicht gewöhnen", sagte Dr. Varkey. Dann ging er in Nancys Zimmer hinüber, um ihr zu sagen, dass ihr Untersuchungsergebnis negativ war und sie an diesem Abend die Quarantänestation verlassen durfte.

Als Nancy von der Quarantänestation in ein normales Krankenhauszimmer umzog, sah ich durch das Fenster in meiner Tür zu. Sie kam auf mich zu, und sie erlaubten uns, Handschuhe anzuziehen und einander die Hände zu reichen.

Ich freute mich sehr für sie, aber gleichzeitig war ich auch traurig. Obwohl wir täglich miteinander gesprochen hatten, war es uns nicht möglich gewesen, uns häufig zu sehen. Selbst als wir beide kräftig genug waren, um am Fenster zu stehen, hatte ich sie quer durchs Vorzimmer und durch zwei Fensterscheiben nicht gut erkennen können.

Als ich jetzt Nancys Hand hielt, merkte ich, was die Krankheit ihrem Körper angetan hatte. Sie hatte sehr viel Gewicht verloren und sah aus, als hätte jemand sie zusammengeschlagen. Es mit Ebola aufzunehmen ist ein Kampf – ein Kampf um Leben und Tod.

Doch trotz all ihrer körperlichen Schwäche leuchtete Nancys Glaube ganz stark.

„Gott sei gepriesen", sagte sie immer wieder, während wir uns unterhielten.

Auch ihre lebhafte Persönlichkeit und die Sorge um andere kamen durch. Sie war betroffen, weil wir nicht gleichzeitig gehen konnten. Ich glaube, sie machte sich Gedanken darüber, dass ich enttäuscht sein könnte, weil sie vor mir entlassen wurde.

Aber so war es nicht; ich war erleichtert.

In Liberia hatte ich gefürchtet, ich könnte eine Freundin verlieren, während ich mich zugleich mit der Möglichkeit auseinandersetzen musste, dass ich selbst sterben konnte. In Liberia hatten wir nur zweimal während unserer Krankheit miteinander telefoniert, auch, weil ich Angst hatte, Nancy anzurufen. In gewisser Weise fühlte ich mich dafür verantwortlich, dass

Nancy an Ebola erkrankt war, weil ich die Leitung der Station innehatte und für alle meine Mitarbeiter die Verantwortung übernommen hatte. Als ich in meinem Bett gelegen und daran gedacht hatte, dass 70 Prozent aller an Ebola Erkrankten starben – und in Liberia noch mehr –, war es eine einfache Rechnung gewesen, dass von uns beiden Infizierten wenigstens einer nicht überleben würde.

Aber jetzt, als ich Nancys Hände losließ und sie sich umdrehte, um die Quarantänestation zu verlassen und zu ihrem Mann zu gehen, hatte ich keine Angst mehr. Meiner Freundin ging es gut. Ich war am Leben, und Nancy hatte es auch geschafft.

Amber

An dem Abend rief Kent mich spät im Hotel an und erzählte mir, dass Nancy verlegt worden sei und bald entlassen werde.

Ich wurde nervös bei dem Gedanken, dass sie gehen könnte, ohne dass wir uns verabschiedet hatten. Also stand ich ganz früh am Dienstagmorgen auf und eilte zur Klinik.

„Ist Nancy noch hier? Oder ist sie schon fort?", fragte ich die Pflegekräfte.

Sie versicherten mir, sie sei in ihrem neuen Zimmer.

Ich war so früh im Krankenhaus erschienen, dass ich sogar vor Nancys Mann in ihrem Zimmer war!

Sie war schon angezogen und bereit zu gehen, als ich hereinkam. Wir konnten eine Stunde lang sitzen und reden, und die ganze Zeit hielten wir uns an den Händen. Dann kam ihr Mann David ins Zimmer und sie erledigten den ganzen Papierkram für ihre Entlassung.

Die Klinik hatte nicht bekannt gegeben, dass Nancy entlassen wurde – ihre Abreise würde also deutlich ruhiger verlaufen als ihre Ankunft. Nancy und David ließen sich von Freunden dort abholen, wo Kent aus seinem Krankenwagen gestiegen war. Nachdem ihre Freunde angekommen waren, ging ich mit ihnen hinaus.

Auf unserem Weg den Gang hinunter kamen wir an der Quarantänestation vorbei. Die Pfleger hielten sowohl die Tür zum Vorzimmer als auch Kents Tür auf. Kent und Nancy winkten einander zu, und Kent machte mit seinem Smartphone Bilder.

Nancy umarmte ihre Ärzte und Pfleger auf dem Weg hinaus, beziehungsweise diejenigen, die dort warteten. Die anderen würden erst bei ihrer nächsten Schicht erfahren, dass Nancy entlassen worden war. Sie verließ das Krankenhaus ohne viel Aufsehen, genauso, wie sie es wollte.

Aus der Isolation entlassen

Kent

Amber und ich hatten mit den Ärzten darüber gesprochen, wie wir meine Entlassung koordinieren würden, und die Einzelheiten einer Pressekonferenz planten wir, als mein Bluttest negativ war.

Sie hatten mir am Sonntag und am Dienstag Blut abgenommen. Am Mittwoch, den 20. August, erfuhr ich, dass die beiden aufeinanderfolgenden Tests das negative Ergebnis hatten, das ich brauchte. Ich hatte kein Ebola mehr!

Dann geschah alles wie in einem Wirbelsturm.

Die erste Amtshandlung war, mich von der Quarantänestation zu verlegen. Wie bei allem anderen auf der Station mussten genaue Vorgaben eingehalten werden.

Ich gab ihnen meinen Ehering, damit er dekontaminiert wurde, und duschte ausgiebig. Einer der Pfleger überreichte mir ein Probefläschchen Versace-Duschgel.

„Wenn Sie hier rauskommen, um Ihre Frau zum ersten Mal zu treffen", erklärte er mir, „müssen Sie gut riechen."

Ich verbrauchte die ganze Flasche.

Als ich fertig geduscht hatte, reichte jemand mir ein sauberes Handtuch, mit dem ich mich abtrocknete. Dann zog ich saubere OP-Kleidung an. Ich lief über frische Handtücher, die auf dem Boden ausgelegt waren, blieb an der Tür stehen, zog saubere Krankenhaussocken an und reinigte mir die Hände mit Desinfektionsmittel. Amber wartete auf dem Gang, und als ich aus dem Vorzimmer trat, umarmte sie mich ganz fest. Dann küssten wir uns und ich dachte: *Dürfen wir das?* Ambers Miene verriet mir, dass sie genau dasselbe dachte!

Jill, die meine erste Krankenschwester in der Emory Universitätsklinik gewesen war, war nach ihrer Schicht länger geblieben, um dabei zu sein, wenn ich die Station verließ. Sie hatte Amber meinen dekontaminierten Ehering gegeben, und Amber schob ihn an meinen Ringfinger.

Dann brachte man mich in ein normales Krankenhauszimmer, wo ich die Nacht verbringen würde. Es war dasselbe Zimmer, in dem Nancy übernachtet hatte.

Amber ging und kam mit einem Haarschneidegerät, Kleidung und zwei oder drei Paar Schuhen zurück, die ich anprobieren sollte.

Dann erhielt ich einen Anruf vom liberianischen Vizepräsidenten, Joseph Boakai. Bevor er mich mit dem Vizepräsidenten verband, sagte sein Stabschef zu mir: „Sagen Sie mal, wie sieht denn die Himmelspforte aus?" Wir lachten. Vizepräsident Boakai kam an den Apparat und gratulierte mir zu meiner Genesung, und ich versicherte ihm, dass ich den Menschen seines Landes weiterhin helfen wollte, den Ebola-Ausbruch unter Kontrolle zu bekommen.

Schließlich tippte ich meine Rede für die Pressekonferenz anlässlich meiner Entlassung fertig und schrieb ein paar E-Mails.

Tim Viertels Frau Jan war nach Atlanta gekommen, und sie brachte Amber und mir Abendessen mit, das sie bei einer Restaurantkette bestellt hatte. Beim Essen saßen wir beide nebeneinander auf dem Bett und aßen zum ersten Mal zusammen an dem kleinen Nachttisch. Wir hatten die grelle Deckenleuchte ausgeschaltet und aßen im Schummerlicht.

Nachdem Amber ins Hotel gegangen war, kamen zwei Pfleger in mein Zimmer und machten mit mir Kniebeugen und Liegestütze.

In der Klinik sprach es sich herum, dass man mich von der Quarantänestation verlegt hatte und dass für Donnerstagmorgen eine Pressekonferenz angesetzt war. Die Ärzte und Pflegekräfte würden hinter Amber und mir stehen, während ich sprach, deshalb wussten die Mitarbeiter, dass sie im Fernsehen zu sehen sein würden.

Als sie am Morgen erschienen, bemerkten wir, dass sie alle die gleiche blaue Arbeitskleidung trugen, einige waren beim Friseur gewesen und manche trugen mehr Makeup als sonst.

Einer der Männer sagte: „Meine Frau hat mir gestern Abend die Augenbrauen gezupft. Sie hat gesagt: ‚Du kommst ins Fernsehen. Da kannst du nicht mit diesen buschigen Augenbrauen rumlaufen.‘"

Wir haben tolle Leute kennengelernt, während wir im *Emory* waren. Als ich aus meinem Zimmer kam, um zur Pressekonferenz zu gehen, schlug mir die Begeisterung all der Ärzte, Schwestern und Labortechniker entgegen, die im Flur auf mich warteten.

Die Ärzte standen in vorderer Reihe, und ich umarmte jeden von ihnen. Ich hatte vorgehabt, alle zu umarmen, aber als ich sah, wie viele Personen dort aufgereiht standen, sagte ich, es würde ewig dauern, jeden zu drücken.

„Gib mir fünf", schlug jemand vor.

Also ging ich durch ein Spalier von Pflege- und Laborkräften, die Hände erhoben, und klatschte sie alle ab, während ich zwischen ihnen hindurchlief. Endlich konnte ich die Hände, die mich die ganze Zeit mit zwei Paar Handschuhen versorgt hatten, berühren.

Die Begegnung mit den Medien

Nancy hatte das Krankenhaus verlassen, ohne dass die Medien es mitbekommen hatten. Als Dr. Ribner verkündete, dass ich frei von Ebola war und entlassen würde, gab er auch bekannt, dass Nancy die Klinik bereits vor zwei Tagen verlassen hatte. Als er über Nancy und mich sprach, sagte Dr. Ribner: „Ihre Hoffnung und ihr Glaube haben uns alle inspiriert."

Ich war froh, so positive Äußerungen von den Menschen zu hören, die für mich gesorgt hatten. Sie waren in den drei Wochen, die ich in Atlanta behandelt worden war, wirklich meine Freunde und Familie gewesen. Sie hatten mein Leben zutiefst berührt und ich war froh, dass dieses Gefühl auf Gegenseitigkeit beruhte. Ich hatte darum gebetet, dass ich während meiner Krankheit nicht den Glauben verlieren würde, aber ich hätte nie gedacht, dass dieser Glaube diejenigen inspirieren würde, die mich pflegten.

Ich betrat das Podium mit Amber zu meiner Rechten, holte tief Luft und blickte auf meine Rede hinunter.

„Dieser Tag ist ein Wunder", begann ich. „Ich bin überglücklich, am Leben, gesund und wieder mit meiner Familie vereint zu sein."

Ich redete sechseinhalb Minuten und gab den Medien einen kurzen Eindruck davon, wie wir dazu gekommen waren, in Liberia den Kampf gegen Ebola aufzunehmen. Ich berichtete auch von meiner Erkrankung. Als ich beschrieb, wie ich in Monrovia krank im Bett lag und mein Zustand mit jedem Tag schlechter wurde, sagte ich: „Ich habe gebetet, dass Gott mir hilft, treu zu sein – auch in meiner Krankheit –, und ich habe gebetet, dass er durch mein Leben oder durch meinen Tod verherrlicht wird. Damals wusste ich nicht, was ich inzwischen weiß, nämlich dass Tausende, vielleicht Millionen Menschen auf der ganzen Welt in dieser Woche für mich gebetet haben."

Es gab viele Menschen, denen ich danken wollte, und ich begann mit drei Gruppierungen: *Samaritan's Purse*, SIM Liberia und dem Personal der Emory Universitätsklinik, das mich behandelt hatte. Ich dankte außerdem meiner Familie, meinen Freunden, meiner Gemeinde und allen, die für mich gebetet hatten.

Auch in Nancys Namen dankte ich und sagte, meine Familie und ich würden eine Auszeit nehmen, um uns abseits der Öffentlichkeit wieder aneinander zu gewöhnen.

„Ich bin froh über die Aufmerksamkeit, die meine Krankheit mitten in dieser Epidemie auf die Not in Westafrika gelenkt hat", schloss ich. „Bitte beten Sie weiter für Liberia und die Menschen in Westafrika, und ermutigen Sie diejenigen, die politische Macht und Führungspositionen innehaben, ihr Möglichstes zu tun, um diesen Ebola-Ausbruch zu überwinden. Danke."

Dann kamen Amber und ich endlich unserer Absicht nach, alle im Krankenhausteam zu umarmen, die sich hinter uns versammelt hatten.

Wir verließen das Krankenhaus über einen Parkplatz, auf dem Tim Viertel einen Wagen für uns bereitgestellt hatte. Mit tiefen Atemzügen sog ich die frische Luft ein. Ich spürte den Boden unter den Füßen und die warme Sonne im Gesicht. Vor vier Wochen hatte ich nicht gewusst, ob ich diese Dinge jemals wieder erleben würde. Und jetzt, Hand in Hand mit Amber, dankte ich Gott für das Leben.

Manch einer könnte sagen, dass Gott mir eine zweite Chance gegeben hat, eine Gelegenheit, besser zu leben als vorher. Andere meinen, dass meine Situation und der Umstand, dass ich knapp dem Tod entronnen bin, nichts Errettendes haben – es sind einfach Tatsachen.

Ich kann jedenfalls sagen: Ich *lebe* und ich bin dafür verantwortlich, *wie* ich heute lebe. Diese Wahrheit war mir noch nie so bewusst wie an jenem Nachmittag, als ich lebendig, geheilt und in Begleitung meiner Frau das Krankenhaus verließ.

TEIL 6: DIE NÄCHSTEN SCHRITTE

18. AUF DEM WEG DER GENESUNG

Kent

Nachdem wir die Klinik verlassen hatten, fuhr Tim uns zu einer Kleinstadt in der Nähe von Atlanta, wo wir in einem Steakhaus zu Abend aßen. Da dies unser erster Ausflug in die Öffentlichkeit war, hatten wir keine Ahnung, wie man mir begegnen würde.

Um zu verhindern, dass ich aufgrund der live übertragenen Pressekonferenz sofort erkannt wurde, hatte ich mir ein anderes Hemd angezogen, und Amber hatte mir die einzige Baseballkappe gegeben, die sie in einem Geschäft gefunden hatte: die rot-weiße Kappe der *Druid Hill Red Devils* – einer Highschool-Baseballmannschaft.

Im Restaurant, wo sich einige Vertreter von *Samaritan's Purse* zu uns gesellten, trug ich zuerst meine Red Devils-Kappe. Aber weil ich mich bei Tisch mit einer Kappe unwohl fühlte, nahm ich sie ab und hängte sie an die Rückenlehne meines Stuhls.

Während wir aßen, erkannte mich ein Gast, der auf dem Weg nach draußen war, und kam auf unseren Tisch zu. Ich fragte mich, was er wohl sagen würde, aber er gratulierte mir freundlich zu meiner Genesung und dankte mir für meine Arbeit in Afrika.

Ich war vielleicht seit einer Stunde aus dem Krankenhaus entlassen, und schon jetzt merkte ich, dass unser Leben in Zukunft anders sein würde.

Mich in der Öffentlichkeit zu bewegen, machte mich nervös, weil ich nicht vorhersehen konnte, wie die Leute reagieren würden. Das war eine große Unbekannte für uns.

Amber und ich hatten vor, uns in einem kleinen Haus in North Carolina zu verkriechen, und so gingen wir am nächsten Tag, bevor wir losfuhren, in einen Supermarkt, um Steak und Hühnchen zum Grillen zu kaufen. Ich war etwas paranoid, erkannt zu werden, deshalb setzte ich meine Baseballkappe auf, zog sie tief ins Gesicht und versuchte, niemandem in die Augen zu schauen.

Wir suchten unsere Lebensmittel zusammen, und ich wollte nicht in der Schlange an der Kasse warten. Wenn ich vorne im Laden längere Zeit herumstand, würde ich garantiert erkannt werden. In der Nähe der Kasse gab es zwei Leihautomaten mit DVDs, und so sagte ich zu Amber, ich würde nachsehen, ob es irgendwelche guten Filme gab, die wir ausleihen könnten.

Als ich gerade vor einem der Automaten stand, trat ein Pärchen an den zweiten Automaten. Ich wandte mich etwas ab und senkte den Kopf, während ich den Blick starr auf die Filmauswahl vor mir gerichtet hielt. Dann hörte ich meinen Namen.

„Kent! Kent!"

Es war Amber.

„Ich brauche einen Stift."

Ich sah zu Amber hinüber, die an der Kasse stand, wo sie den Kassenzettel unterschreiben sollte.

Das ist nicht dein Ernst, oder?

Die Kassiererin tippte Amber auf die Schulter und sagte: „Hier, ich habe einen Stift."

Das Mädchen an dem Automaten neben mir gab dem Typen neben sich ein verstohlenes Zeichen, mich anzusehen. Es war mir furchtbar peinlich. Als wir in den Wagen stiegen, sagte ich zu Amber: „Bitte ruf meinen Namen nicht laut, wenn wir in der Öffentlichkeit sind."

Danach beschlossen wir, wann immer wir den anderen in der Öffentlichkeit rufen mussten, würde sie mich Phil nennen und ich sie Becky.

Als ich das Krankenhaus verließ, fühlte ich mich körperlich fit und sogar psychisch besser. Ich war bereit – egal, wo oder wofür – und wollte unbedingt etwas tun. Man hatte mich mit einem Rezept für Aspirin entlassen, weil mein Hämoglobinwert ein bisschen zu hoch war und ich viel mit Auto und Flugzeug unterwegs sein würde. Außerdem nahm ich ein Medikament gegen Verstopfung, das meinen Stuhl weicher machen sollte, sowie eine Salbe gegen Schuppenflechte. Das waren die einzigen Medikamente, die ich brauchte.

Amber und ich sind gerne draußen, und an dem Tag mit dem Zwischenfall im Supermarkt gingen wir einen Naturpfad entlang. Wir waren noch keinen Kilometer bis zu einer Anhöhe gelaufen, als ich merkte, dass ich mit meinen Kräften am Ende war.

„Wir drehen besser wieder um", sagte ich zu Amber. „Wenn wir auf der anderen Seite des Hügels runtergehen, muss ich anschließend wieder rauf."

Wir kehrten zu dem Wagen zurück, und das war mein Sport für diesen Tag. Ich war fertig.

Der nächste Tag, der 23. August, war der Tag unserer Familienzusammenführung. *Samaritan's Purse* flog uns nach Indiana, damit wir Ruby und Stephen abholen konnten. Ich hatte sie seit einem Monat nicht mehr gesehen, und auch von Amber waren sie drei Wochen getrennt gewesen.

Wir landeten auf dem kleinen städtischen Flughafen. Als wir die Treppe hinunterstiegen, kamen die Kinder über das Rollfeld angerannt. Ich sank auf die Knie und zog beide in meine Arme. Es war ein Wiedersehen mit langen, festen Umarmungen.

„Das ist ein besonderer Tag heute, oder?", fragte Ruby.

„Da hast du recht", stimmte ich zu.

Wir vier, meine Eltern und meine Schwester Krista aßen bei *Cracker Barrel* – einer Restaurantkette, die wir in Liberia vermisst hatten – und kehrten dann zum Flughafen zurück, um nach North Carolina zurückzufliegen. Wir waren so müde, dass wir alle vier den ganzen Flug verschliefen. Mir schien die Tatsache, dass ich ruhig schlafen konnte, ein Zeichen dafür zu sein, wie gut es war, dass wir wieder zusammen waren.

Wir hatten geplant, eine Zeitlang nur als Familie in Asheville, North Carolina, zu verbringen. An dem Tag nach unserer Ankunft war ich erschöpft und tat kaum etwas, außer auf dem Sofa zu liegen und zu schlafen. Am Tag darauf fühlte ich mich kräftig genug, um mit den anderen einen Spaziergang zu machen, aber als wir zurückkamen, war ich wieder völlig erledigt.

Dass mir selbst nach kleinen Aktivitäten ganz schnell die Kräfte schwanden, blieb in den nächsten paar Wochen so.

Am Dienstag, den 2. September, war Matt Lauer von NBC einen Großteil des Tages damit beschäftigt, Amber und mich zu interviewen. Es klingt vielleicht nicht sehr anstrengend, in einem Sessel zu sitzen und zu reden, aber sowohl für Amber als auch für mich war es emotional sehr fordernd. Dies war das erste Mal, dass wir eine Menge Fragen über meine Krankheit beantworteten – und das erste Mal, dass wir hörten, wie der jeweils andere die Ereignisse aus seiner Perspektive schilderte. Es war körperlich und psychisch ermüdend für mich.

Der schwerste emotionale Schlag an diesem Tag kam jedoch, als ich erfuhr, dass Rick Sacra Ebola hatte.

Nachdem Nancy und ich im Juli an Ebola erkrankt waren, war Rick nach Liberia zurückgekehrt, um im Krankenhaus dort zu arbeiten, weil mitten in dem Ebola-Ausbruch selbst die grundlegendste Gesundheitsversorgung fehlte. Jetzt war Rick nach einigen intensiven Wochen Arbeit im Krankenhaus selbst erkrankt. John Fankhauser hatte mich eine Stunde vor dem Interview mit Matt Lauer vom Flughafen aus angerufen, um mir von Ricks Diagnose zu berichten. John war auf dem Weg zurück nach Liberia, um bei Ricks Pflege zu helfen und Ricks Arbeit im Krankenhaus zu übernehmen.

Meine erste Begegnung mit Rick hatte dazu geführt, dass Amber und ich uns entschieden hatten, nach Liberia zu gehen.

Wir hatten nur zwei Monate zusammengearbeitet, als Rick und seine Familie in die USA zurückkehrten. Im folgenden Februar war er für drei Wochen nach Liberia zurückgekommen und er war auch in Westafrika gewesen, als Dr. Debbie und ich bei der Tagung in Griechenland waren. Rick und ich hatten damals nur wenige Tage zusammen verbracht. Aber auch wenn wir in Liberia nicht so viel Zeit gemeinsam hatten, wie wir gehofft hatten, waren wir doch gute Freunde geworden.

Ich erfuhr, dass Rick am nächsten Tag von Liberia zum *Nebraska Medical Center* in Omaha geflogen werden sollte. Später an diesem Donnerstag erhielt ich einen Anruf mit der Bitte, am Freitagmorgen nach Nebraska zu fliegen und Rick Plasma zu spenden – er und ich hatten die gleiche Blutgruppe.

Ich sagte zu, ohne zu zögern. Ich wusste, wie wichtig eine Bluttransfusion zum richtigen Zeitpunkt sein konnte.

Plasma für einen Kollegen

Meine Transfusion von Gebah war eine Transfusion des gesamten Blutes gewesen. Obwohl wir wussten, dass eine Plasmatransfusion im Kampf gegen das Virus besser gewesen wäre, gab es im gesamten Afrika südlich der Sahara nur einen Ort, an dem Blut fraktioniert – also das Plasma von den roten Blutkörperchen getrennt – werden konnte, und zwar in Südafrika. Jede Transfusion in Liberia bedeutete eine komplette Bluttransfusion.

Blut besteht aus roten und weißen Blutkörperchen sowie aus Plasma. Plasma ist der Wasseranteil im Blut, der alle Proteine enthält, darunter auch Antikörper, die unserem Immunsystem helfen, Viren und Bakterien im Blut zu binden. Mit der Hilfe von ZMapp und der unterstützenden medizinischen Versorgung hatte mein Körper eine Immunreaktion aufgebaut, die für mein Überleben ausgereicht hatte. Das bedeutete, mein Körper hatte viele Antikörper gegen Ebola gebildet.

Wenn mein Plasma, das diese Antikörper enthielt, Rick verabreicht werden würde, konnten meine Antikörper das Virus in Ricks Blut binden und es daran hindern, sich zu vermehren. Das wiederum würde seinem Körper mehr Zeit geben, eine vollständige eigene Immunreaktion aufzubauen.

Ein Vorteil dabei, mir nur Plasma abzunehmen, war die Fähigkeit des Körpers, Plasma schneller zu bilden als rote Blutkörperchen. Um rote Blutzellen wieder vollständig zu ersetzen, sind etwa 100 bis 120 Tage notwendig. Aber wenn wir viel Wasser trinken und gut hydriert sind, kann unser Körper das Plasma innerhalb von vierundzwanzig Stunden neu bilden. Deshalb lautet die Regel, dass man zwischen zwei Blutspenden mindestens acht Wochen warten soll, während man Plasma öfter spenden kann – bis zu dreimal pro Woche. Diese schnelle Erholung war nicht der Grund, warum ich Plasma spendete anstelle des ganzen Bluts, es hatte vielmehr den Vorteil, dass ich häufiger spenden konnte.

Amber machte sich Sorgen über meine Reise nach Nebraska. Sie war keineswegs dagegen, dass ich es tat, weil wir beide alles tun würden, um Rick zu helfen. Sie befürchtete allerdings, ich könnte mich auf der Reise überanstrengen. Also begleiteten ihr Bruder und ihr Vater mich nach Nebraska. Das Krankenhaus hatte während der wenigen Stunden, die ich dort verbrachte, die ganze Zeit einen Rollstuhl für mich bereitgestellt, aber ich benötigte ihn nicht und lief zu Fuß überallhin.

Wir flogen gerade rechtzeitig nach North Carolina zurück, um uns das Interview mit Matt Lauer im Fernsehen anzuschauen. Er hatte sich uns gegenüber sehr gut verhalten, sowohl professionell als auch höflich, sodass uns die Sendung nicht enttäuschte.

Am Montag fuhren wir zum internationalen Hauptquartier von *Samaritan's Purse* in Boone, wo wir uns mit Franklin Graham trafen und uns zwei sehr ergiebige Stunden lang mit ihm unterhielten. Wir wirkten bei der Mitarbeiterandacht am

Dienstag mit und verbrachten dann den ganzen Mittwoch in Besprechungen. Es war eine lange Woche für mich.

Auf der Rückfahrt nach Asheville ging es mir plötzlich richtig schlecht. Als wir in unserem Haus ankamen, war mir übel und schwindelig und ich fühlte mich schwach und erschöpft. Alles drehte sich. Meine Eltern waren am Montag hergekommen, um uns bei SP zu treffen, und mein Vater, ganz der Arzt, sah regelmäßig nach mir. Ich konnte mich überhaupt nicht anstrengen. Das Einzige, wonach mir der Sinn stand, war, auf dem Sofa zu liegen.

So schlecht hatte ich mich seit meiner Entlassung aus dem Krankenhaus noch nie gefühlt, und dieser Zustand hielt einige Tage an.

In dieser Zeit bereitete ich mich darauf vor, nach Washington D.C. zu reisen, um vor dem Kongress über die Ebola-Epidemie zu berichten. Melissa Strickland kam nach Asheville, um am Freitag und Samstag mit mir an meiner Rede zu arbeiten. Am Montag flogen Amber und ich nach Washington.

Am Tag des Fluges ging es mir wieder besser, und wir verbrachten ein paar ausgefüllte, hektische Tage in der Hauptstadt.

Man hatte mich gebeten, am 17. September in einem Unterkomitee des Kongresses zu berichten. Ken Isaacs hatte Anfang August bei einer Anhörung dort ausgesagt, und dies war die nächste Sitzung.

Tim Viertel, der ehemalige Geheimdienstagent, der jetzt für *Samaritan's Purse* arbeitete, fragte, ob wir eine Führung durchs Weiße Haus machen wollten, während wir in D.C. waren. Natürlich wollten wir! Tim sagte, wenn Präsident Obama erführe, dass unsere Namen auf der Besucherliste standen, würde er uns wahrscheinlich treffen wollen.

Dann erhielt ich eine Einladung, an einer Komiteesitzung des Senats am Dienstag, den 16. September, teilzunehmen, am Tag vor der Anhörung im Kongress. Der Präsident ließ verlauten, er wolle am Dienstag das Zentrum für Seuchenschutz besuchen, und wir gingen davon aus, dass wir ihn somit nicht sehen würden.

Am Montag erfuhren wir, dass die Pläne des Präsidenten sich geändert hatten: Er würde seine Reise nach Atlanta auf den Nachmittag verschieben, und wir waren am nächsten Tag zu einem Treffen mit Präsident Obama im Weißen Haus eingeladen.

Am Dienstagmorgen las ich, dass das Weiße Haus die Pläne der Regierung als Reaktion auf Ebola veröffentlicht hatte. Ich hatte meine Stellungnahme achtundvierzig Stunden im Voraus einreichen müssen und musste jetzt wegen der Ankündigung aus dem Weißen Haus noch schnell einige Änderungen vornehmen.

Das Treffen mit dem Präsidenten

Wir trafen den Präsidenten in einem kleinen Büro, wo wir auf ihn gewartet hatten. Er kam herein und gab uns die Hand.

„Kommen Sie, wir gehen hier hinein und machen ein Foto", sagte er und zeigte auf sein Büro. Das berühmte *Oval Office*!

Wir stellten uns für das Foto vor seinem Schreibtisch auf, dann führte er uns zu einem Sofa, auf dem Amber und ich Platz nahmen, während er sich auf einen Sessel daneben setzte. Wir unterhielten uns etwa fünf Minuten lang, anschließend erhoben wir uns für eine weitere Runde gestellter Fotos.

Präsident Obama war sehr sympathisch und freundlich.

Ehrlich gesagt, hatte ich nicht gedacht, dass es so eine große Sache sein würde, den Präsidenten zu treffen. Ich verfolge die Politik nicht besonders aufmerksam. Nicht, dass ich etwas gegen Republikaner oder Demokraten hätte, aber Politik insgesamt begeistert mich nicht.

Und doch war es ein besonderes Erlebnis, Präsident Obama zu begegnen.

Während wir miteinander sprachen, wollte ich mich im Oval Office umsehen, aber der mächtigste Mann der westlichen Welt saß mir gegenüber und stellte mir Fragen. Also sah ich ihn an, anstatt mich umzuschauen, und sagte: „Ja, Sir, es geht mir gut, danke." Wir sprachen kurz über die Pläne für amerikanische Hilfen in Westafrika, und ich versuchte dem Präsidenten die Dringlichkeit unseres Handelns zu verdeutlichen, die nötig war, um die Epidemie aufzuhalten.

Zwei Mitarbeiter des Weißen Hauses waren mit uns im Arbeitszimmer des Präsidenten. Einer von ihnen war Obama noch nie begegnet. Als wir das Büro verließen und der Präsident uns nicht mehr hören konnte, sagte ich: „Er ist nicht so groß, wie ich dachte."

Der Mitarbeiter stimmte mir zu.

Es geht bergauf

Während unserer Zeit in Washington D.C. begegneten wir dem Präsidenten, ich sagte zweimal vor Komitees aus und wir besichtigten Sehenswürdigkeiten. Es waren zwei aufregende und anstrengende Tage.

Schließlich flogen wir nach Atlanta und verbrachten die Nacht dort. Am nächsten Tag hatte ich einen Termin bei meinen Ärzten für die erste Ebola-Nachuntersuchung. Nancy und David kamen ebenfalls nach Atlanta, und wir aßen gemeinsam zu Mittag – das erste Mal, dass wir alle zusammen waren, seit Nancy das Krankenhaus verlassen hatte. Nach dem Mittagessen gab es einen Empfang für all die Menschen, die für uns gesorgt hatten: Ärzte, Pflegekräfte, Labortechniker – alle. Amber und ich übernachteten in Atlanta und machten uns am nächsten Tag auf den Weg nach Indiana.

Am Ende dieser sehr langen und verplanten Woche wurde mir bewusst, dass ich *nicht* völlig am Ende meiner Kräfte war. In dieser Woche begann die letzte Phase meiner Genesung. Ich hatte immer noch nicht so viel Energie, wie ich gerne gehabt hätte, und es dauerte eine Zeitlang, bis ich meine alte Ausdauer erreicht hatte, aber von da an fühlte ich mich gut und wurde immer kräftiger.

Kurz darauf war Rick beinahe so weit genesen, dass er die Klinik in Nebraska verlassen konnte. Es gab viele Menschen auf der Welt, die Ebola überlebt hatten, aber nicht viele von ihnen hatten die Pflege bekommen, die Rick, Nancy und mir zuteil geworden war. Gebah war der einzige Überlebende, den ich persönlich kannte, aber er war nie sehr krank gewesen. Es gab einfach nicht viele Forschungsergebnisse darüber, wie Ebola-Patienten überlebten.

Ich sprach mit Rick und schlug ihm aus meiner eigenen Erfahrung vor, er solle es zuerst langsam angehen lassen, weil sein Kopf ihm wahrscheinlich sagen würde, sein Körper sei kräftiger, als er es in Wirklichkeit war. Ich versuchte diesen Rat allen Überlebenden der Krankheit zu geben, mit denen ich sprach. Außerdem spendete ich Plasma für Ebola-Patienten in den USA, wann immer ich konnte.

Am 28. September wurde Thomas Eric Duncan – ein gebürtiger Liberianer – in Dallas, Texas als erster Mensch in Amerika mit Ebola diagnostiziert. Wir besuchten gerade Verwandte in Michigan, als uns die Nachricht erreichte. Amber und ich hörten mit Bestürzung seine Geschichte und verfolgten genau, wie es ihm ging.

Mehrere Tage später fuhren wir von Michigan nach Kansas, um Freunde zu besuchen, als ich einen Anruf von Dr. Angela Hewlett in Nebraska erhielt. Ashoka Mukpo, ein freiberuflich tätiger Kameramann, der in Liberia für NBC arbeitete, hatte sich mit Ebola infiziert und war nach Nebraska evakuiert worden. Jetzt war er auf derselben Station, auf der Rick erfolgreich behandelt worden war. Angela sagte, ich hätte die gleiche Blutgruppe wie Ashoka, und fragte, ob ich Plasma für ihn spenden könne.

Wir gingen zu einer kleinen Blutbank in Kansas City, wo mir das Plasma entnommen wurde, das man anschließend nach Nebraska flog. Nach einem kurzen Aufenthalt bei Freunden in Kansas fuhren wir weiter nach Texas. Auf dem Weg hörten wir die tragische Nachricht von Mr Duncans Tod.

In Texas feierten wir das *Homecoming*-Fest der *Abilene Christian University* mit, wo Amber und ich über unsere Erfahrungen berichten konnten. Die Kinder und wir hatten die Ehre, das Fest zur Rückkehr der Studenten nach den Sommerferien offiziell zu eröffnen.

Am selben Wochenende flogen wir nach North Carolina, um bei der „Rezepte für Erneuerung"-Tagung zu sprechen, die *Samaritan's Purse* jedes Jahr für christliche Ärzte und Zahnärzte veranstaltet. Während ich dort war, wurde bekannt, dass eine Krankenschwester in Dallas, namens Nina Pham, ebenfalls an Ebola erkrankt war.

Dr. Aneesh Mehta von der Emory Universitätsklinik rief mich am Sonntagmorgen, den 12. Oktober an und sagte, die Seuchenschutzbehörde hätte ihm gerade mitgeteilt, dass ich die gleiche Blutgruppe habe wie die Krankenschwester. Dann fragte er mich, ob ich zu einer Plasmaspende für sie bereit wäre.

Ich sollte an diesem Tag nach Abilene zurückfliegen, aber wir arrangierten einen Zwischenhalt in Dallas. Mitarbeiter vom *Texas Health Presbyterian Hospital* holten mich am Flughafen ab und fuhren mich zu ihrem Krankenhaus, wo ich Plasma für Nina Pham spendete. Während der Prozedur konnte ich ihre Eltern und eine ihrer Schwestern kennenlernen, und wir redeten und beteten zusammen für Nina.

Die Ärzte fragten, ob ich bereit wäre, noch ein zweites Mal für Nina zu spenden. Amber und ich hatten vor, am Mittwoch von Abilene nach Fort Worth zurückzukehren, und so verabredeten wir einen neuen Spendentermin für diesen Tag.

An dem Mittwoch erfuhren wir, dass Amber Vinson, eine Krankenschwester, die im selben Krankenhaus arbeitete, ebenfalls positiv getestet worden war. Ich hatte sowieso den Termin zur Plasmaspende für Nina, aber da ihr Zustand stabil war und meine Blutgruppe passte, bekam Amber stattdessen mein Plasma.

Ich hatte eine neue Rolle im Kampf gegen Ebola gefunden.

19. DIE BERUFUNG GEHT WEITER

Kent

In einer Krise herrscht eine besondere Spannung – eine Spannung zwischen Angst und Mitgefühl. Vieles, was wir zwischen August und November 2014 in den Vereinigten Staaten an Reaktionen auf Ebola erlebten, war ein Beweis dafür, dass die Angst überwog.

Wir sahen, dass öffentliche Entscheidungen größtenteils von Angst geleitet wurden, anstatt von der zur Verfügung stehenden Wissenschaft. Wir sahen, wie einige Ebola-Opfer – und selbst einige gesunde Personen, die ehrenamtlich gegen das Virus kämpften – nicht wie Opfer oder Helden behandelt wurden, sondern wie Verbrecher oder wie eine Gefahr für die Bevölkerung. Diese Haltung gegenüber Ebola-Kämpfern und -Opfern brach mir das Herz. Nicht nur wegen der Erkrankten selbst, die darunter litten, sondern auch wegen der gesamten Gesellschaft. Wenn wir die Menschen diskriminieren, mit denen wir eigentlich Mitleid haben sollten, dann verlieren wir unsere Empathie, werden hartherzig und untergraben unsere eigene Menschlichkeit.

Als Jesus gefragt wurde, was das größte Gebot sei, antwortete er: „Du sollst den Herrn, deinen Gott, lieben von ganzem Herzen, mit ganzer Hingabe und mit deinem ganzen Verstand" (Matthäus 22,37). Und Jesus war es auch, der sagte, dass man Gott nicht lieben kann, wenn man nicht auch seinen Nächsten liebt. Und unser Nächster ist nicht nur der Mensch, der eine Straße weiter wohnt. Unser Nächster, sagt Jesus, ist jeder, dessen Weg wir kreuzen, jeder, der in Not ist.

Wenn ich an den Mann denke, der auf unserer Station an Ebola starb, weil er geholfen hatte, eine Leiche vom Taxi in das Haus einer Witwe zu tragen, dann betrachte ich ihn nicht als liberianische Tragödie. Ich sehe in ihm Harris, meinen Nächsten, der starb, als er versuchte, anderen Menschen etwas Gutes zu tun.

Jesus hat uns aufgefordert, unseren Nächsten wie uns selbst zu lieben. Wir leben in einer globalen Gemeinschaft, und es gilt, unsere Nächsten in dieser Gemeinschaft zu erkennen. Wir dürfen nicht zulassen, dass unser Mitgefühl und unsere Nächstenliebe von der Angst überwältigt werden!

Gott hat mir das Leben gerettet

Bei meiner Pressekonferenz in der Uniklinik schrieb ich Gott das Verdienst für mein Überleben zu. Ich sagte:

„Ich kann Ihnen gar nicht sagen, wie dankbar ich für Ihre Gebete und Ihre Unterstützung bin. Aber ich kann Ihnen sagen, dass ich einem treuen Gott diene, der Gebete erhört. Gott hat mir das Leben gerettet - durch die Fürsorge von Samaritan's Purse und dem SIM-Missionsteam in Liberia, durch den Einsatz eines noch unzureichend erforschten Medikaments und durch das Können und die Mittel der Belegschaft in der Emory Universitätsklinik. Gott hat mein Leben gerettet – als unmittelbare Antwort auf Tausende und Abertausende Gebete. Ich bin unglaublich dankbar für all jene, die mit meiner Behandlung betraut waren, vom ersten Tag meiner Krankheit bis heute, zum Tag meiner Entlassung aus dem Krankenhaus."

Ich weiß, dass manche nicht damit einverstanden waren, als ich behauptete, *Gott* hätte mir das Leben gerettet – schließlich hatte ich doch das Medikament und die fantastische medizinische Versorgung erhalten. Mir ist klar, dass es so aussehen kann, als würden sich diese beiden Aspekte widersprechen. Auch ich spüre die Unstimmigkeit, wenn ich sage, dass Gott *mir* das Leben gerettet hat, während Tausende andere Menschen gestorben sind.

Diese Dinge sind für mich nicht glasklar. Mit dieser Spannung habe ich meine Mühe. Ich kann nicht erklären, wie ich geheilt wurde. Gab es ein übernatürliches Eingreifen, das den Verlauf meiner Krankheit umkehrte? Oder war das Wunder eine neue, nicht erprobte Behandlung für eine seltene Krankheit, die in einem Treibhaus in Kentucky erfunden wurde, verbunden mit dem Umstand, dass eine Dosis dieses Medikaments gerade rechtzeitig an mein Bett in Liberia gelangt war? Oder bestand das Wunder darin, dass ich in den USA geboren wurde und das amerikanische Außenministerium alle Hebel in Bewegung gesetzt hatte, um mich zu einer der besten Kliniken der Welt zu bringen? Vielleicht war das Wunder die Herstellung von Seuchenschutzkabinen für Flugzeuge sechs Jahre vor dem Ebola-Ausbruch in Westafrika? Oder könnte das Wunder sein, dass John Fankhauser so weitsichtig war, mir Kalium zu verabreichen, trotz der unzureichenden Daten, die eine solche Behandlung bei Ebola nahelegten?

Viele Puzzleteile fügten sich genau zum richtigen Zeitpunkt auf die richtige Weise zusammen, damit ich genau die Behandlung bekam, die mir letztendlich das Leben rettete. Manche mögen es einen riesigen Zufall nennen, und ich möchte ihnen nicht widersprechen. Aber wenn ich die unwahrscheinlichen Ereignisse betrachte – nicht nur während meiner Krankheit, sondern schon Jahrzehnte vor der Ebola-Epidemie in Westafrika –, dann sehe ich die Hand Gottes am Werk. Und ihm verdanke ich mein Leben.

Im November 2014 hatte ich die Ehre, das Forschungslabor der Firma *Kentucky BioProcessing* (KBP) besuchen zu können, wo ZMapp hergestellt wurde. Das Medikament war das Ergebnis der Zusammenarbeit von einer kleinen Firma in San Diego, *Mapp Biopharmaceutical,* der Forschungseinrichtung des amerikanischen Militärs, den staatlichen Gesundheitsinstituten und dem kanadischen Gesundheitsministerium. Die Wissenschaftler dieser Forschungsstellen beschlossen, bei ihrer Arbeit zusammenzuarbeiten, obwohl diese Branche normalerweise von hoher Rivalität geprägt ist. Wissenschaftler kommen auf ihrem Forschungsgebiet weiter, indem sie die nächste große Entdeckung machen. Aber diese Forscher stellten ihren potenziellen persönlichen Ruhm hinten an, um gemeinsam etwas Gutes für die Menschheit zu erreichen. Sie teilten ihre Erkenntnisse und kombinierten die von ihnen entwickelten Behandlungen zu einem synergistischen Cocktail, der wirksamer war als alles, was jede einzelne dieser Forschungseinrichtungen für sich hatte herstellen können.

Ihre Arbeit, die auf den Schultern von sieben Nobelpreisträgern ruhte, wurde in die Hände von KBP gelegt, einem kleinen Unternehmen, das versuchte, in der Welt biopharmazeutischer Proteinherstellung einen Platz für Tabak zu finden. Der Geschäftsführer der Firma, Hugh Haydon, erklärte uns die erstaunliche Geschichte von KBP.

Beinahe zwei Jahrzehnte lang konnte sich die Methode, mithilfe von Tabak biopharmazeutische Proteine herzustellen, nicht richtig durchsetzen. Während andere Firmen, die in diesem Bereich gearbeitet hatten, wieder verschwunden waren, hatte KBP mit einem kollaborativen Ansatz überlebt, indem das Unternehmen sich auf Produkte konzentrierte, für die sich die Konkurrenz nicht interessierte, und einen Markt für seine Dienstleistungen schuf. Die Unternehmensleitung träumte davon, mit ihrer firmeneigenen Technologie zur Erzeugung biopharmazeutischer Proteine in Tabakpflanzen die Branche zu revolutionieren.

KBP fing an, seine eigenen Tabaksamen zu pflanzen. In diesem Zusammenhang entwickelten sie einen Prozess, um das winzige, heterogene Saatgut gleichförmig zu machen, damit eine Maschine es greifen und ein Samenkorn nach dem anderen in schwarze Plastikschalen setzen konnte. Diese Plastiktabletts mussten so beschaffen sein, dass ein Roboter sie in einem Schritt herstellen konnte. Der Leiter der Landwirtschaftsabteilung stellte eine solche Menge Saatgut her, dass es bei dem damaligen Verarbeitungstempo für die nächsten dreißig Jahre gereicht hätte.

Als jemand in der Firma fragte, warum so viel Saatgut produziert werden musste, wusste niemand eine gute Antwort. Das Unternehmen machte trotzdem weiter. Immer wieder trafen die Geschäftsführer von KBP Entscheidungen, die kurzfristig keinen Sinn ergaben, sondern das langfristige Festhalten an ihren Zielen zum Ausdruck brachten.

Dann wurde die Firma angefragt, eine kleine Menge von drei verschiedenen Proteinen herzustellen, die zur Behandlung des Ebola-Virus bei Affen eingesetzt werden sollten. KBP stellte eine ausreichend große Menge des Produkts her, dass es für die Tierversuche reichte, und noch ein bisschen zusätzlich. Ein kleiner Teil dieser Produktion landete am 31. Juli 2014 auf meinem Nachttisch in Liberia. Und wegen der umfangreichen Vorarbeiten von KBP war das Unternehmen, als es angesichts der Ebola-Epidemie die Produktion von ZMapp beschleunigen sollte, in der Lage, genau das zu tun – sie hatten sogar die nötige Menge Saatgut für die ausgeweitete Herstellung.

Ein Wissenschaftler vom staatlichen Institut für Medizin war am Tag unserer Führung durch KBP anwesend. Nachdem er sich die Geschichte des Unternehmens angehört hatte und dann seine Rolle bei der Entwicklung der Antikörper erläuterte, die in ZMapp benutzt wurden, kam er zu folgendem Schluss: Gottes Wunder kann man in allen Einzelheiten über Jahrzehnte hinweg sehen.

Ehrlich gesagt habe ich manchmal Mühe mit der Theologie meiner Genesung. Ich bin davon überzeugt, dass ich nichts Besonderes an mir habe, das Gott dazu bringen würde, gerade mir das Leben zu retten, während andere sterben. Ich würde niemals behaupten, dass mein Glaube in irgendeiner Weise besser war als der Glaube der vielen Menschen, die in

Westafrika starben. Und ich glaube nicht, dass das Überleben eines Menschen und der Tod eines anderen irgendetwas über den Wert oder den Glauben oder die Verdienste der betreffenden Personen aussagt. Ich tue mich auch schwer damit zu glauben, dass Gott jede Einzelheit dieser Erfahrung im Voraus geplant hat.

Ich behaupte nicht zu wissen, wie Gott wirkt. Aber eines weiß ich: Ich habe dem Tod ins Auge gesehen, und jetzt bin ich am Leben. Und dieses Leben ist mit Verantwortung verbunden. Der Apostel Paulus hat es so ausgedrückt: „Denn Christus ist mein Leben und Sterben für mich nur Gewinn" (Philipper 1,21). Ich würde es folgendermaßen formulieren: Weil ich lebe, sollte ich mein Leben so führen, dass es meinem Nächsten hilft und guttut. Das mache ich nicht für Ruhm und Ehre, sondern für Gott, der mir das Leben geschenkt hat.

Lebenslang berufen

Ich hatte die Hoffnung, nach einem langen Leben als Missionar Erfahrungen gesammelt zu haben, über die es sich zu schreiben lohnt, damit andere, die vierzig Jahre später in meine Fußstapfen treten, sich davon inspirieren lassen können. So etwas wie unsere jetzige Situation hätte ich mir nie träumen lassen.

Amber und ich gingen als unbekannte Missionare nach Liberia, weil wir mit unserem Leben etwas Sinnvolles tun wollten. Psalm 105,1-3 spiegelt den Wunsch unserer Familie gut wider:

Preist den Herrn, und ruft seinen Namen aus,
verkündet seine großen Taten allen Völkern!
Singt und musiziert zu seiner Ehre,
macht alle seine Wunder bekannt!
Seid glücklich, dass ihr zu ihm, dem heiligen Gott, gehört!
Ja, alle, die den Herrn suchen, sollen sich freuen!

Unser Ziel war schlicht. Wir beteten: „*Gott, wir wollen den Menschen von dir erzählen. Wir wollen anderen so dienen, dass sie dich kennenlernen.*"

An manchen Tagen kommt es mir vor, als hätte Gott geantwortet: „*Ach, du willst den Menschen von mir erzählen, ja? Okay, wie wäre es dann mit einer Pressekonferenz mit achtzehn Millionen Zuschauern!? Oder mit einem Zeugnis vor den Mächtigen dieser Welt!?*"

In gewisser Hinsicht war es die ganze Zeit unsere Berufung, den Namen Gottes bekannt zu machen. In anderer Hinsicht zogen wir nach Westafrika, um den Menschen in Liberia zu dienen, ihnen Gutes zu tun und ihnen dabei zu helfen, ihr Leben zu verbessern. Für mich waren diese beiden Ziele untrennbar miteinander verbunden. Das eine ohne das andere zu tun, hätte bedeutet, die Arbeit nicht vollständig zu erledigen.

Diese neue Plattform, die uns offensichtlich eine lautere Stimme verlieh, kann uns vielleicht auch helfen, Liberia auf viel größere, wirkungsvollere Weise zu dienen, sodass es Zehntausenden zugutekommt. Durch die breitere Wirkung können wir Menschen auffordern, für die Bevölkerung in Liberia zu beten und mit den Menschen dort zusammenzuarbeiten, während sie ihr Land und ihr Gesundheitssystem wieder aufbauen.

Nach meiner Ebola-Erkrankung haben Amber und ich das Gefühl, dass im Leben unserer Familie eine neue Jahreszeit begonnen hat. Jahreszeiten kommen und gehen. Diese Jahreszeit ist jetzt angebrochen und wir gehen davon aus, dass sie irgendwann enden wird. Vielleicht werden wir wieder in der Mission arbeiten – möglich, dass wir wieder zu dem zurückkehren, was unsere Berufung war, bevor das alles geschah. Im tiefsten Innern meines Herzens glaube ich noch immer, dass es das ist, was wir sind und was wir tun sollen.

Wir werden oft gefragt, ob wir jemals nach Liberia zurückkehren werden.

Wir wissen es einfach nicht.

Aber wir wissen, dass wir auf keinen Fall in dasselbe Liberia zurückkehren würden, denn Liberia wird nie mehr der Ort sein, den wir 2013 zum ersten Mal betraten.

Der Krieg hatte das Land bereits verändert, bevor wir dort ankamen, und der Kampf gegen Ebola hat es noch einmal verändert. Die Bürgerkriege haben bei den Menschen Narben hinterlassen – an Leib und Seele. Diejenigen, die die Kriege überlebten, sagten, dass Ebola ein weiterer Krieg für das Land gewesen sei. Nur dass dieser Feind, ein mikroskopisch kleines Virus, unsichtbar war und deshalb noch furchteinflößender.

Die aktuellsten Zahlen, während ich dies schreibe, sprechen von 26 000 gemeldeten Ebola-Fällen in Guinea, Liberia und Sierra Leone und von mehr als 11 000 Toten. Das ist mehr als siebenmal die Anzahl Ebola-Toter weltweit in allen vorigen Ausbrüchen der Krankheit zusammen. Die Zahl der Toten in Liberia hat 40 000 bereits überschritten.

Die Liberianer sind ein freundliches Volk, und man gibt einander gerne die Hand zur Begrüßung. Als wir dort waren, reichte man dem anderen zur Begrüßung die Hand, ließ die Finger dann an denen des Gegenübers entlanggleiten und beendete den Handschlag mit einem Fingerschnipsen.

Wegen Ebola haben die Liberianer aufgehört, einander zu berühren. Vielleicht werden sie ihren einzigartigen Handschlag wieder einführen, wenn die Gefahr gebannt ist. Aber das Land und die Menschen tragen Narben davon, so wie von den Bürgerkriegen auch. Obwohl die Ebolakrise noch nicht vorüber ist, tut es uns schon jetzt in der Seele weh, wenn wir daran denken, dass Liberia sich erneut von einem furchtbaren Kampf erholen muss.

Selbst wenn wir wieder mit *Samaritan's Purse* nach ELWA gehen sollten, wird es nicht mehr dasselbe sein. Die Menschen werden andere sein, unsere Nachbarn wären nicht mehr dieselben, und wir würden vielleicht nicht in demselben Haus wohnen. Ihre Kinder und unsere Kinder werden in einer wichtigen Phase ihres Lebens getrennt voneinander aufgewachsen sein.

Es gibt nur wenige Menschen, die mit uns diese Krise durchlitten haben und verstehen, warum das Leben danach anders ist. Und jetzt sind diese wenigen Menschen auf der ganzen Welt verstreut. Der Verlust dieser Gemeinschaft macht mich traurig.

Man hat mich oft gefragt, ob ich mich aufgrund meiner Ebola-Erkrankung persönlich verändert hätte.

Was die Genesung von der Krankheit betrifft, glaube ich, dass ich Weihnachten 2014 wieder hundertprozentig fit war – also vier Monate, nachdem ich das Krankenhaus verlassen hatte. Ich bin froh darüber, dass ich keinerlei negative körperliche Nachwirkungen davongetragen habe.

ZMapp war ein noch nicht erprobtes Medikament, als ich es bekam. Es wird sich erweisen, ob es irgendwelche Langzeitwirkungen hat, die bisher noch unbekannt sind.

Aber ich lebe. Alle Probleme, die sich vielleicht später ergeben, werde ich durch diese Brille betrachten.

Ich kann noch nicht sagen, inwiefern meine Erfahrung meine Arbeit als Arzt verändern wird. Aber sie hat auf jeden Fall große Wirkung auf mich gehabt. Ich blicke voller Demut auf die unglaubliche Barmherzigkeit und Großzügigkeit zurück, die wir erleben durften. Ich glaube, diese Demut ist ein Zeichen dieser Wirkung, aber das ist nicht alles. Meine Hoffnung und mein Gebet sind, dass ich als Ehemann, Vater, Arzt und Nächster mitfühlender werde.

Als ich an dem regnerischen Junitag vor dem Krankenhaus neben Felicia kniete, sagte ich mir, dass sich alles ändern würde. Ich hatte keine Ahnung, wie recht ich hatte. Eines hat sich jedoch nicht geändert: unser Wunsch, Gottes Berufung treu zu sein – mit unserem ganzen Leben.

Unsere Berufung ist es, treu zu sein, wo immer wir sind, gute Verwalter unserer Zeit und unserer Möglichkeiten zu sein, verantwortungsvoll mit dem umzugehen, was uns geschenkt wurde, Gutes zu tun – und den Menschen zu dienen.

Denn Christus ist mein Leben und Sterben für mich Gewinn.

EPILOG: DANKBARKEIT

Kent

In meiner Familie gibt es die Tradition, dass wir uns jedes zweite Jahr Weihnachten bei meinen Eltern treffen. Durch unseren Umzug nach Liberia gingen wir davon aus, dass wir 2014 nicht dabei sein würden. Meine Krankheit änderte das.

Amber, die Kinder und ich verbrachten eine gute Woche in Indianapolis im Haus meiner Eltern, wo wir Urlaub machten. Zu diesem Zeitpunkt hatte ich allmählich das Gefühl, ganz genesen zu sein.

Einer der ersten Punkte auf unserer To-Do-Liste war, die Apfelbaumplantage zu besuchen, zu der ich mit Amber gegangen war, als sie das erste Mal nach Indianapolis kam, um das Spiel der Broncos gegen die Colts zu sehen. Die Plantage war auch einer der letzten Orte, an denen wir waren, als wir das letzte Mal vor unserer Abreise nach Liberia meine Eltern besuchten. Das war im Herbst gewesen, nachdem die meisten Äpfel geerntet und die Kürbisse fast reif waren. Damals hatten wir ein Foto von uns als Familie gemacht.

Während unseres Weihnachtsurlaubs gingen wir zu viert zu der Plantage, probierten das köstliche Apfelsorbet und stellten uns für ein aktuelles Familienfoto auf.

Meine drei Brüder und zwei Schwestern sind im ganzen Land verstreut: Michigan, Georgia, Texas und Indiana. Drei Tage lang konnten wir alle zusammen sein. Vierundzwanzig Personen waren wir bei meinen Eltern – mit Nichten und Neffen und den fünf Hunden, die mein Bruder Kevin, der Tierarzt ist, zusammen mit seiner Familie aus Georgia mitgebracht hatte.

Die Enkel spielten im Keller, wo meine Mutter die Spielsachen aufbewahrt, die uns sechs Kinder überlebt haben. Wir aßen gemeinsam eine meiner Lieblingsspeisen – Brötchen mit Bratensauce, Rührei und Schinkenspeck, dazu gab es jede Menge Kaffee. Als Stärkungsübung – und um die Kalorien wieder zu verbrennen – veranstaltete ich mit meinen drei Nichten im Teenageralter ein Boot-Camp-Training.

Mein Vater war stolz darauf, dass wir es schafften, alle gemeinsam den Gottesdienst zu besuchen, was wir seit Jahren nicht mehr getan hatten. Als er die Gemeinde von vorne begrüßte, sagte er, seine ganze Familie sei an diesem Vormittag bei ihm, darunter auch das jüngste Mitglied der Sippe, die elf Monate alte Sydney.

Die Reise war eine wundervolle Gelegenheit, einfach als Familie zusammenzusein.

Wir hatten uns vorher darauf geeinigt, uns nichts zu schenken. Wir wollten keine Geschenke auspacken, sondern uns stattdessen auf das Geschenk konzentrieren, das wir alle bekommen hatten: die gemeinsame Zeit.

Am Samstagabend, den 28. Dezember, war die gesamte Familie im Esszimmer versammelt. Spontan nutzte ich diese Gelegenheit, um etwas zu sagen, was ich vorher nicht geplant hatte.

Seitdem ich von Ebola geheilt war, hatte ich vielen Menschen, die eine Rolle bei meiner Genesung gespielt hatten, persönlich danken können. Ich konnte mit den Ärzten und dem Pflegepersonal vom *Emory Hospital* reden und mich bei ihnen bedanken. Ich hatte Präsident Obama getroffen, den Vorsitzenden von Phoenix Air und den Pfleger, der mich auf meinem Flug von Liberia nach Atlanta begleitet hatte. Ich habe den Beamten des Gesundheitsministeriums, der Seuchenschutzbehörde, der staatlichen Forschungsinstitute und der Behörde für Lebensmittel und Medikamente meinen Dank entgegengebracht. Ich habe mit vielen Menschen gesprochen, die für mich gebetet hatten, und mich bei ihnen bedankt.

Aber an jenem Abend am Esszimmertisch hatte ich die Chance, meiner ganzen Familie gleichzeitig zu danken. Zu oft vergessen wir, den Menschen Danke zu sagen, die uns am nächsten stehen. Wir sehen sie leicht als selbstverständlich an, und unsere Geduld und Freundlichkeit bringen wir Fremden entgegen, sodass unsere Angehörigen oft zu kurz kommen.

Meine Lieben hatten von Herzen für mich gebetet, sie hatten sich um Amber gekümmert, als wäre sie ihre Tochter oder Schwester, sie waren für Ruby und Stephen wie Eltern gewesen, und sie waren zum Krankenhaus gereist, um mich zu besuchen. Während der nervenaufreibenden Zeit der Angst und Ungewissheit, die sie durchgemacht hatten, hatten sie unsere Familie hervorragend vertreten, sowohl gegenüber dem Personal in der Universitätsklinik als auch den Medien gegenüber. Schon zuvor hatten sie Amber und mich ohne Zögern unterstützt, als wir verkündeten, wir würden nach Afrika ziehen.

Deshalb nahm ich mir einige Minuten Zeit, um den Menschen zu danken, die mir am meisten bedeuten.

Während ich aus tiefstem Herzen sprach und die aufmerksamen Gesichter um den Tisch im Haus meiner Eltern sah, konnte ich ganz klar spüren, dass wir alle in einer tiefen Dankbarkeit Gott gegenüber verbunden waren. Es war mehr als nur Dankbarkeit für das Ergebnis, dass ich lebte. Wir waren alle dankbar dafür, wie Gott unsere Familie liebevoll durch diese schwere Zeit hindurchgetragen hatte.

Er hatte uns alles gegeben, was wir brauchten, um ihm treu zu sein.

DANKSAGUNGEN

Zuerst möchten wir all denen danken, die im Auftrag von *Samaritan's Purse* gegen Ebola kämpfen, ELWA Hospital, *Serving in Mission*, den Gesundheitsministerien von Liberia, Sierra Leone und Guinea, der Weltgesundheitsorganisation WHO, Ärzte ohne Grenzen; den Seuchenschutzzentren, dem amerikanischen Gesundheitssystem *US Public Health Service*, den staatlichen Gesundheitsinstituten *National Institutes of Health*, USAID, UNICEF, USAMRIID, den Organisationen *Partners in Health*, *International Medical Corps* und *Save the Children* und noch vielen anderen, die nach Westafrika gegangen sind, um bei diesem Ebola-Ausbruch zu helfen. Ihr seid Helden.

Sehr herzlich bedanken wir uns bei unseren Eltern, Daddy und Mama (Dr. Jim und Jan Brantly) sowie Daddy und Mom (Donnie und Lisa Carroll) für das Geschenk des Lebens; Dr. Kerry und Shelley Brantly dafür, dass unsere Kinder bei ihnen sicher, glücklich und wohl genährt waren und ihre Zähne geputzt bekamen; Krista Brantly für ihre beständige Gegenwart und ihre Hilfe bei diesem Buch; und allen unseren anderen Geschwistern und ihren Ehepartnern für ihr Verständnis, ihre Hilfe, Treue, Gesellschaft, Gebete und Unterstützung.

Wir danken *Samaritan's Purse*, Franklin Graham, Ken Isaacs, Dr. Richard Furman, Ed Morrow, Melissa Strickland, Mary Elizabeth Jameson, Dr. Lance Plyler, Tim und Jan Viertel, Dr. Linda Mobula, John Feyler, Dr. Tom Wood, Dr. Nathalie MacDermott, Dr. Ed Carns, Allison Rolston, Kathy Mazzella, Kelly Sites, Tim Mosher, Will Graham, Eric Wildes, dem *Billy Graham Training Center at the Cove* und Mark DeMoss.

Unseren lieben Freunden und Kollegen in ELWA: David und Nancy Writebol, den Fankhausers, den Bullers, den Neisses, den Sacras, den Kauffeldts, Joni Byker, den Simpsons, Dr. Debbie, den Wendyues und den vielen anderen Missionaren von *Samaritan's Purse* und *Serving in Mission* sowie den christlichen Mitarbeitern, die mit uns zusammengelebt haben. Wir lieben euch und vermissen euch.

Für ihre Rolle bei Kents Evakuierung und Behandlung danken wir dem Präsidenten der Vereinigten Staaten von Amerika, Barack Obama, Dr. William Walters, dem Leiter der operationellen Medizin im State Department, der *Secretary for Health and Human Services*, Sylvia Mathews Burwell, und Melissa Rogers, der Assistentin des Präsidenten mit besonderen Aufgaben und Leiterin des *White House Office of Faith-Based and Neighborhood Partnerships*.

Dafür, dass sie den ersten Patienten mit Ebola aufgenommen haben, der auf amerikanischem Boden behandelt werden sollte, danken wir dem *Emory University Hospital*, Dr. Bruce Ribner, Dr. Colleen Kraft, Dr. G. Marshall Lyon III., Dr. Aneesh Mehta, Dr. Jay Varkey, Robert J. Bachman, Susan M. Grant, Sean Kaufman und dem fantastischen Team aus Pflegern und Schwestern, medizinischen Helfern, Labortechnikern, Sanitätern, Ökotrophologen, Verwaltern und Sicherheitsleuten.

Danke an all unsere Freunde von der *Southside Church of Christ* und vom *John Peter Smith Hospital* in Fort Worth, Texas, Dr. Steve und Lindsay Cloer, Randy Harris, Scott und Tricia Parker, Dr. David und Joan McRay, Alan und Jan Hegi, Dr. Jason und Italia Brewington sowie Kent und Joan Smith.

Für ihre wunderbare Gastfreundschaft danken wir Dr. Jack und Ann Griggs, Jami Amerine, Dr. Tim und Angie Martin und Dr. Gary und Frances Green.

Dafür, dass sie eingewilligt haben, etwas Außergewöhnliches zu tun, danken wir Phoenix Air Group Inc., Dent Thompson, Dr. Doug Olson, Vance Ferebee, Jonathan Jackson und der Flugbesatzung.

Für ihre jahrelange Forschung, Genialität, Zusammenarbeit und Hartnäckigkeit danken wir *Kentucky BioProcessing Inc.*, *Mapp Biophamaceutical*, Larry Zeitlin, Hugh Haydon, Dr. Gary Kobinger vom *National Microbiology Laboratory of Canada*, Dr. Lisa Hensley und Dr. Gene Olinger von NIH.

Für ihre Großzügigkeit danken wir der Familie Layne, Familie Williams, der *JPS Foundation*, der liberianischen Gesellschaft von Nordtexas, Mrs Joyce Brown, Mrs Elizabeth Tuhman, Roy Charles Brooks, dem Bezirkskommissar, der *Southern Hills Church of Christ* und der *Southeastern Church of Christ*, Tim Cook, Michael Pothoff, Michael Hall und den Hunderten, die ebenfalls Karten, Geschenke und Haushaltsgegenstände geschickt haben.

Wir möchten auch den Menschen danken, die dieses Buch möglich gemacht haben: unserem tapferen Agenten Chris Park, *Foundry Literary and Media*, unserem standhaften Autor David Thomas, dem tollen Team von *Crown/WaterBrook Multnomah*, darunter auch unserer hilfreichen Anwältin in New York, Tina Constable, unserem hoffnungsvollen Verleger Alexander Field, unserem gewissenhaften Lektor Bruce Nygren und Melanie Larson für ihre Ermutigung, Ratschläge und Expertise.

Als Letzte auf der Liste, aber mitnichten am unbedeutendsten sind die vielen Menschen, die gebetet, gefastet und meditiert haben – ihnen gilt unser herzlichster und tiefster Dank.

ÜBER DIE AUTOREN

Dr. Kent und Amber Brantly arbeiteten im medizinischen Missionsteam von *Samaritan's Purse* in Monrovia, Liberia, von Oktober 2013 bis August 2014. Kent war der medizinische Leiter der einzigen Ebola-Behandlungsstation in ganz Südliberia, als bei ihm Ebola diagnostiziert wurde. Er wurde der erste Mensch mit Ebola, der in den USA behandelt wurde, nachdem man ihn zur Emory Universitätsklinik evakuierte hatte.

Kent erlangte seinen Doktortitel an der Medizinischen Hochschule von Indiana, seine Assistenzarztzeit absolvierte er in der Gynäkologie und auf der Säuglingsstation am *John Peter Smith Hospital* in Fort Worth, Texas. Außerdem besitzt er einen Bachelorabschluss in Bibelkunde der christlichen Universität in Abilene. Amber studierte dort Pflege und arbeitete als Krankenschwester, bevor sie ihre Kinder bekam.

Die Brantlys empfinden es als Privileg, ihre Stimme für die Menschen in Westafrika zu erheben, die noch immer unter der Ebola-Plage leiden. Sie leben derzeit mit ihren beiden Kindern, Ruby und Stephen, in Fort Worth, wo Kent die Organisation *Samaritan's Purse* als medizinischer Missionar berät.